全国教育信息技术研究 2016 年度青年课题（课题
地方高校对外汉语网络教学平台构建研究——以
学院为例

U0594740

对外汉语教学方法与教学模式的创新实践

王惠莲　著

东 北 师 范 大 学 出 版 社

长　春

图书在版编目（CIP）数据

对外汉语教学方法与教学模式的创新实践/王惠莲
著. —长春：东北师范大学出版社，2020.3
ISBN 978 - 7 - 5681 - 6800 - 7

Ⅰ.①对⋯　Ⅱ.①王⋯　Ⅲ.①汉语—对外汉语教学—
教学研究　Ⅳ.①H195.3

中国版本图书馆 CIP 数据核字（2020）第 045882 号

□责任编辑：薛　源　□封面设计：优盛文化
□责任校对：田　野　□责任印制：许　冰

东北师范大学出版社出版发行
长春净月经济开发区金宝街 118 号（邮政编码：130117）
电话：0431—84568020
网址：http：//www.nenup.com
东北师范大学音像出版社制版
三河市华晨印务有限公司印装
三河市杨庄镇杨庄村
2020 年 3 月第 1 版　2021 年 3 月第 2 次印刷
幅面尺寸：170mm×240mm　印张：13.5　字数：250 千

定价：59.00 元

前　言

　　语言的传播与国家的发展是相辅相成的，它们彼此互相推动。很多国家都不遗余力地向世界推广自己的民族语言。我们大力推动汉语的传播不仅是为了满足世界各国对汉语学习的急切需求，也是为了满足我国自身发展的需要，这是国家软实力建设的一个有机组成部分，是一项国家和民族的事业，其本身就应该成为国家发展的战略目标之一。

　　对外汉语教学专业已经有三十多年的历史了。早在 1983 年经教育部批准，北京语言学院在外语系内就设置了对外汉语教学专业，以培养对外汉语教师为主要目标。不久，北京外国语大学、上海外国语大学和华东师范大学也相继开设了类似的专业。

　　当初，设置这一专业是为招收第一语言为汉语的中国学生，培养目标是使其将来能从事对外汉语教学及中外文化交流等工作。故该专业的特点是，根据对外汉语教学对教师知识结构和能力的要求设计课程和确定教学内容。在 1989 年"对外汉语教学专业会议"（苏州）上，参会人员进一步明确了这个培养目标，并规定专业课程应分为三类：外语类、语言类和文学文化类。1997 年召开"深化对外汉语专业建设座谈会"，会议认为，根据社会需要，培养目标范围可以适当拓宽，要培养一种复合型、外向型的人才，既要具有汉语和外语的知识，又要有中国文化的底蕴；既要懂得外事政策和外交礼仪，又要懂得教育规律和教学技巧。这一切只能靠本专业的独特的课程体系、有针对性的教材以及特定的教学方法才能实现。

　　改革开放以后，特别是近十几年来，对外汉语教学事业飞速发展。从 20世纪 90 年代开始，来华留学生数量呈逐年上升趋势，至 2016 年留学生人数突破 44 万，比 2012 年增长了 35％。中国已成为亚洲最大的留学目的国，来华留学吸引力与国家经济实力和综合实力的匹配度进一步提升。同时，越来越多的留学生来华攻读学历课程，学历生和研究生占比实现双增长。2016 年在华学历生人数达 21 万人，占在华留学生总数的 47.4％，比 2012 年提高了 7个百分点；在华硕博研究生人数达 6.4 万人，占总人数的 14.4％，比 2012 年提高了 3.4 个百分点。另据统计，2016 年共有 13 万名外籍学生在我国学前教育机构和各类中小学就读，各级各类外籍学生总数已逾 57 万人。

对外汉语教学事业的蓬勃发展，一直得到国家的高度重视和大力支持。关于对外汉语教学法的探讨，是随着对外汉语教学事业的发展而逐步深入的。任何一种语言教学法，在理论上必有其语言学基础、心理认知基础和教育学基础。世界上不存在一种最佳教学法，也不存在一种"放之四海而皆准"的万能教学法。任何一种教学法都有其针对性。教学方法应该根据教学对象、教学环境、教学阶段、教学内容等可变因素的改变而灵活变通，比如组合教学法、合作教学法就可以让教学者多加参考和借鉴。

当我们研究教学时，应该把教学原则、教学思想、教学方法和教学技巧区别开来，它们是不同层面的概念。教学方法是技法层面的东西，技法是可学的，关键在于创新。没有一种教学方法在任何时候都能适用于所有的学习者。因而我们恳切希望读到此书的教师和其他读者，在借鉴或参考的同时，不要机械地照搬书中的方法，而要根据自己以及学习者的特点，去创造性地使用本书所列的各种教学方法，以具有个性特色的教学策略，提高教学质量和教学效果。

目　　录

第一章　教学法的理论
支柱与基本特点

第一节　教学法的理论支柱

一、语言学原理

语言学原理是外语教学法的主要理论支柱。一切外语教学法所涉及的教学内容都跟语言（母语或目的语）有关。无论母语还是目的语，它们都受语言学的一般原理支配，都能归纳出语言的基本要素——语音、词汇、语法。当然，每一种语言也都有异于另一种语言的不同之处。如何对待并处理这些语言学原理、语言要素和语言之间的不同之处，就构成了不同教学法的原则和特点。语言学随着社会的发展而发展，从机械语言学、结构主义语言学、转换生成语言学到社会语言学，每一种语言学派的兴起，都给外语教学带来巨大的影响，形成了以某种语言理论为基础的新外语教学法流派。17、18 世纪的翻译法流派，就是根植于当时的机械语言学。机械语言学家认为一切语言都起源于一种语言，各种语言有着共同的语法，各种语言的词汇所表达的概念、意义乃至词的搭配都是相同的，差别只在于词的发音和书写形式而已。受这种语言理论的支配，翻译法认为两种语言完全可以逐词直译和对译，可以"拿本国语言去译解外国语言"。20 世纪 40 年代，以布龙菲尔德（L. Bloomfield）为首的结构主义学派亲自实践并创建了美国新的外语教学法——听说法。该理论认为各种语言是不同的，每种语言都有自己的语言结构特征，不存在以拉丁语法为模式的普遍语法。同时，该理论发现语言现象都是由不同层次的结构组成的，句型是其中的基本结构。因此，该理论主张学习语言主要应学习口语，提倡听说领先，以句型为中心，在反复实践的基础上形成习惯。20 世纪 60 年代乔姆斯基的转换生成语言学理论问世，它是认知心理学的语言理论基础，对认知法教学流派的形成有着直接的影响。乔姆斯基认为语言是受规则支配的体系，是句子的无限集合；人生来就具有获得任何一种人类语言的能力，不一定要通过模仿去习得，而是掌握语法规则去推导、转换、生成句子，从而能说出和理解该语言中的无限句子。因而认知法反对机械地、无意义地进行模仿和死记硬背，主张创造性活用，在学习句型、理解句子结构的基础上进行有意义的操练。20世纪70年代，外语教学法受社会语言学理论的影响，形成了以交际功能为纲的功能法教学流派。社会语言学研究的是人类社会中使用语言进行交际的规律，侧重研究语言和社会的关系及语言在社会中的功能。功能法吸取了社会语言学的精髓，提出外语教学的根本目的就是要使学习者学会在社会中使用语言进行交际活动，运用所学的有限语言材料来表达自己的思想和提高理解能力，并主张按照情境、功能、意念、语体或语域等多种交际活动的要素，建立学分体系，力求教学过程的交际化。

不仅语言学学派对外语教学法的建立有着十分重要的意义，而且就是一般的语言学原理和语言的基本要素，也都在外语教学法中有所体现，或者诸要素并重，或者侧重于某一要素，于是形成了该种教学法的特点和原则。例如，直接法以口语为基础的原则，就是从先有口语后有文字这一语言学基本原理出发的；直接法反对翻译中介、直接联系的原则，就是从两种语言的词在语义、搭配、用法上不存在一对一的简单对应关系这一原理考虑的；直接法句本位原则，就是从句子是言语交际最小使用单位这一原理着眼的。自觉对比法提出外语教学的程序应当是：语言—言语—语言，就是并重地看待语音、词汇、语法这三个语言要素，认为这三要素是听、说、读、写这四种语言能力的教学基础，学习者学到了外语的三要素，就是完成了外语课的实用任务。

语言学理论同外语教学法的关系是如此密不可分，因而学习并掌握一些语言学的理论，对于把握和运用外语教学法有着很大的现实意义。

二、心理学原理

心理学是外语教学法的理论支柱之一。心理学所研究的感觉、知觉、记忆、想象、思维等心理活动和情感、意志等心理过程，以及需要、动机、兴趣、理想、信念、脾气、内外向等个性倾向和个性特征等，都在相当大的程度上影响外语教学方法。从外语教学的历史来看，从17世纪到现在，曾出现过许多种教学法流派，它们都以相关的心理学理论作为基础。例如19世纪后期，心理学从哲学中分离出来，诞生了科学心理学。被称为实验心理学鼻祖的德国心理学家冯特（W. Wundt）倡导实验内省法，即自我观察法。通过内省实验，他认为："语言心理中起主要作用的，不是思维，而是感觉。因此，引入意识中的概念和表象所伴随的刺激应当尽可能有感觉的成分。而最强有力的感觉又是由音响表象所引起的。"在这种心理学理论的影响下，传统的翻译教学法受到很大的冲击，以口语为基础、以模仿为主的直接法应运而生。它的特点是仿照儿童学习母语的过程来考虑和设计教学，强调语言直觉和语感的培养。

直接法提出的"用外语教外语"的原则，就是以"音响感觉"即外语词语的声音形象跟它们所代表的语义直接相关联的理论为基础的；直接法提出的加大复现率帮助记忆的原则，就是以反复感觉来加深大脑皮层痕迹及其在新语境中的联想的理论为指导的；直接法提出的运用直观手段的原则，就是以调动听觉、视觉、言语动觉等感觉器官来保持长时间记忆的理论为基础的。可见，心理学对于形成和发展外语教学法有着较大的影响和作用。

不同的心理学学派固然可促进某种外语教学法流派的形成和兴起，即使同一系统的心理学学派（如行为主义）内部的细小进展和变化，也同样能在外语教学法的一些流派中得到体现。例如，20世纪40年代，巴甫洛夫条件反射即两个信号系统的理论引起心理学领域的巨大反响，也对外语教学法的发展产生深远的影响。自觉对比法就是在这样的背景下提出来的。它根据两个信号系统的原理，主张外语学习要通过两种语言的对比，依靠并利用原有的第二信号系统（母语）对新的第二信号系统（目的语）产生正迁移来完成，也就是说，新的第二信号系统是在旧的第二信号系统的基础上同第一信号系统相联系的。当然，也要事先采取预防措施，控制和避免旧的第二信号系统的保守性对新的第二信号系统的建立产生干扰。因此，这种教学法要求学习者自觉地进行语言对比。

20世纪40年代以后的心理学研究在巴甫洛夫学说的基础上产生了行为主义心理学。其代表人物华生（J. B. Watson）提出了行为主义公式：刺激（S）—反应（R），即反应或行为是受环境中的特定刺激影响的；斯金纳（B. F. Skinner）将该公式加以改造，提出了新行为主义公式：刺激—反应—强化，即采取强化措施是可以使某种行为形成习惯的。这些心理学研究成果反映在外语学习上，就有了听说法的产生和发展。这种教学法受刺激—反应—强化的心理过程的启示，强调模仿和重复的机械性训练；受翻译行为对语言刺激反应迟缓的心理活动原理的影响，排斥或限制母语，要求直接用外语进行思维。20世纪50年代法国开创的视听法，也正是在行为主义心理学的基础上，受格式塔心理学关于"知觉整体性"理论的影响而建立起来的。这种教学法，从刺激—反应的原理出发，把学习过程归结为幻灯图像和录音的声音信息刺激反复作用于感官而建立起来的条件反射。因而视听法重在视（图像刺激）和听（声音刺激）的相互联系及相互结合上。同时，根据大脑对语言的感觉和外界的刺激总是做出综合性反应这一心理学原理，该教学法主张通过声音的整体结构学习外语，整体地学习和记忆词语，整体地领会语句的意思。20世纪60年代，受现代语言学和信息加工理论的影响，认知心理学兴起。其代表人物皮亚杰（J. Piaget）把行为主义公式修正为：S—AT—R，即一定的刺激（S）被个体同化（A）于认知结构（T）中，才能对刺激（S）做出反应（R），否则就没有反应的基础。乔姆斯基认为语言是受规则支配的系统，学习并掌握语言不是靠模仿，而是应该掌握有限的规则以产生和理解无限的句子。正是在这些认知理论的作用下，外语教学又产生了新的教学法——认知法，或称认知—符号学习理论。这种教学法主张以学习者为中心，进行有意义的学习和操练，强调对语言规则的理解和掌握，注重培养并提高学习者全面运用语言的能力。

近代心理学研究把重点放到了第二语言的学习上，心理学和外语教学法的关系就更为直接和密切了。20世纪70年代，克拉申（Stephen D. Krashen）提出了"习得理论"和"监控理论"，并跟特雷尔（Tracy D. Terrel）一起倡导自然法。他们认为语言的习得是在自然的交际情境中经常使用语言而发生和发展的，不仅儿童如此，就是成人，这同样是其掌握语言技能的重要手段。

当前，由于认知心理学的发展，心理学走上了一条融合各派长处的新路，外语教学也因此出现了较多的交际法与传统教学法相结合的教学模式。

综上所述，外语教学法的形成和兴起，无一不是直接地或间接地跟心理学理论的发展有关。心理学理论每发展一步，就会有相应的新的教学法或改进了的教学法出现。

外语教学法的产生和发展跟心理学的研究成果密切相关。对外汉语教师学习和懂得一点心理学知识，有利于制定和采用有效的教学方法，提高教学质量。

三、教育学原理及教育心理学原理

教育学是外语教学法的理论支柱之一。它所研究的教育现象和问题，诸如教育的本质、目的、方针、制度，各项教育工作的任务、过程、内容、方法、组织形式等，普遍适用于各种教学。不同国家、不同社会制度有着不同的教育思想、教育政策和教育实践，在一定程度上影响着教学法的确立和教

第二节 对外汉语教学法的基本特点

一、汉语语音、词汇、语法的特点与教学

汉语作为外语的教学，与其他外语（如日语、英语）教学一样，可取国外外语教学法诸流派的长处，融合成适合自身特点的教学方法。所谓自身特点，指的是汉语在语音、词汇、语法上不同于其他语言的特点以及伴随而来的认知特点。对外汉语教学必须考虑这些因素，才能收到较好的教学效果。

（一）汉语语音的特点与教学

（1）汉语的音节由声韵调构成。一个音节中辅音和元音互相间隔，没有两个辅音连用的情况，这与其他语言（如英语、俄语等）有较大的差别。对于习惯于使用拼音文字的人来说，汉语的声韵相拼容易掌握，困难的是附在音节结构上的声调。即使是日本和韩国学习者在声调的掌握上也存在着自己的难点。因此，语音教学的重心应放在声调的操练上。

（2）汉语声母可按发音部位（如双唇音、唇齿音、舌尖音、舌面音、舌根音等）和发音方法（如塞音、塞擦音、鼻音、边音、擦音等）来分类或分组。外国学习者学习汉语声母在发音部位方面的偏误主要是唇齿音与舌根音相混，舌尖音平翘相混；在发音方法方面的偏误主要是鼻音发成边音，清音浊化，送气音送气不足，等等。对此，教学要注意发音部位和发音方法的理论和实践，加强对比练习。

（3）汉语韵母有单韵母、复韵母、鼻韵母。外国人学习汉语韵母在单韵母方面的问题是对嘴唇圆展的控制不当，以及把单韵母复韵母化；在复韵母方面的问题是对滑动过程的把握，有的把复韵母单韵母化，有的把一个复韵母发成了两个音节，还有对复韵母中的介音处理，有的发音时丢了介音，有的发音时加上了介音，有的发音时换了介音；在鼻韵母方面的问题是，发不准前鼻音，或者发不准后鼻音，等等。对此，教学要多示范，多练习，多对比，可以利用教具（如发音器官示意图）以及夸张的发音让学习者揣摩、体会，力求发音到位。

（4）汉语拼音方案类似音标，只有注音作用，因而学习拼音方案只是准确读出字音的一种辅助手段。汉语字音与字形分离，这对学习汉语的外国学习者（尤其是欧美学习者）来说，确实是个难题。西方拼音文字，音形同步，学习一个词语，知其音大致也能知其形，知其形就能读出其音，音、形可以同时跟义结合起来，一步到位。而汉字音、形分离，学习者学习一个字

（词），要分"音—义相连""形—义相连""音—形相连"三步走。对此，只有充分利用听觉和视觉，将字（词）的音和形跟外界实物或头脑中的已有概念通过反复出现、反复刺激挂起钩来。

（二）汉语词语的特点与教学

（1）汉语词语有趋向双音节的特点。汉语的单音词逐步趋向双音词，因为用双音词来表述（如"桃树、李树"）比单音词（如"桃、李"）所表示的含义明确得多。它延长了语音的时间，减少了同音词，增加了词义信息，这对于外国学习者识记、辨认汉语词语有着重大的作用。词语教学应抓住这个特点进行词的诠释和辨析，帮助学习者加深记忆印象，有效地积累词语。

（2）汉语词语缺乏形态变化。汉语缺少构词形态（如英语的形容词 great 构成名词 greatness）、构形形态（如英语的 he、him 分别表示主格、宾格）和分析形态（如英语的"will have done"表示将来完成时）等，只能通过词根组合、词序等手段来弥补本身形态的不足。掌握这方面的特点，对于外国学习者学习、认知汉语词语极有帮助。他们学到一个词语，就可直接使用，不必考虑其形态变化，掌握和应用极为方便。因而词语教学可在词素的组合和词序的排列上多下功夫。

（3）汉语词语的词义引申特点。汉字是表意文字，从不同角度去联想，会引申出一些相关的意义，或者由原来的意义转成新义，或者引申出别的意义，或者新义、旧义一起保留，于是就有了好几个义项。根词的这些义项可分别同其他词或词素组合成一些新词，而这些词之间也因此有了某种联系，串联起来就成为一个词族。汉语词语词义上的特点，给外国学习者学习、积累汉语词语提供了一些条件，对外汉语教学可充分利用词语意义上的联想和联系来帮助学习者记忆。

（三）汉语语法的特点与教学

（1）汉语不同层级内部组合的一致性。汉语由词素组合为词、由词合成词组、由词或词组合为句子等几个不同的层级中，运用语序手段而构成的几种关系诸如联合、修饰、陈述、支配、补充等都是一致的。外国学习者只要记忆同一套组合规则，就能辨认或生成词、词组和句子，从而理解语义或表达思想。语法教学应着重进行汉语的组合和扩展训练，帮助外国学习者熟悉汉语词语搭配的习惯。

（2）汉语语序的配对特点。汉语的组合主要靠语序和虚词，掌握了语序，实际上就掌握了汉语语法的一大半。汉语语序主要有表示陈述关系的主—谓配对，表示修饰关系的定—心或状—心配对，表示支配关系的动—宾配对，表示补充关系的动—补配对。外国学习者凭借汉语语序规则可理解句子语义并生成无限的句子。语法教学要多注意汉语的配对习惯和配对的语义关系。

（3）汉语语序的变式。汉语语序有一般的常式，也有变式，那就是谓语提在主语前，定语或状语挪在中心语后，以及"把"字句的提宾和"被"字句把受事置于主语位置，等等。它们和常式往往可表达同一个意思，但侧重点和感情色彩是不一样的。教学中可多做语序上的变换练习，丰富外国学习者的汉语句型和句式。

有过外语学习经历的外国学习者，学习汉语时比一般的学习者进步和提高得快，原因就是他们把学习其他外语的一些有效经验用到汉语的学习中来。当然汉语还有其特殊性，这集中反映在汉语语音、汉语词汇和汉语语法上面，外国学习者注意到汉语的这些特点，就能改善学习和认知汉语的效果。

二、学习者有无汉字背景的教学特点

外国人学习汉语有两种情况：一种是有汉字背景的，如华裔子女和母语书面语中有汉字的（如日语、韩语）学习者；另一种是无汉字背景的，主要是使用拼音文字（如英语、法语、德语等）的学习者。这两种学习者学习汉语各有自己的长处，也各有自己的短处。教师应针对他们的不同特点采取不同的教学方式和教学途径，才能激发他们的学习兴趣，使其进入良好的学习状态。因而，把有汉字背景和无汉字背景的学习者混合编班，如复式班教学，往往难以协调好。分析和了解一下这两种学习者认知汉语的特点，有助于提高教学的质量和效果。

（一）无汉字背景的学习者认知汉语的特点和教学

（1）听说比读写容易。无汉字背景的学习者大多为欧美人，他们习惯于由若干字母组合的拼音文字，对由几个笔画横七竖八地构成的方块汉字，既看不出可以拼合的读音，又没有字母的线性序列可供读记，完全得依靠整个汉字的字形并加上读音去死记硬背。认读一个汉字，往往要分三步走："音—义"相关联，"形—义"相联系，"音—形"相结合。不像拼音文字的词，看到词形，就能读出其音，听到词音，就能想象其形，音和形紧紧结合在一起，学习一个词"音—形—义"一步到位。因而欧美人学汉语，倾向于走从音到义的道路，舍弃"从形到义"和"音、形结合"这两步。表现在具体的学习上，就是只求能听说，不愿学读写。对他们来说，听说比读写容易得多。虽然汉字本身不表音，但可以依靠汉语拼音字母做拐杖，而字母读音的拼合对欧美人来说乃是驾轻就熟之事，只要了解并记住汉语的语音系统，就能看着拼音读出生词的语音，同时把语音跟客观世界的实物和意义联系起来。初学汉语时，他们常常从母语中寻找与所学的汉字（词）在某个意义上相对应的词。正因为欧美人学汉语常从单一方面求得发展，所以他们听说能力的提高比读写能力要快得多。不过，欧美人学汉语走"音—义"道路，结果会成为"汉字盲"，不利于后续学习的进行，到一定阶段，也会妨碍听说水平的进一步提高。针对这个特点，教师在发挥欧美人听说领先的优势时，也应有计划、有步骤、由简到繁、由易到难地教授汉字，让欧美学习者的读写也能跟上，不至于落下太远。

（2）书写和识记汉字难。汉字对欧美人来说活像一幅幅图画，似乎无规律可言，要能书写、认读和识记，得下一番苦功。首先，要建立汉字的笔画观，改变拉丁字母的观念和书写习惯，以适应汉字的笔画。这就是：改弧形为弯曲，改圆形为方形，改斜线为撇捺，化圆点为锋点。其次，要了解和熟悉单一笔画及其走向。单一笔画的种类有横竖撇点挑钩折等，其走向不像拉丁字母那样有较多的向上的逆笔，除了钩笔逆向而上，大都是从上到下，从左到右。要让欧美学习者体会到，汉字字形无论多么复杂，都是由这些基本笔画有序地叠加、镶接、串联而成。

解决了欧美人的汉字笔画观，进而得培养他们对汉字的字感。字感包括独体字、合体字和部件。认识和积累独体字，对欧美人学习汉字特别有意义。因为较多的独体字后来都成了合体字的偏旁：它们或者变化为形旁，表示某种意义范畴；或者保留为声旁，表示某种读音。欧美人懂得其中的造字规则，有助于他们认读、联想和记忆。

欧美人可能还会利用其他一些因素来认知汉字。例如，对于笔形奇特的、笔形能意合的、笔形可联想的等比较有特征的字，他们较易记住；对于笔画特别少的、笔画特别繁的、与众不同的字，他们也容易记住；对于出现频率高的字，或者在语境中出现的字，他们也容易识记。

另外，欧美人书写汉字，能够熟悉字的笔画、笔顺、部件、结构等，可加深对字的整体形象和附加上去的读音的记忆印象。

（3）利用母语识记汉语词语。欧美人不习惯汉语词语的形体，甚至不想学习汉字，这样，教科书生词表上排列的词语，只起到音和义的作用。依靠拼音，他们能读出音；借助翻译，他们能了解该词语同母语的基本对应意义。也就是说，欧美人初学汉语时，所学的词语都依附在母语的相应词语上，词语的提取和语音的识别都要通过母语的中介。由于发挥了母语词语跟汉语词语的一些对应作用，在一段时期里，欧美人记忆、积累汉语词语的速度也相当快。但两种语言体系的词语不可能完全一一对应，尤其是抽象词语，需要用母语的词组甚至句子才能解释清楚，这就加大了记忆的难度。这时如果能够从词形方面去联想，记忆的线索起码增加一倍，识记汉语词语的效果就会好得多。

当然，对于词语的记忆只是掌握词语的第一步，更重要的是要学会使用词语。大多数的欧美学习者很少利用生词表去硬记汉语词语，一般喜欢在课文中或句子中学习词语。由于上下文和语境的作用，他们不仅容易理解所学词语的意义，还懂得了怎么使用。因而，教师要避免孤立地教授词语。

为了在说话时能够较快地把头脑中的意念正确而有效地选择汉语词语表达出来，欧美学习者常利用对母语词语的意义分类，将汉语词语也按照意义来归类，如颜色、季节、气象、时间、手的动作、脚的动作等，以及同义词、反义词等，以方便记忆。这叫群集再认。如何分类比较有效，教师应适当做些引导。

（4）句式的掌握和应用以简单句为主。欧美的学习者虽然在听说汉语方面进展较快，不过一般只限于简单句。从表达的角度来说，简单的意思只要用简单句就已足够，即使复杂一些的意思，用两三个或多个简单句合起来，也能说清楚。加上汉语的基本句型，"主—谓—宾"是欧美人所熟悉的，跟他们母语中的语序相差无几；而且汉语缺乏性、数、格的形态变化，欧美人用不着考虑这些因素就可以直接把相关词语安放于句子的某个成分位置上，因此，在初学汉语的阶段，欧美人掌握和应用汉语简单句的本领很高，但是连用若干个简单句来表达复杂的意思显得吃力，也不一定贴切。而要掌握复杂的语句，如果不依靠汉字来认读和记录，仅凭头脑对声音的接收和记忆，毕竟是有限度的。所以很多欧美人开始不愿学汉字，到后来却很主动而积极地学起汉字来，这也是个重要的因素。针对欧美学习者的这个特点，教师在加强词句的声音刺激外，还应及时地加快汉字教学的速度，以便欧美学习者学习并掌握长句和关系较为复杂的语句。

（二）有汉字背景的学习者认知汉语的特点和教学

（1）阅读比听说进展快。有汉字背景的学习者，主要指日本人和韩国人，他们的母语的书面语中有许多借用的汉字，虽然读音和汉语不同，但意义大致相近或有点联系，即使没有学过中文，看着教科书也能猜测一二。凭借这个得天独厚的有利条件，日、韩学习者在学习了基本的语法以及一些常用词语以后，不仅预习课文没有什么大问题，而且阅读一般的语言材料也不感到十分吃力。相反，日、韩学习者在听说（特别是"说"）方面进展比较缓慢，原因较多：母语中所借用的汉字的读音干扰了汉语的读音；平时跟本国同学习惯用母语交谈，不喜欢用汉语交际；东方民族说话比较矜持、拘束，上课回答问题也要先在纸上起草，思之再三方肯说话，等等。这些都妨碍着日、韩学习者开口说话能力的提高。

对此，除了增强他们的信心，还应训练他们快速回答、快速反应的能力，要提醒他们注意并加强对汉语词语声音的识别和辨析，不要过分依赖汉字字形。

（2）利用汉字来识记和积累词语。日本和韩国学习者因自己的母语中有借用的汉字（词），所以对于汉字没有欧美人的那种畏惧感，相反，倒有一种亲切感。他们在学习汉语的过程中，充分利用在自己母语中学到的汉字（词）来识记和积累汉语词语。尽管彼此的汉字（词）读音不同，几乎找不出声音上的联系和对应规律；尽管彼此的汉字（词）形体上也有很多差异，如日文中的汉字（词），多点加横、繁简杂糅、自创自造的情况不在少数，但毕竟有其一脉相承的共同之处：许多词语在形式和意义上是一致的，有些词语形体相同而意义上略有出入，有的词语形体不同而从古汉语词语的词义系统中找得到蛛丝马迹，等等。日、韩学习者凭借这些有利条件，在母语汉字（词）的旧知上同化汉语词语的新知，这要比接触完全陌生的词语方便得多，识记也容易得多。而且以此为基础，可以辐射和扩展到一大批与其母语汉字在形体或意义上相关的汉语词语，在较短的学习时间内就能积累足够丰富的汉语词语，为汉语阅读水平的提高打下扎实的词汇基础。

针对日、韩学习者的这种特点，教师在教学中应有意识地利用他们所掌握的母语中的汉字（词）来强化所学的汉语词语：形体有差异的要特别指出；意义不一致的，也要特别提醒；形体不同而与古汉语词语有联系的，也可适当解析。同时，适当地引导学习者把学过的词语按意义归类，进行群集记忆和再认。当然，对日、韩学习者来说，加强读音的辨析和记忆是至为关键的，否则就只能停留在阅读材料的层面上而难以开口，或说话结巴、不流畅。

（3）受本国汉字（词）意义和用法的干扰。日、韩学习者母语中的汉字（词）对他们学习汉语可产生正迁移的作用，提高了他们阅读汉语材料的水平和速度。但由于汉字（词）只是他们语言中的借字而已，经过吸收和改造，已纳入他们的语言系统，且不说字形有许多相异之处，就是词义的引申、转化和变迁也有许多不同于汉语词语的地方。如果在学习汉语时，将他们母语中借用的汉字（词）的意义不加分析全部照搬进汉语，那就会有负迁移的影响，在一定程度上干扰其汉语词语的学习、掌握和应用。他们母语中的汉字（词）跟汉语词语在意义上可能微殊或迥异，应用范围上有大小宽窄的区别，感情色彩上有轻重褒贬的不同，搭配习惯上有情理悖合的问题，这些因素都会造成日、韩学习者应用汉语词语时的偏误：或大词小用、小词大用，或轻词重用、重词轻用，或褒词贬用、贬词褒用，或合语法而不合情理，等等。

对此，教学中要多做汉语词语跟学习者母语中借用汉字（词）的区别和辨析，调动和加强正迁移，控制和减少负迁移。

有汉字背景和无汉字背景的学习者在认知汉语上有许多不同的特点，有的长处和短处正好相反，必须对症下药，因材施教。即使混合编班，也要尽可能顾及这两种不同的认知特点和情况，分别对待，"一视同仁""一刀切"是收不到好的效果的。

对外汉语教学是汉语作为外语或第二语言的教学。对外汉语教学法是对外国人进行汉语教学的方式和方法。

对外汉语教学法的理论支柱是语言学原理、心理学原理和教育学及教育心理学原理。语言学随着社会的发展而发展，每一种语言学派的兴起，都给外语教学带来巨大影响，形成以某种语言理论为基础的新外语教学法流派。心理学和外语教学法的关系更为直接和密切，心理学理论每进展一步，就会有相应的新的教学法或改进了的教学法出现。外语教学法形成各种流派，除了语言学和心理学从中起着理论的指导作用，教育学和教育心理学的发展及其研究成果也是其中的因素之一。

对外汉语教学吸取国外外语教学法诸流派的长处，经过加工和融合，形成了适合自身特点的教学方法。这些教学方法充分考虑到汉语语音声韵调的认知特点、汉语词语缺乏形态变化的认知特点、汉语语法依靠语序手段等的认知特点，同时充分顾及有无汉字背景等学习者的认知特点。

第二章　语言教学法流派

第一节　语法翻译法

语法翻译法是以语法为基础，用母语来教授外语的一种方法。

一、语法翻译法的理论基础

语法翻译法作为一种古典的翻译教学法，在 19 世纪得到了理论和实践上的阐述。语法翻译法的代表人物德国语言学家奥伦多夫（Heinrich Ollendorff）认为，理解和掌握语法规则是阅读和翻译外语原文的基础。因而在教学上他主张运用背诵语法规则、做翻译练习的方法来掌握外语。

语法翻译法受当时的机械语言学理论的影响很大。机械主义语言学认为："人类语言是建筑在全人类共有的思想结构的基础上的。"其遵循"一切语言都起源于一种语言，各种语言基本都是相同的，语言和思维是统一的"这一观点，主张通过两种语言的对比和对译来学习外语。

二、语法翻译法的教学原则

语法是外语教学的基础，语法翻译法的教学过程都围绕这个基础来进行，从而形成了该教学法的一系列特点。

（1）以语法教学为中心，强调系统语法的学习，教学着重词法和句法的讲解。以演绎的方式讲授语法规则，即先展示规则，再以例句来印证；以翻译的方法巩固语法规则的学习，主要表现为注意将教学中展示的例句翻译成母语，用翻译母语句子的练习来让学习者巩固所学的规则；练习和作业也围绕语法进行，如作文不是以训练表达为目的，而是为了让学习者熟悉语法规则，如词尾的变化，等等。

（2）语言材料的内容以能突出某种语法形式为准则。由于追求语法上的规范性，语言材料的选编上就尽可能地适应语法规则的要求。不管材料内容多么枯燥乏味，多么缺少内在联系，多么艰涩难懂，只要能承载某种语法形式就可入选为课文。

（3）运用学习者母语进行课堂教学。课文内容的介绍、语法的讲解、课堂活动的组织等都利用学习者的母语来进行。特别是课文的教学，主要以逐句翻译或互译的方式来进行。

（4）以阅读和书面翻译为主。教学重在进行书面的读和译，对语音练习和口头表达，尤其是听力和会话不做任何要求。

三、对语法翻译法的评价

语法翻译法是外语教学中运用历史最长的一种教学方法。作为传统的语言教学法，语法翻译法在教学法发展的历史上写下了重要的一笔。这种教学方法中的一部分，在语言教学法得到不断更新、改进和发展的今天，也仍发挥着其应有的作用。以历史的眼光回顾古老的语法翻译法，我们仍可以看到它所具有的优点，这就是：

（1）语法翻译法是当时社会和外语教学发展的必然产物，它奠定了科学的外语教学法的基础，以后的各类教学法都是在这一基础上产生和发展起来的。

（2）语法翻译法重视语法教学，讲授语法知识时注意到了成年人学习语言重理性分析和重归纳、演绎的特点，强调语法规则的掌握和运用。这在客观上也促使学习者在学习语言的同时提高自己的能力。

（3）把翻译作为教学目的又作为教学手段，重视培养学习者充分利用自己的母语进行书面翻译的能力。同时，重视学习者阅读能力的培养，尤其强调阅读原著和名著，使学习者具有较高的文学修养。

作为一种早期的外语教学法，由于历史和社会发展的局限性，语法翻译法不可避免地存在着一些缺点。语法翻译法的不足之处主要表现为过分强调语法学习，把整个外语学习偏侧于语法一隅，语法知识作为一种掌握语言、培养语言能力的手段，在语法翻译法中成了语言学习的目的。

第二节　直接法

直接法是以目的语为教学语言进行第二语言教学的方法。《韦氏英语大词典》说："直接法是教授外语首先是现代外语的一种方法，它通过外语本身进行的会话、交谈和阅读来教外语，而不用学习者的母语，不用翻译，也不用形式语法（第一批词是通过指示实物、画图或演示动作等办法来讲授）。"

一、直接法的历史背景

直接法的产生源于社会原因以及当时邻近科学发展的影响。19 世纪下半叶，西欧各国的资本主义进一步发展。这种发展使各国在经济、贸易、科学技术等方面的联系更加密切，竞争日益加剧。国家间更为频繁的贸易往来，科学技术上的相互交流和吸收，对语言的需求变得十分直接，而交际中的语言障碍也由此凸显出来了。原来的翻译法已经无法适应社会发展的形势和需求，因为翻译法只是在培养阅读能力方面有一定的成效，在训练口头交际能力方面则显得无能为力，暴露出这种教学法的致命弱点。当时的社会不仅需要能够从事书面翻译的人才，更需要大量能用外语进行口头交际的人。在这种形势的逼迫下，人们开始反省传统的语言教学状况，对语言教学提出了新的要求，认为外语教学不应该只是一种为了提高修养的贵族化的教育，而应作为一种实用性工具在社会上普及。外语教学的重心应由原来的书面翻译转向口头交际。直接法就是在这种形势下产生的。不可否认，当时邻近科学的发展也为直接法的形成准备了温床。保罗在《语言历史诸原则》一书中提出了"类比（analogy）"，为直接法崇尚模仿、替换提供了语言学理论根据。现代实验心理学的奠基人冯特认为"语言心理中起主要作用的，不是思维，而是感觉"，也为直接法"以口语为基础""以模仿为主"的原则提供了心理学的依据。

二、直接法的主要代表人物

（一）贝立兹（M. Berlitz）

德国人贝立兹是直接法的著名实践者。他创办的贝立兹外语学校遍及欧美，影响甚大。他主张按"幼儿学母语"的过程和方法来教外语，在教学中特别强调"自然法"，即以实物教具体词，以联想教抽象词，以实例和演示教语法。他聘请外国教师任教，采取小班上课的方式，贯彻听说领先的原则，加强师生对话。他的这些观点都体现在他自编的教材中。这些教材有儿童看图学语言课本以及贝立兹丛书等，在社会上颇具影响。

（二）叶斯柏森（O. Jespersen）

丹麦人叶斯柏森是著名的语言学家和外语教学法家。他著有 *Language：Its Nature，Development and Origin*、*Philosophy of Grammar*、*A Modern English Grammar on Historical Principles* 等在世界上颇有影响的理论专著，还有被世界各国英语教师广泛选作教学参考用书的《英语语法精义》

（*Essentials of English Grammar*）。他在语言学理论研究方面的造诣很深，在外语教学方面，他发挥了自己这方面的优势，从理论语言学的高度来思考外语教学的各种问题。他批判了古典的语法翻译法的弊病，针对当时一些人对直接法的疑虑，论证了这种教学法的可行性。他的教学法观点集中体现在《怎样教外语》一书中，除了有关直接法的理论原则，还提出了全面掌握听说读写四项技能和注重观察、分类、判断及做出结论的能力的培养等观点。这本书之后一再重版，在许多国家产生了巨大的影响。他还亲自参与许多实际工作，如制定国际音标、为丹麦教育部制定《新外语教学大纲》等。

（三）帕默（H. E. Pamer）

英国人帕默是著名外语教育家，是直接法两大支派之一——口授法的代表人物。*The Scientific Study and Teaching of Language* 和 *The Principles of Language Study* 是他撰写的最有影响的两部理论著作。他在另一部著作 *The Oral Method of Teaching Language* 中总结了他完整的教授口语的练习体系，这是外语教学法史上的一大创举。他的外语教学观主要为：语言是一种习惯，应该多模仿、练习、重复、接触和使用；全面掌握外语靠学习能力及自然而然地吸收语言的能力；要注意良好习惯的培养，以及如何正确运用母语。他对直接法的主要贡献有：提出了完整严密的口授法练习体系、外语教学法的九条基本原则（恢复语言能力、养成习惯、准确性、循序渐进、按比例、具体性、趣味性、教学顺序合理化、采用多种方法），以及根据语言的实际使用频率来筛选常用词的原则。

（四）韦斯特（M. West）

英国人韦斯特是著名的外语教育家，是直接法两大支派之一——阅读法的代表人物。

他的主要著作有：*Bilingualism*、*Learning to Read a Foreign Language*、*On Learning to Speak a Foreign Language*、*Teaching English in Difficult Circumstances* 等，此外还编撰了常用词表、教学词典等。

他的主要教学法思想体现在他所倡导的阅读法上。阅读法的特点是阅读不仅是教学的基本目的，也是教学的基本手段；阅读是培养口语能力的基础；以教材为中心。形成这些特点的理论根据是在没有外语环境时，读外语书比说话要求高，它有利于学习者语言经验的积累和语感的培养；听说读写"四会"之中，阅读最为容易，因此阅读能使学习者极为直观地感觉到自己的进步，从而提高学习的积极性；阅读法运用起来较为方便，它不受学习者人数的限制，对教师的要求也不如口授法那么高。他的主要贡献集中表现在两个方面：

（1）提出了通过阅读来学会阅读的新的学习方法。他的阅读与语法翻译法的阅读有根本的不同之处，这就是前者强调有声朗读，后者则局限在通过视觉来进行阅读。

（2）编写了大量教材。这些教材充分体现了韦斯特的教学法主张。教材中的生词经过筛选，有控制地结合语境在熟词中出现，并在之后的课文中注意其复现率；课文以常用词进行编写，遵循由易到难、由简单到复杂的循序渐进的原则。

（五）艾克斯利（C. E. Eckersley）

英国人艾克斯利以编写《基础英语》（*Essential English*）而著称于世。他的主要成果有：《基础英语》（*Essential English*）、《教师手册》（*Teacher's Book*）、《综合英语语法》（*A Comprehensive English Grammar for Foreign Students*）、《趣味英语语法》（*Brighter Grammar*）。

他的主要教学法思想是承认语法在语言教学中对成年人所起的作用，语法的教学可以用归纳法，也可以用其他方法。他不求语法教学的系统性，而强调少而精。他客观地看待母语及翻译的方法在教学中的作用，主张少用母语和翻译这两种教学手段，但并不排斥两者。

他的主要贡献在于：为外国人学习英语编写了教材及语法参考书。《基础英语》截至 1961 年就印行了 27 次，影响遍及世界各国。

三、直接法的理论基础

直接法提出以直观的手段来代替翻译法，其理论依据是语言学研究的成果。当时的语言学理论认为：任何两种语言中，许多词（特别是常用词）在语义、搭配、用法上，都不存在一对一的简单对应关系。直接法偏重于口语，提出"句单位教学"的主张源于传统语法中"句子是表达一个'完整意思'的单位"这一观点。语言学理论认为，"有许多单词（特别是多义的常用词）的具体意义只有在句子中才能得到确定。单词的用法也只有在句子中才能得到体现"。语音和语调、语言的惯用性和熟练性大多集中表现在句子中。直接法强调语言教学以口语为基础，以培养口语能力为目标，是依照"人类先有口语，后有文字"的基本理论而提出的，而这一点正是语法翻译法未顾及之处。

直接法的产生有其心理学理论基础，主要受冯特"语言心理中起主要作用的不是思维，而是感觉"而"最强有力的感觉又是由音响表象所引起的"的观点影响，因而特别强调"以口语为基础，以模仿为主"，努力运用各种直观手段，尽可能地使词语的声音跟词语的语义结合起来。直观法主张"用外语教外语"也有一般心理学理论的依据。一般心理学认为，获取信息的感觉器官在学习中参与得越多，所得到的印象就越深，越容易记忆。著名知觉心理学家吉布森（J. J. Gibson）认为，对人类生活和学习起重大作用的是五种知觉系统：基本定向系统、听觉系统、触觉系统、味—嗅觉系统和视觉系统。它们分别从体内外环境中获得不同信息，产生不同知觉。直接法提出口语先行，以直观手段进行教学，正是为了调动视觉、听觉、触觉、言语动觉整体配合、协调而起作用。心理学的"皮层痕迹说"认为联想是记忆的基础，直观手段容易吸引学习者的注意力并使其产生联想，联想越充分则记忆越牢固。心理学的实验认为"重复可以看作巩固原有的记忆痕迹的过程"，即复现率越高，越容易在记忆中保留。直接法"用外语教外语"的方式，为学习者创造了良好的语言环境，客观上加大了目的语的复现频率，提高了记忆的有效性。

对于现代教学论的奠基人夸美纽斯"由事实到结论""实例先于规则"的教育思想，直接法实践者十分重视，并认真加以贯彻，提出了"归纳途径学语法"的教学原则。

四、直接法的基本原则

直接法的基本原则源于幼儿学习母语的自然法则，以此为依据来设计教学过程和基本方法，从而形成了直接法的教学原则。

（一）直接联系原则

外语学习应该像幼儿学话那样，学习者把学习的词语同外部世界的具体事物直接挂钩，建立语言与外界事物的直接联系。从外语中学习外语，无须用母语做中介经过翻译间接地学习外语，这有利于用外语思维而不经过"心译"直接进行口头交际。

（二）以口语为基础的原则

外语学习应该像幼儿学习语言都从学说话开始那样，学习者把重点放在口语上。先学口语，后学文字，这是学习语言的自然途径。它有利于学习者对目的语听说能力的掌握，也有利于其今后读写能力的提高。

（三）以模仿为主的原则

外语学习应该像幼儿从模仿开始习得语言一样，学习者把模仿、多练置于首位，以各种模仿的方式重复练习，形成习惯，这有利于口语能力的培养和提高。

（四）句本位原则

外语学习应该像幼儿整句整句学话一样，学习者以句子为单位，进行学习和运用。通过整句学习，单词和语法自然融入其中，有利于学习者用"类比"、"替换"的方式造出新句,并能脱口而出进行交际。

(五)归纳途径学语法原则

外语学习应该像幼儿先学会说话后领会语法一样,学习者先掌握语言材料,从感性材料中归纳语法规则,指导以后的学习,反对死记语法规则,这有利于学习者对语法结构的真正掌握。

(六)以当代通用语言为教材的原则

外语学习应该像幼儿学习的都是当代通用口语一样,学习者以当代通用的语言为基本材料。教材的词语和句式应经过筛选,让学习者集中注意力学习并掌握最常用的现代语言。

五、直接法的教学方法及过程

直接法的具体教学方法表现为:用演示代替翻译,通过做动作使学习者理解所学词语和句子;用问答法代替以往翻译法的"注入式",促进学习者的思维活动;教单词尽可能组成句子出现,因为带有一定情境的内容便于学习者记忆;对学习者的错误进行正面纠正,而不重复错句,避免错误内容的反复刺激造成负面影响。

直接法的教学过程,比较典型的是:教师做动作,用动作配上目的语词语和句子展示教学内容→教师反复领读词语和句子并正音→操练(教师说,学习者做动作;或者学习者说,学习者做动作)→看课本认读文字,将语音和文字结合起来→抄写句子(找出主要动词等)。

六、对直接法的评价

直接法提出的教授活的语言、培养口语能力的主张,在理论和实践上都取得了显著的成效,它的成就在于:

(1)直接法提倡"言语—语言—言语"的外语学习途径,利用直观手段进行自然的口头表达能力的培养,即先掌握语言材料,在感性的基础上归纳语言理论,然后用于今后的语言实践中,这可以说给主张"语言—言语—语言"的语法翻译法树立了一个对立面,不仅为听说法、视听法、自觉实践法、功能法等流派开了先河,也促进了翻译法的变革。

(2)直接法专家建立了一整套练习体系,编出了一大批卓有成效、影响广泛的教材,在世界外语教学法史上占有重要的地位。

直接法的不足之处在于:

(1)过分强调幼儿学语言的规律,没有认识到成年人学习外语的特点,忽略了成年人具有一定的归纳、推理、演绎等认知能力。用教幼儿的办法来教学，抑制了成年人认知能力的发挥。

（2）偏重经验，重视感觉，忽视了对语言的理性认识。语言反映外部世界，并不只是反映那些直观的东西，理性的东西用直接法来教授很难奏效。

第三节　听说法

听说法是把"听说放在首位，主张先用耳听，后用口说，经过反复口头操练，最终能自动化地运用所学语言材料"的一种外语教学方法。教学法专家和语言教师根据不同的研究角度又将听说法称为口语法、结构法、语言学法、句型法、耳口法等。

一、听说法的历史背景

20世纪40年代，美国成为世界大国，同各国的交往日益频繁，急需大批的外语人才应付外交、外贸、科技等领域的各种活动。在这之前美国的外语教学主要沿袭了语法翻译法的传统，注重阅读能力的培养，大部分教学时间花在语法讲解和翻译上，并不重视学习者口头表达能力的培养。显然这种教学方法无法在较短的时间内培养出适应当时社会发展的外语人才，因此改革外语教学的呼声很高，当时的语言学家和语言教师提出把第二次世界大战时的外语教学方法运用到学校外语教学中来，得到了广泛的认同。

第二次世界大战期间，珍珠港事件发生后，美国全面参战，大批派往各国的青年军人需要进行外语强化训练，于是军队设立了专门的教学机构对他们进行培训。当时的外语教学具有两大特点：集中速成教学和采用听说法进行训练，在短期内为军队培养了大批外语口语人才。

第二次世界大战时的外语教学成果启发了语言教学的专家们，他们决定把当时军队的语言训练方法搬进大学，由此逐渐形成了听说法。

二、听说法的主要代表人物

（一）弗里斯（C. C. Fries）

美国语言学家及外语教学法专家弗里斯，著有《作为外语的英语教学》（*Teaching and Learning English as a Foreign Language*）、《英语句型操练》（*English Pattern Practice*）、《美国英语教科书》（*American English Series*）等多种专著和教材。他提倡口语法（*Oral Approach*），在密歇根大学创办了英语研究所，开展英语教学工作，编写了许多颇有实践价值的教材和教学参考书。

（二）拉多（R. Lado）

美国人拉多是结构主义语言学家，著有《语言教学和科学方法》（*Language Teaching and Scientific Approach*）。这部著名的理论著作从理论和实践两方面把口语法向前推进了一大步。

三、听说法的理论基础

（一）语言学的理论基础

听说法在语言学方面的理论基础是结构主义语言学。美国结构主义语言学派代表人物如布龙菲尔德（Bloomfield）等，"他们研究本来没有文字记录的美洲印第安语，采用实地调查的方法和特别适合所研究的语言系统的术语"。他们用这种研究方法对其他有文字的语言也进行描写与分析，发现口头语言和书面语言有不一致的地方。而前者虽然受到传统语法的批判，认为是不规范的，但它是活的语言，因此我们应该尊重这种语言事实。结构主义语言学家认为每种语言都有不同于其他语言的自身的结构特征，传统语法提出的"所有语言具有共同的语言结构"的所谓普遍语法是不存在的。这种鲜明的语言理论对听说法提倡教授活的语言的原则有深刻的影响。

（二）心理学的理论基础

听说法在心理学方面的理论基础是行为主义心理学。行为主义源于巴甫洛夫的条件反射学说。美国心理学家华生（J. B. Watson）在此基础上提出了行为主义心理学公式：刺激（S）—反应（R）。他认为人和动物的行为都可纳入刺激和反应的规范之中。而斯金纳（B. F. Skinner）又向前发展了一步，提出了新公式：刺激—反应—强化。心理学家称之为新行为主义公式。他把动物和人类的学习看作操练，而强化是操练条件作用的结果。听说法重视机械性训练，强调重复和模仿，就是以行为主义的心理学说作为其理论根据的。

结构主义语言学家，如布龙菲尔德，接受了行为主义的观点，认为"语言活动是一系列刺激和反应"，也就是说，语言教学是教师对学习者进行声音刺激和学习者对声音刺激进行反应的过程。而对声音刺激的反复模仿、反复操练，就能形成新的语言习惯，说话时可以不自觉地、自动地运用所学的外语结构。

四、听说法的基本原则

（一）听说领先

结构主义语言学家认为，人们的交际活动主要依赖口语进行，因为言语有着书面语所没有的语调、节奏、重音等便于对方理解的语言手段。根据这个观点，他们主张外语学习应把有声语言学习放在首位，学会听说，由听说带动读写。听说领先的具体做法是：课堂教学按先听说、后读写的顺序进行；入门阶段必须先有一个时期的听说专门训练，然后再接触书面文字。这样，学习者可以更有效地掌握语言技能。

（二）反复实践，形成习惯

结构主义语言学家认为语言是习惯的体系。这种习惯要依靠反复的刺激—反应过程培养。母语的习得是养成本民族的语言习惯，外语的学习是养成一种新的语言习惯。无论是母语习得，还是外语学习，都需要进行大量的练习和反复的实践。因而，外语教学要让学习者把大部分时间用在模仿、记忆、交谈等反复的实践练习上。布龙菲尔德的名言"学习语言就是实践，再实践，其他的方法是没有用处的"，就是听说法实践原则的最好注脚。

（三）以句型为中心

结构主义语言学家对语言进行描写，发现句型是语言的基本结构。

由于句型这种从无数句子归纳出来的句子模式具有结构意义和词汇意义，放入情境之中还有一定的社会文化意义，因而外语教学应以句型为中心，一切教学活动，如课堂教学内容的安排、语言技能的训练等，都必须围绕句型这个中心在不同类型的语境中进行，通过反复操练句型来形成正确的类推。

（四）排斥或限制母语

结构主义语言学家认为各种语言的词语在概念和词义方面很少完全对应，因而不适合用母语翻译来讲解词义，主张用直观、情境、上下文和目的语等多种手段直接释义。而且，他们认为翻译要依靠母语对目的语进行语言形式和意义上的转换，而过多地依赖母语，会妨碍学习者在目的语和思维之间建立直接联系，不利于外语学习。因而听说法主张在外语教学中排斥或限制母语，要求教师尽量用目的语教学，也要求学习者直接用外语来思维和表达。

（五）对比语言结构，确定教学难点

初学外语的学习者在语音、词汇和语法等方面容易用母语的语言结构代替目的语的语言结构，妨碍目的语的掌握和应用。为此，结构主义语言学家提出外语学习要在母语和目的语的对比分析基础上找出两种语言结构的差异，而差异越大，困难越大，攻克这些难点，就能顺利地学习和掌握目的语。因此，听说法把难点教学作为一个极为重要的原则，教材的编写，练习的安排，教学方式的采用，都要尽力贯彻这个原则，使外语教学具有针对性。

（六）及时纠正错误，培养正确的语言习惯

行为主义心理学认为一切习惯的养成主要依靠反复的刺激和反应，好习惯是通过正确的而不是错误的刺激和反应形成的。听说法根据这个原理，要求教师对学习者进行正确的刺激，学习者对刺激做出正确的反应。语音、词汇、句型的教学，理解、模仿、表达的练习，都要力求正确，避免错误。一有错误，立即纠正，将出错的机会减少到最低限度，以养成学习者正确的语言习惯。

五、听说法的教学过程

听说法的教学过程体现了听说法的基本原理和教学原则。听说法专家从各个不同的角度出发，阐述听说法的教学过程。其中较为著名的是美国布朗大学教授特瓦德尔 1958 年在日本讲学时提出的听说法学习过程的五个阶段：认识、模仿、重复、交换、选择，即"五段学说"。不过，一般运用得比较多的听说法教学基本程序为：口授语言材料→模仿记忆练习→句型练习→对话→读、写练习。

（一）口授语言材料

教师利用实物、图片、手势、上下文、情境等展示语言材料（主要是句型）并进行口授，将语音所表示的语言信息同意义联系起来。

（二）模仿记忆练习

教师反复示范所教的语言材料，学习者进行准确的模仿，如果发现错误则及时纠正。学习者在模仿的基础上反复练习，不断重复，直到可以背诵，这是模仿和重复结合的模仿记忆练习。

（三）句型练习

句型练习是听说法最具有代表性的部分。句型练习形式多样，主要是为了使学习者能够活用所学的语言材料而做的变换句子结构的练习。这类练习主要有替换（用具有同等作用的词替换句中某成分）、转述（直接引语变为间接引语）、转换（肯定变疑问）、扩展（加修饰语扩展句子）、压缩（找出主干句）、合并（几个分句合成一个句子）等。

（四）对话

对话可以进行问答、完成句子等练习，还可以为主要句型提供一定的语境以及使用该句型的文化背景。

（五）读、写练习

读，主要进行朗读语言材料（课文）的训练，要求在理解的基础上正确流利地朗读；写，练习回答书面问题（在练习本上回答课文的问题），或读、写部分内容，等等。

六、对听说法的评价

产生于20世纪40年代、全盛于20世纪60年代的听说法，在外语教学法发展史上具有划时代的意义。

（1）听说法从理论上和实践上促进了外语教学法的发展。它把结构主义语言学——当时语言学研究的重要成果和行为主义心理学的理论在外语教学中加以运用，给外语教学法奠定了坚实的科学基础。听说法的推行和实施，及时培养了满足社会需求的大批外语（口语）人才。听说法所取得的显著成效，深刻地改变了全世界范围的外语教学状况。

（2）听说法重视听说训练，强调外语教学的实践性，建立起一套培养语言习惯的练习体系，有效地提高了外语教学的质量。

（3）把句型作为外语教学的核心。利用对比的方法，确定外语学习的重点、难点，使教学更有针对性，更符合人们学习语言的自然法则。

（4）伴随听说法的教学原则的贯彻，一大批听说法教材应运而生，最为著名的是美国麦克米兰公司出版的广播教材《英语九百句》。这是一套学习英语的优秀教材。此外，《英语成效》《英语速成教程》（*An Intensive Course in English*）等教材也在各国广为使用，很有影响。

作为一定的社会时代的产物，听说法不可避免地也存在着一些历史的缺陷，主要表现为：

（1）过分注意语言结构形式，忽视了语言材料的内容和意义。

（2）过分重视机械性训练，忽视学习者掌握语言基础知识的重要性和活用语言能力的培养，导致学习者不善于结合具体的情境进行交际。

第四节　视听法

视听法是将视觉感受和听觉感受结合起来进行外语教学的方法。视听法采用电化设备进行视听教学，并要求学习者理解和听懂所教语言材料的完整的结构，因此又被称为视听整体结构法。视听法产生于法国圣克卢（Saint Cloud）高等师范学院的"全世界普及法语研究所"，因而也被称为圣克卢法。视听法十分强调创造和利用情境进行语言教学，因而也被称为情境法（Situational Approach）。

视听法的代表人物有：古根汉（G. Gougenhein），法国人，"全世界普及法语研究所"负责人，学者；古布里纳（P. Guberina），南斯拉夫人，南斯拉夫萨格勒大学语音研究所主任。

一、视听法产生的时代背景

视听法产生于 20 世纪 50 年代的法国，是当时法国运用的一种对外国成年人进行法语短期速成教学的方法。听说法发展到 20 世纪中期已暴露出它的一些弊病，如脱离上下文语境的机械的句型操练，不能有效地培养学习者运用语言的能力。视听法对直接法和听说法进行了深入的分析，既吸收了直接法用直观手段、以外语教外语、加强模仿、口语领先、句本位原则等长处，也继承了听说法以口语训练句型结构的基本特点，在吸收和继承的基础上，加入情境视觉感觉的效应，通过用幻灯片和同步录音等教学手段，将情境视觉和录音听觉结合在一起，建立一种新的教学法体系。视觉和听觉感受的结合，可以使人的大脑对不同路径所接受的语言信息的刺激同时做出反应，加深印象，加速并巩固记忆。而伴随交际同时呈现的情境，规定了人们对各种语言交际要素的选择，如话语节奏、语气语调、说话方式等，使语言教学更接近真实生活中的交际。这样的口语能力的培养更具有实践意义。

视听法初期主要培养学习者在日常生活中用法语跟法国人进行交际的能力，以训练听说技能见长，是一种成年人的语言短期速成教学方法。将其移用并贯彻在学校的外语教学中，则要求培养学习者听、说、读、写四种技能。

视听法在国际上广为运用。20 世纪 70 年代中期，联合国教科文组织统计，"国际上采用这种方法学习外语的约占 50%"，影响极为广泛。

二、视听法的理论基础

（一）语言学理论基础

视听法的语言学理论基础为结构主义语言学理论。根据结构主义语言学的原理，可以把某一种语言中的句子通过层层分析、描写，分解成句型、短语、词、音节等多种层次和结构，而把这种基本单位整理归纳出来，就能描绘出该种语言词汇和句子结构的总貌。这些词汇和句型在口语中最为活跃，因而被称为活的语言。视听法注重口语教学，必然会从结构主义语言学理论中吸取养分作为自己的指导。视听法制定出最低口头言语词汇量和最基本的句子结构，就是运用结构主义语言学的理论来使用录音技术对活的口语进行描写的结果。在具体教学中视听法也依照层次结构要求学习者掌握语音（包括音素、音节等）、节奏（包括词和短语）、句子（包括各种句型），通过反复视听，掌握言语技能。

（二）心理学理论基础

视听法的心理学理论基础源自心理学关于感觉、知觉的论述："知觉是不同类感觉相互联系和综合的结果""感觉刺激必须达到一定的量才能被知觉到"。

视觉和听觉都是人的基本感觉，在接受外界的语言信息刺激时都会做出反应。儿童在习得母语的过程中，语言信息经过听觉通道输入大脑的频率较高，入学以后依靠视觉感受文字符号，接收远距离信息的能力大大增强，相对来说，听觉感知能力有所减弱。视听法将图像和声音结合起来，调动潜在的听觉感知能力，从而充分利用和发挥视觉、听觉感知的协同作用。这种认识在行为主义心理学中可以得到解释。因为词语概念有的和实物发生直接联系（如具体词），有的和图像发生间接联系（如抽象词），声音和图像刺激—反应的频繁联系，能建立起条件反射，即"机体通过学习形成的对特定刺激的应答"，所以当图像单独出现时，学习者头脑中也会有表示图像意义的词语声音反映出来。

儿童习得母语是在各种情境中进行的。成人的外语学习也要参照幼儿习得语的规律，创造各种情境，在情境中学习语言。学习者接收和记忆外界的语言信息，如果通过两种信息编码：情境编码和语义编码，则容易被贮入长时记忆而经久不忘，因为双重编码的理论认为"双重编码的材料能持久保持"。视听法将听觉感受和情境视觉感受结合起来，符合人的学习和记忆原理，因而能取得良好的效果。

三、视听法的基本原则

（一）培养听、说、读、写言语习惯

在外语教学中，语言知识的传授是为了培养学习者听、说、读、写的言语能力，因而是一种手段而非目的。学习者对于四项技能的掌握才是外语教学的根本目的。听、说、读、写四项技能也是一种言语习惯，而言语习惯的形成要通过反复操练、不断模仿，因而模仿和操练也是最基本的训练方式。在听、说、读、写四项技能中，口语又是教学的第一目标，因为语言首先体现在口语中，而且只有在口头交际时才是活的语言。口语也是读、写的基础，口语的训练也有利于读、写能力的提高。

（二）语言和情境相结合

语言表达思想、进行交际都是在一定的情境中进行的。语言教学结合情境是真实地再现实际的交际活动。情境的出现一方面可以使学习者形象地、直接地、完整地体会所学语言材料的意义、使用对象和场合等语境因素，教学者不必通过分析语法结构、讲解语法规则等方式就可将整体结构分解，让学习者在拼凑组合中理解。另一方面，结合情境学习的语言材料，易于记忆，因为图像可使语言与意义紧密联系，录音有助于学习者整体感知语音、语调、语气、节奏等声音因素，增强感染力，从而易于学习者记忆和掌握。语言表达时伴随的情境是丰富多样的，其中日常生活情境是对话教学的中心，因为这最贴近学习者的生活，是他们最迫切需要掌握的内容。

（三）避免以母语和文字为中介

视听法充分利用视听手段，在用外语进行释义和练习时，辅以图像等实物直观和动作、手势、体态、表情以及语音、语调等语言直观，把外语教学变成语言（主要是声音）与意义或图像直接联系的交际过程，培养学习者通过外语的声音来直接理解和表达思想的能力。避免学习者依赖以母语为中介，追求目的语和母语的对应关系，形成对语义的狭窄理解而导致表达上的错误。避免学习者以文字为中介，过分依赖文字符号而减弱对语音、语调、节奏等语言表达的练习。以母语和文字为中介都不利于学习者语感和用目的语思维的能力的培养。

在语言技能的训练中有控制地使用常用词汇和结构以使学习者学习的词语和语言结构能得到充分的、经常性的使用，教学者就要对教学的常用词汇和结构进行一番选择，尽量挑选那些在日常生活中使用频率高、具有一定代表性的词语和结构。因为学习者的学习时间及个人的认知能力有一定的限度，尤其是初级阶段的学习者，所以如果短期内输入大量的语言材料，会分散他们的精力，使他们疲于应付，从而忽视对语言材料中的基本内容的操练和掌握，影响语言能力的培养；在短期内大脑储存的语言材料，由于得不到复现或运用而非常容易被遗忘。因而视听法努力确定基本词汇和基本结构，强调用有选择的、有控制的词语和结构进行学习者四项技能的训练。

四、视听法的教学过程

视听法的教学过程包括语言材料的展示及感知、理解和记忆、练习和运用三个环节。

首先通过幻灯片或教学电影配合同步录音在情境中展示语言材料，让学习者看图像、听录音，整体、立体地来感知语言材料，在看、听的同时理解和记忆语言材料中词语和句子的意义，并多次重复，在此基础上听懂和理解整个语言材料的内容。教师可以逐个讲解画面，也可以通过提问—回答的方式帮助学习者理解和记忆。在学习者通过多次重复而熟悉了语言材料之后，教师可以让学习者做练习。练习可以由模仿向前推进一步，如问答、替换、用所给词语组织句子或描述画面等。再进一步可以要求学习者做创造性的练习，如离开画面也能自如表述，让学习者在教师提供的新的情境中完成所要求的交际目标。

五、对视听法的评价

视听法跟直接法和听说法有着十分密切的关系，这是因为它本来就源于后两者。但视听法有其特点，它的长处在于：

（1）将声音和图像结合起来，充分调动视觉、听觉等语言学习的感觉器官，通过语言和形象的结合，学习者能直接把所学语言同实际情境联系在一起，有利于理解和记忆。

（2）创造较为真实的语言环境，使语言学习同现实生活紧密结合，提高学习的有效性。

（3）在教材建设方面卓有成效，较为典型的教材有《法语的声音和形象》《俄语视听教程》以及《新概念英语》，课文短而精，内容丰富、有趣，语言知识自然、系统地融入其中，深受教师及学习者欢迎，影响十分广泛。

它的不足之处在于：

（1）过分强调语言材料的整体模仿学习，缺少分析和归纳规则性的东西，因而使学习者特别是成年人，难以用规律性的东西来指导和把握外语学习，不能有效地提高学习效率。

（2）由于强调口语的训练，忽视了阅读训练，使学习者书面的阅读及表达能力没有得到及时的提高，听说和读写技能不能同步地得到发展，在一定程度上影响了学习者关于所学语言的交际能力。而通过听说感觉直接获得的信息有一定的局限性，又由于排除了翻译的方法，削弱了学习者理解和应用语言的精确度，对于一些抽象的语言内容如词汇和语法结构的理解和掌握，就难以保证其正确性。

（3）在内容和形式的处理上，视听法更重视后者，因而从交际内容出发的要求往往不能很好地得到满足。情境和话语结构之间常有限制性，忽视了情境同话语结构的配合，难以满足学习者实际的交际需要。

第五节　自觉对比法

自觉对比法是在同母语进行比较的基础上，掌握系统的语言知识，经过大量的反复练习，最终达到熟练的目的的一种教学方法。它与直觉法对立，是对古典的语法翻译法的继承和发展。

一、自觉对比法产生的背景

自觉对比法盛行于苏联不是偶然的。它的产生和流行有三个方面的原因：

（1）对精通口语的外语人才需求量小。苏联在 20 世纪 40 年代以前国际贸易和国际交流较少，不需要推广像直接法那样培养大批口语人才的教学方法。

（2）外语教学界力图建立新的教学法理论。苏联的许多外语实践家，把直接法作为资产阶级学术思想进行批判，要求在批判中建立自己的教学法理论。

（3）教育界重视普通教育—教养作用，要求外语课也要完成通过与母语对比深刻认识母语的教育—教养任务。

苏联的外语教学专家既然否定了直接法，自然会在直接法的对立面——语法翻译法那里吸取养料，以语言学、心理学和教育学理论作为依据，经过加工改造，从而形成了苏联自己的外语教学法——自觉对比法。

二、自觉对比法的理论基础

（一）教育学理论基础

苏联的教育学是自觉对比法的理论基础之一。20 世纪三四十年代的苏联教育学十分注重德育的培养，认为各门学科的教学都负有形成学习者正确世界观的责任。同时，这时期的苏联教育理论强调知识的作用，认为在"知识—技能—熟巧"三段论中，知识是主导，它是技能和熟巧获得的基础，而学习者通过自觉学习所得到的技能和熟巧反过来又服务于知识。这些教育理论用于外语教学，就形成了自觉对比法重视系统知识，要求在与目的语对比的基础上加深对母语的认识，并进行大量的、反复的练习等教学主张。

（二）语言学理论基础

自觉对比法还以语言学的理论为基础。普通语言学的语音、词汇、语法三要素被当作外语课的实用任务，外语三要素的教学是进行听、说、读、写四种语言能力训练的基础。为此，自觉对比法确定外语教学的程序应当是：语言—言语—语言。另外，自觉对比法还吸取了语言学"语言是思维的物质外壳"理论，认为学习者初学外语时的思维物质外壳都是母语，因而母语是学好外语的前提，利用母语进行翻译也是外语教学的必要条件。

（三）心理学理论基础

心理学研究的新成果也是自觉对比法的强有力的理论支柱。巴甫洛夫的两个信号系统的学说被引进外语教学。学习外语即建立一套新的第二信号系统，而旧的第二信号系统（母语）从中起着正面的迁移作用，但也有负面的干扰作用。因而外语教学必须对两种语言进行对比，加强其有利的一面，控制其不利的一面。自觉对比法之所以把翻译看得那么重要，就是因为新的第二信号系统（外语）只有在旧的第二信号系统（母语）的基础上，才能同第一信号系统相联系。

三、自觉对比法的基本原则

（一）用母语讲解外语

同直接法排斥母语、用外语教外语的原则相对立，自觉对比法认为用母语讲解外语，一则"有助于学习者更深刻地领会母语和认识自己的思维"，可以实现外语课的普通教育—教养价值；二则通过母语翻译最后达到非翻译的目的，逐步养成学习者用外语思维的习惯。

（二）实践要有理论指导

同直接法的归纳途径教语法和句本位原则相对立，自觉对比法主张外语教学必须理论如语音、词汇、语法、修辞等知识或规则先行，学习者按先语言要素后句子的顺序学习，在理论的指导下实践。这样有助于学习者理解句子的形式和意义，也能正确地应用所学的句子，提高实际掌握外语的成效。

（三）理解地模仿

同直接法以模仿为主的原则相对立，自觉对比法提倡理解地模仿，通过语法分析，使学习者理解所学外语语言材料的语言形式；通过母语的翻译和讲解，使学习者理解句子的意义。这种在理解基础上的模仿，比起机械模仿，自觉程度更高，成效更大，记忆也因有意识记忆而变得相当牢固。

（四）以文字为基础，四会并重

同直接法以口语为基础的原则相对立，自觉对比法主张先教文字，四会并举，反对听说领先。因为文字是有形的记录符号，形成书面材料后可以阅读、分析和复习，而口头言语出口即逝，受时间的限制。而且听、说、读、写四项技能的训练，也要以文字为基础，调动视觉、听觉、触觉等诸多器官一起参与活动，只有这样外语水平才能全面地提高。

（五）用具有典范性的文学作品作为学习的材料

同直接法以现代通用的语言为教材的原则相对立，自觉对比法主张学习所学外语国家的文学原著，因为著名文学作品的语言经过作家的精心加工，最具有典范性，是值得学习者学习和模仿的，而且文学作品有普通教育—教养的价值。

四、对自觉对比法的评价

自觉对比法的贡献和功绩在于：

（1）自觉对比法由古典的语法翻译法脱胎而来，但它引进了对比这个概念，形成了既翻译又对比的具有现代意义的新翻译法。因而自觉对比法把古典的语法翻译法称为直觉翻译法，而把自己称为自觉翻译法，提出学习外语的过程是从自觉到不自觉的理论。这些主张和理论都有积极意义。

（2）自觉对比法对外语教学的重大问题，诸如普通教育—教养任务和实用任务的关系、母语和外语的关系、理论和实践的关系等，都做了系统的研究，提高了外语教学法的科学性，在整个教学法史上有一定的地位。

自觉对比法的不足之处在于：

（1）自觉对比法夸大了外语课的政治作用，混淆了外语教学与政治问题、意识形态问题的界限。它把外语课视为母语课的一种补充和附属，于是外语课上用母语解释、分析、对比、翻译的时间占了80%，真正练习外语的时间只占20%，致使学习者口语能力低下。这样的情况持续了几十年。

（2）自觉对比法把自己放在直接法的对立面，反其道而行之，又抓住早期直接法的一些缺陷，矫枉过正，结果使自己走向另一个极端：重视外语知识和理论而忽视其工具作用。

附：自觉实践法

自觉实践法是继承直接法，兼取自觉对比法之长，经过加工改造的一种综合教学法。自觉实践法是苏联在20世纪50年代末进行外语教学改革的产物。它是针对苏联多年来推行自觉对比法而导致学习者外语口语能力低下的现状提出来的。当时心理语言学的发展也为这场教学改革运动提供了理论依据。别利耶夫的《外语教学心理学纲要》认为，掌握外语的过程就是用外语来思维的过程；只有自觉掌握外语，才是真正的掌握；而掌握了外语，具有自动化的外语熟巧，可以不经过翻译就能理解外语。A. A. 昂季耶夫创立的"言语活动"论，提出外语教学必须紧密结合交际，以交际为重要手段。在这些理论的影响下，自觉实践法的教学法体系形成。

自觉实践法随着国外外语教学法的传入而不断发展，从20世纪50年代初创立到20世纪七八十年代日臻完善。它的原则比较多，博采众长，不断变化。如考虑母语原则、自觉性原则等，是在吸取、改造自觉对比法的基础上发展起来的；如交际性原则、功能—情境教材原则、直观性原则等，是在借鉴国外现代外语教学法流派的基础上发展起来的；如口语领先原则、在句法基础上学词汇和形态原则等，是在继承直接法的基础上发展起来的。

　　语言教学界对自觉实践法的评价是比较肯定的，认为自觉实践法是在总结自觉对比法的经验基础上形成的，但并不全盘否定自觉对比法，而是批判地吸取了其中合理的部分（如自觉性等），融入自己的理论体系。自觉实践法的理论体系是通过继承直接法的合理内核，克服其极端片面之处而建立起来的，同时吸收国外外语教学流派（如结构法、情境法、视听法、功能法等）中行之有效的精华，不断充实、完善自己的教法体系。自觉实践法走过了漫长的发展道路，渐趋成熟，改变了苏联由于推行自觉对比法所导致的外语水平低下的状况，被苏联外语教学界普遍接受。正因为自觉实践法努力改革、完善，不断探索、前进，所以可以说它是比较合理的一种现代教学法。

第六节　认知法

　　认知教学法是按照认知规律，调动学习者的智力潜能，努力去发现和掌握语言规则，创造性地活用语言的一种外语教学法体系。因为人脑的认知活动是依靠符号来编码或解码的，所以认知法又叫认知—符号学习理论。

一、认知法产生的背景

　　20 世纪 60 年代，国家间的交流随着科学的迅猛发展而深入科技领域。高科技的交流和介绍，需要由高层次、高水平的外语人才来承担，原有的以培养口语人才为主的听说法已远远落后于形势的发展，不能适应社会前进的需要。它的重实践轻理论、重口语轻书面语、重机械训练轻灵活运用等缺点，严重地妨碍了高级外语人才的培养。时代要求探索并建立新的外语教学法。认知法正是在这样的背景下应运而生的。

二、认知法的理论基础

　　认知法的产生有其社会原因，也有教育学、心理学、语言学等学科发展的推动。20 世纪 60 年代初，瑞士著名心理学家皮亚杰（Jean Piaget）创立了"发生认识论"，反对行为主义心理学 S—R 公式，提出 S—（AT）—R 公式，意思是：一定的刺激（S）被个体同化（A）于认知结构（T）之中，才能对刺激（S）做出反应（R）。

　　皮亚杰和英海尔德（Piaget & Inhelder）指出：儿童认知的发展是通过智力结构的改进和转换而实现的。在皮亚杰看来，客体只有在主体结构的加工改造以后才能被主体所认识，主体对客体的认识程度完全取决于主体具有什么样的认知结构。也就是说，头脑中如果没有相关的认知结构，即使刺激再强烈也无法做出反应。这就从根本上动摇了听说法赖以生存的行为主义 S—R 的心理学理论，为认知法的诞生铺平了道路。

20 世纪 50 年代末，美国著名心理学家布鲁纳（J. S. Bruner）的"发现学习"理论，也为认知法的产生打下了理论基础。他提出教学以"学习者为中心"，教师应充分发挥学习者的积极性和主动性，引导学习者通过对所学对象的观察、分析、归纳等逻辑思维活动自己去发现其中的规则和原理。这就是"发现学习"（discovery learning）。它能激发学习者的主观能动性，创造性地去完成自己的学业。

20 世纪 50 年代，美国著名语言学家乔姆斯基（Noam Chomsky）的转换生成语言理论，也是认知法创立的理论支柱。乔姆斯基认为语言是一种行为，它像人类的其他行为一样，是受规则支配的。这些规则就是语法。人们利用语言的规则，可以用有限的、基本的语言单位去构成无限数量的、复杂的语言系统，就是语言的生成性。人们学习语言并不是学会某个特定的句子，而是运用规则去创造（构成）和理解新句子。根据乔姆斯基的观点，学习语言主要不是依赖模仿，掌握规则才是最根本的，即使幼儿学话也不例外。教师的作用就是要创造机会和情境，让学习者发现语法规则，并让其把所学的规则应用到交际实践中去。

美国认知心理学家奥斯贝尔（D. Ausubel）提出的两种学习理论——机械性学习和有意义学习，更是认知法反对听说法的有力武器。奥斯贝尔认为机械地进行模仿记忆，是一种死记硬背，不可能保持长久；而有意义的学习是认知学习，即通过学习本身形成概念或原理，随后以某种可感觉到的方式与学习者原有的思想联系起来时产生的学习，这种记忆可以长期保持。

上述这些理论对世界各国的外语教学起着深刻的影响，它们都是认知法强有力的理论支柱。

三、认知法的基本原则

认知法探讨的是成年人在本国的环境中学习外语的过程及其规律，为使学习者达到实际而全面地运用外语的目的，教学应遵循以下原则。

（一）以学习者为中心，以自学为主

认知法认为学习外语固然有外因的作用，但学习主体的内因起着决定性的作用。教师必须了解并把握学习者学习外语的心理活动，因势利导，激发学习者的兴趣和毅力，开发学习者的智力和潜能，讲究教学的策略和方法，最大限度地调动学习者的学习积极性。学习者是教学的中心，教师应以学习者的活动和实际的操练为主，并组织好学习者课外的自学，让学习者在大量的言语活动中掌握并运用外语。

（二）在理解规则的基础上进行有意义的学习和操练

认知法认为学习者在理解语法规则的基础上的操练，才是创造性的语言活动，而不是"刺激—反应"那种动物型的机械反复。因而教学可采用"发现法"，让学习者从已知到未知，发现其中的规则，并指导自己的语言活动，在一定的交际场景和实际生活中操练语法规则。

认知法并不完全否定"刺激—反应"理论，认为认知学习理论适用于学习有规律可循的语法规则，而"刺激—反应"理论适用于学习不太有规律的语音和单词。

（三）听、说、读、写全面训练

认知法反对听说领先，主张听、说、读、写齐头并进。它认为成年人学习外语与幼儿习得母语是不一样的。幼儿认识文字，只能依靠听说学话；成年人则可借助文字来学习外语，声音和文字相辅相成，更能奏效。而且从认知活动来看，调动多种感觉器官（耳听、口说、眼看、手写）综合运用，效果远胜于单纯地靠声音刺激听觉。因而，声音和文字结合，听、说、读、写全面训练，符合成年人学习外语的心理特点。

（四）利用母语

认知法认为成年人学习外语在许多方面是借助于母语实现的，恰当地利用母语的知识，可使外语学习更见成效。认知法从乔姆斯基的转换生成语言理论得到启示，认为各种语言的语法有许多相似之处，学习者学习外语时必然会把母语的语法知识迁移到目的语中去，起到正面的促进作用；但母语与外语在结构上毕竟也有不同的地方，学习者在学习时往往会用母语代替目的语，从而产生干扰作用。因而应进行母语和目的语的对比分析，使学习更有针对性。

（五）对错误进行有分析的指导

在对待学习者的语言错误上，认知法改变了语法翻译法一味归咎于学习者没掌握好语言知识和语法规则的武断做法，也改变了听说法有错必纠的简单做法，而是有分析地进行指导：是语言运用不当，还是临时的疏忽失误；是外语内部相互干扰，还是母语对外语的影响，等等。对前者要加以纠正，对后者可加以指点，消除学习者对纠错的紧张感，让其轻轻松松地学好外语。

（六）运用电化手段，营造教学情境

认知法同其他现代外语教学法流派一样，也十分重视直观教具和现代化教学手段在外语教学中的作用。它认为在缺乏语言环境的情况下，使用电教手段可以创造外语环境，为学习者提供在各种情境中使用外语的机会，因而是提高外语教学质量不可缺少的条件。

四、认知法的教学过程

认知法认为成年人学习外语在环境、母语的基础、意识性和自觉性方面有很大的不同，因而对成年人来说，学习外语的过程可分为"语言的理解—语言能力培养—语言运用"三个阶段。

（一）语言的理解阶段

语言理解是学习者进行听、说、读、写操练的基础。认知法的这种理解是在课堂内对教科书所提供的语言材料按照一定的教学方法有组织地进行的。它要求教师通过简明扼要的讲解，指导学习者自己去发现语言规则，从而理解语言规则的意义、构成和用法。具体做法是先复习旧知识，以旧知引出新知；在操练中发现并理解新知的内涵。这样就可为后面的"语言能力培养"和"语言运用"教学阶段的进行创造条件。

（二）语言能力培养阶段

学习外语，理解语言知识、规则固然很重要，更为关键的是必须具有正确使用语言的能力。这种外语的能力是通过有意识、有组织的练习获得的。这个阶段的练习有：

（1）识别性练习。如通过卡片识别字母，辨别字母在词中的读音，辨别教师读句子的语调，给句子标出正确的译法，等等，以便让教师检查、了解学习者对语言知识理解的情况。

（2）动作反应练习。教师说句子，学习者根据意思表演动作。

（3）挑选图片练习。教师出示几张图片并说明其中一张图片的意思，学习者挑选与意思相符的图片。

（4）定义练习。教师说出某个词的定义，学习者从几个词中指出与定义相吻合的词。

（5）选择练习。教师出示某个问题的几个答案，学习者选择正确的一个或几个答案。

（6）是非练习。

此外，还有组句、连句、合成句子、改装句子、扩展句子、造句、背诵、翻译、问答、看图说话、复述课文等练习，一般围绕课文进行，以巩固课文中出现的新语言材料。

（三）语言运用阶段

通过操练课文获得的外语能力还不一定能让学习者熟练地进行交际会话，

因而第三阶段必须给学习者提供交际实践的机会，以培养其真实的交际能力。这方面的练习有：

（1）各种形式的交谈。可联系日常生活进行交谈，还可指定情境（如公园游玩、商店购物等）进行交谈。

（2）话题讨论或座谈。可就课文内容、电影、录像片段、图画等展开讨论或举行座谈。

（3）快速问答。可就课文或眼前景物、事件进行即兴式对话。

（4）叙述或记述。可就图画、幻灯片、录像、电影等进行口头叙述或书面记述。

（5）翻译。两种语言的转换操练。

这些练习以学习者为主，教师从旁指导，或适时补充。

五、对认知法的评价

认知法的贡献在于：它是一种经过改革的现代语法翻译法，它把认知心理学理论、当代语言科学引进外语教学法中，使之更加科学。而运用心理学（包括教育心理学、语言心理学等）理论来论述外语教学，是认知法对外语教学法的最大贡献。

第七节　功能法

功能法是以语言功能和意念项目为纲，培养交际能力的一种教学方法。功能法以意念项目为主要线索组织教学，所以又称为意念法（Notional Approach）。在欧洲人文科学中，"功能"也是"意念"或"语义单位"的同义词，因而功能法也被称为语义—意念法（Semantic—Notional Approach）或功能—意念法（Functional—Notional Approach）。语言的基本功能是社会交际功能，外语教学的根本目标是培养社会交际能力，所以功能法也被称为"交际法"（Communicative Approach）。功能法产生于 20 世纪 70 年代初，创始人是英国语言学家威尔金斯（D. A. Wilkins），代表人物有荷兰乌得勒支大学应用语言学院院长范埃克（J. A. Van EK），英国语言教育家亚历山大（L. G. Alexander）、威多森（H. G. Widdowson），等等。

一、功能法产生的时代背景

20 世纪 70 年代，西欧各国为适应政治、经济、科学、文化的迅速发展，加强各国之间在政治、经济、军事、科技等方面的联系，成立了欧洲共同体。随着加入欧洲共同体的国家不断增加，使用的语言也不断增多，语言不通成为一个障碍。为了进行沟通，"1978 年共同体雇用的专职翻译就有四百多人，用来翻译九种语言""每次会议，如果九种语言都用上，一种语言翻译成另一种语言需要经过 72 次翻译"。要根本改变这种状况就必须尽快地培养大批具有欧洲共同体国家主要语言交际能力的人才，而语言交际能力的培养直接关系到改革共同体成员国的语言教育，改变当时盛行的听说法或视听法重视语言结构的掌握而忽视交际技能训练的外语教学状况。1971 年 5 月，欧洲共同体文化合作委员会在瑞士召开了对成年人进行外语教学的专题会议。几个月后，又召开了一次由十五个国家一百多名语言学家和教学法专家参加的多国专家会议，讨论制订欧洲现代语言教学大纲。三年后，由一百多个专家共同努力制订的欧洲主要语言教学的新教学大纲《入门阶段》和英语作为外语教学的《初阶》问世了。此后，功能教学法的代表著作——威尔金斯的《意念大纲》（*Notional Syllabuses*）出版，标志着功能教学法正式登上了外语教学的舞台。

二、功能法的理论基础

功能法的理论基础源于语言学的理论基础和心理学的理论基础。

（一）语言学理论基础

语言学理论研究的成果为功能法提供了一定的理论依据。瑞士结构主义语言学家索绪尔认为，语言是一种社会现象，是社会强加给全体成员的一种特殊的规约。语言作为社会的产物，作为人们互相了解的工具，它从不属于说这种语言的个人。而言语是个人的现象或活动。个人通过言语活动表达自己的思想，并使用语言工具来实现交际的目的。20 世纪 60 年代兴起至 20 世纪 70 年代蓬勃发展的社会语言学给功能法奠定了语言学理论基础。社会语言学家海姆斯（D. H. Hymes）提出了交际能力（Communicative Competence）的著名概念。他认为一个学语言的人，他的语言能力不仅包括他造出合乎语法的句子的能力，而且包括他恰当地使用语言的能力。海姆斯所说的交际能力指语言能力和语言运用两个方面。他的这一阐述，以后成为功能法的培养目的。

功能语言学家韩礼德（Halliday）的功能语言理论、话语分析理论以及威多森的语言交际观也对功能法产生极大的影响。韩礼德认为儿童语言体系是一个意义体系，而意义体系可以借助成人语言的声音去表达。威多森认为外语教学要在话语中使用语言才能培养出交际能力。功能法根据这些论断主张学习语言不仅要掌握它的形式，更要能适当地运用它，也就是说要使学习者掌握运用语言进行交际活动的能力，而这种能力只有通过交际活动才能进行更好的、更全面的培养。

（二）心理学理论基础

除了语言学理论，功能法还吸收了心理学的理论观点。20 世纪 60 年代后期发展起来的心理语言学关于外语学习的认识过程、学习者用语言理解和表达思想、语言和思维过程的关系等阐述，对功能法产生了很大的影响。功能法强调以学习者为中心，从学习者的实际需要出发来制定教学目标，根据目标选择教学内容，确定教学方法。在学习过程中要发挥学习者的自觉认识作用，进行有意义的、合乎情理的交际训练。心理语言学的功能派如费利克斯和哈恩（Felix & Hahn）认为，在外语学习的过程中，学习者并不是复述所听到的语言，而是从接触到的语言素材里选择具体的语言结构，有规律地使用与本族语有显著区别的语言。这些有毛病的语言形式是外语学习过程中不可缺少的一部分。功能法对学习者的错误不苛求，它认为不完善的交际往往是有效的、有价值的，而学习者在表达时不断纠正错误只会分散注意力，影响表达的进行。

三、功能法的基本原则

功能法关注语言的社会交际能力，关注培养学习者的语言交际功能，因而它的基本原则都围绕着这一中心来制定。

（一）以单元—学分体系组织语言教学

根据学习者学习外语的基本目的，并考虑到其中的一般目的和特殊目的，把语言教学分成对学习者具有一定针对性的单元，各单元前后搭配、相互联系构成整体。先学习具有共性的部分，再根据不同的需求学习不同的单元。每一个单元规定一定的学分，学完一个单元即获得相应的学分。《入门阶段》大纲是单元—学分体系中的基础部分，也是十分重要的部分。它规范并保证具有不同学习目的和要求的学习者的语言使用能力都达到最基本的水平。

（二）以功能—意念为纲，考虑交际要素

功能法教学以功能—意念为纲，注意考虑交际的三要素：功能、普通意念、特殊意念。此外，还考虑到人们运用语言进行交际的其他要素：情境、社会、性别、心理状态、语体和语域、重音和语气、语调、语法和词汇、语言辅助手段等。

（三）教学过程交际化

在强调语言教学的根本目的的同时，注意教学过程的安排和设计，努力使外语教学的整个过程交际化，让学习者在交际活动中、在语段中使用语言以培养其交际能力。

（四）基本目的语和专业目的语兼顾

在学习基本目的语的同时，注意训练专业目的语。既满足学习者的一般学习需求，强调学以致用，提高学习者掌握目的语的水平，又使教学更具有针对性和实用性，全面达到语言学习的目的。

四、功能法的教学过程

功能法的整个教学过程包括三大环节。

（一）展示语言材料

通过对话的形式、图片或实物、情境，让学习者接触新的语言材料。对话力求真实、自然，并尽量在一定的情境中展示。

（二）学习和操练

将对话中出现的基本表达法及相应的语言结构抽出来让学习者进行模仿练习，以使其在表达时能灵活运用。除模仿之外，还可通过各种形式的操练来让学习者掌握所学内容，如朗读、设问和对答，以及根据个人情况进行有限扩展的问答练习，等等。

（三）自由交际及表达

在语言教学的过程中，提供相应的情境，给学习者创造自由使用语言的机会和条件，如做游戏、谈话、讲故事、角色扮演、讨论等，训练学习者的各种交际技能，提高其表达能力。

功能法教材的特点主要体现在结构、功能的结合上，在我国最为流行的是电视英语教学片《跟我学》。

五、对功能法的评价

功能法吸取了当代语言学、心理学研究的成果，总结了在它之前的各种教学法如直接法、听说法、视听法等的优点和不足，并进行有选择的改进和吸收，是一种颇具影响力和生命力的外语教学方法。它的主要特点及长处在于：

（1）功能法以语言功能和意念为纲，培养学习者运用语言进行交际的能力，在正确运用语言的同时注意运用的得体性。

（2）语言教学从学习者的实际需要出发，确定学习目标，选择语言材料，并努力使教学过程交际化。要求外语教学过程是言语交际过程，外语教学中尽量创造接近真实的交际情境。

（3）强调语言交际的目的，对于学习者在学习过程中出现的错误有一定的容忍度。

（4）重视专业外语的教学，突出不同的领域、范围所需目的语的特点，使教学更具有明确性和针对性，也使学习者的精力和注意力相对集中，以获得最高的学习效率。

功能法的不足之处主要表现在：

（1）语言功能和意念的范畴十分广泛，很难确定。要确定教学的范围，将教学内容进行分类、排列，并使其具有一定的科学性并符合教学规律，还有许多问题有待研究。

（2）语言功能和结构在教学中的结合是一个大问题。以功能—意念为纲兼顾结构，或者从语言结构出发结合功能，两者各有利弊。另外，两者的结合还关系到教学的循序渐进、教材中语言材料的编排、教学内容的安排落实等一系列不容易处理的问题。真实的交际活动千变万化，很难做到相对规范。

（3）功能法对学习者的语言错误十分宽容，这对于培养学习者语言表达的正确性和得体性未必有益。

第八节　任务型教学法

20世纪60年代到70年代出现了人本派和功能派教学法。受人本主义心理学的影响而产生的教学法，如团体语言学习法、默教法、全身反应法、暗示法、自然法等，强调以学习者为中心，注重人文情感因素，属于人本派；受社会语言学、功能主义语言学的影响而产生的教学法，如功能法、交际法等，重视语言交际能力的培养，属于功能派。而任务型教学法正是从人本派和功能派构建社会型的学习群体、发挥合作互动、培养交际能力等教学思想和教学理念出发而逐渐发展起来的。20世纪80年代，许多第二语言学习的研究者通过实验和探索，系统地提出了任务型语言教学的理论和主张。

任务型语言教学法是交际教学法的一种。交际教学是通过与社会人群的交际和交流来使学习者习得和掌握语言知识与语言能力的教学。任务型教学法就是这种交际教学法的发展和深化。它把语言教学与学习者在日常生活中的语言运用结合起来，让学习者面对真实的生活环境和社会环境，完成一个个具体的任务，从而习得语言知识和掌握语言能力。

"任务型语言教学的核心思想是要模拟人们在社会、学校生活中运用语言所从事的各类活动，把语言教学与学习者在今后日常生活中的语言应用结合起来。任务型语言教学把人们在社会生活中所做的事情细分为若干非常具体的'任务',并把培养学习者完成这些任务的能力作为教学目标。"

一、任务型教学法产生的时代背景

任务型教学法的提出和形成,经过相当长时间的酝酿和发酵,是功能法和交际法这些教学流派发展的必然结果,也是功能主义教学观、社会建构理论、习得理论和课程理论共同影响的产物。追根溯源,任务型教学法应源于美国教育学家杜威的实用主义教育理论。

20世纪初到20世纪三四十年代,杜威从实用主义经验论和机能心理学出发,批判了传统的学校教育,提出了他的基本观点:教育即生活,学校即社会。所谓"教育即生活",是指从生活中学习,从经验中学习,反对把外面的东西强加给学生去吸收;所谓"学校即社会",是指学校应成为一个小型的社会,学校生活即社会生活,校内学习与校外学习互相连接、互相影响。杜威从这些观点出发,提出了"学生中心,从做中学"的教学模式。强调学生在教学中的中心位置,强调课堂教学必须围绕活动和任务展开。可以说这已是任务型教学的雏形。任务型教学法正是由此发展和演变而来。

任务型教学法由于偏重于让学习者完成学习活动和学习任务,比较符合某种能力的培养,因此,在20世纪50年代,职业教育界就开始采纳和应用,在学习者分阶段、分层次、分任务地接受职业教育和技能培养方面发挥了重大的作用。

20世纪70年代,交际语言学发展起来,交际法很快从一种教学途径上升为一种教学思想,实现一系列的交际功能成为语言教学的重中之重。这又为任务型教学的发展打下基础。

20世纪70年代到80年代,马来西亚、印度等一些亚洲国家在外语教学中实验和推广任务型语言教学,积累了相当丰富的实践经验。到了20世纪80年代中期,第二语言学习的研究者们,如 Long、Crookes、Willis 和 Nunan 等在前人实验和研究的基础上,较为系统地提出任务型语言教学的主张。1989年,D. Nunan 出版《交际课堂的任务设计》(*Designing Tasks for the Communicative Classroom*),介绍了任务型教学的基本理论和一些国家和地区的任务型教学大纲,这是正式形成任务型教学法的标志性著作。

二、任务型教学法的理论基础

任务型语言教学的理论依据是多方面的,主要有语言习得理论、社会建构理论和课程理论。

（一）语言习得理论

语言习得理论是任务型教学的重要理论依据，尤其是第二语言或外语的习得，与任务型教学更有直接的关系。习得一般指在使用目的语的社会环境中，通过交际活动或准交际活动，获得语言知识和语言能力的活动，学习者的注意力集中于表达思想和语言所表达的信息上，这跟传统课堂教学偏重于语言形式的传授，通过让学习者模仿和练习来掌握语言知识和语法规则是大相径庭的。当然第二语言或外语的习得理论的研究，也有一个不断认知的过程。从基于行为主义"刺激—反应—强化"理论的对比分析假说，到学习者自己创设并改进语言系统的中介语假说，以及建立在偏误分析基础上的内在大纲和习得顺序假说，都在努力探求和研究习得第二语言或外语的内在规律，同时都发现在课堂教学中，即使学习者掌握了语言的形式和法则，也不一定能正确无误地在实际中使用，必须让学习者参与大量的社会交际活动，在语言实践中发展自己的语言系统。也就是说，掌握语言的最佳途径是让学习者做事情，即完成各种任务。当学习者积极地参与用目的语进行交际的尝试时，语言也被掌握了。当学习者所进行的任务使他们当前的语言能力发挥至极点时，习得也提升到最佳程度。

（二）社会建构理论

社会建构理论也是任务型教学的重要理论依据。建构主义学习理论强调以学习者为中心，主张由学习者在一定的社会文化背景（即一定的情境）下，利用必要的学习资料，通过与他人的交往和协作，建构对客观事物的意义的主观理解，以图式或认知结构贮存于记忆中。它反对现成知识的简单传授和学习者的被动接受。由此，建构主义学习理论把"情境""协作""会话"和"意义建构"列为语言学习的四大要素。其中"情境"是学习的条件，"协作"与"会话"是学习的手段，"意义建构"是学习的最终目标。"意义建构"是指事物的性质、规律以及事物之间的内在联系。如果教师能够激活学习者的内在知识系统，帮助学习者思考和探究，从而完成对客观事物的"意义建构"，就能促进其语言的进步和发展。龚亚夫、罗少茜在《任务型语言教学》中将社会建构主义学习理论归纳为六个方面：自律（自己控制和调节）、自我（自己根据理解来建构意义）、自信（自己相信能完成任务）、自主（自己确定目标、任务和学习内容）、自择（自己选择学习策略，形成自己的学习风格）、互动（在与他人的交往或交流中掌握语言）。从这六个方面我们能纵观社会建构主义学习理论的全貌，也可从中看出任务型教学法的端倪。可以说，任务型教学法正是在建构主义学习理论的基础上发展起来的。

（三）课程理论

心理学和教育理论的发展，推动着课程理论的发展和变化。1996 年 Van Lier 创立了一种设计课程的新理念："3A 课程观"，即意识（awareness）、自主（autonomy）与真实（authenticity）。这种课程观，一改过去着眼于教师的做法而从学习者的角度去考虑课程的设立、内容和学习方法。所谓"意识"，是指学习者有意识地关注所学的内容并参与有关活动，把所学内容与已有的知识结构、生活经历联系起来，即用已知、旧知去同化和接受新知、未知。所谓"自主"，是指学习者自己选择学习内容和学习任务，自己决定完成任务的方式，真正调动起学习者的学习责任感和积极性，专心致志地关注自己所学的知识，加强自己的驱动力，发挥学习的主动性。所谓"真实"，是指学习者在真实的环境中参与真实的活动，表达真实的思想和感受，学习活动始终处在真实的情境、真实的目的和真实的交流之中。"意识""自主""真实"三者是紧密相关的。学习者只有有意识地参与真实的活动，并且积极地对自己的学习进行积极反思和调控，才能真实而有效地习得和掌握语言。任务型教学强调语言活动尽可能结合学习者本人的生活经历和知识积累，提倡由学习者来决定任务的选择和任务的完成，鼓励学习者表达自己的真实感受和真实经历等特点都可以从课程理论中找到其影子和踪迹。可以这么说，任务型教学法正是从 Van Lier 的课程理论脱胎而来。

三、任务型教学法的特点与原则

任务型语言教学有下列一些特点：

（1）以任务组织教学

任务具有明确的目标指向，不仅要达到预期的语言教学目的，还要达到一定的非教学目的。例如设计电话预定出租车的情境，学会运用话语来叫车是预期的任务目标，而结果叫来了出租车是非教学目的。

（2）通过交流来学会交际

任务具有交际性和互动性，可以促进学习者的人际交往，学习者在参与、交流、合作的过程中，以交际任务带动学习。例如营造一个接待来访者的场景，学习者通过接待、寒暄、交谈，学会与来访者打交道的技能，同时练习了说话。

（3）调动学习者个人的生活经历和已有的目的语资源

在学习活动中，学习者凭借这些资源，感知、接收和应用目的语。例如参加足球赛啦啦队，由于学习者有观看球赛的经历和有关体育运动的目的语话语，因而很快学会了"加油""传球""角球""射门""罚球"等词语。

（4）在干中学，在用中学

将课堂内的语言学习与课堂外的语言活动有机地结合起来，摆脱单纯的语言学习和语言练习，使语言教学成为有语境、有意义、有交际目的的语言实践。

根据上述的一些特点，任务型语言教学法必须贯彻下列几个原则：

（1）言语、情境真实性原则

这个原则是指在任务设计中，尽可能创设真实（即学习者的实际生活）或接近真实（即贴近生活）的情境或场景，不仅交际活动是真实的，所用的交际语言也是真实的。这样，学习者在完成交际任务的过程中，所接触和加工的语言知识和语言信息就能得到有效的接收和应用。

（2）形式与功能性原则

这个原则是指任务设计要在真实性的基础上，注重和实施语言形式和功能的结合，使学习者明确所学的语言形式与功能之间的关系，在完成任务的活动中，不仅掌握语言形式，理解其功能，而且获得将语言功能应用于交际中的感受和能力。这就消除了传统语言练习脱离语境、脱离功能、注重单纯形式训练的弊端。

（3）任务的连贯与相依性原则

这一原则是指在学习单元中任务与任务之间的关系，以及课堂实施任务的步骤和程序。所设计的一组或一系列任务之间，不是毫无关系的任意堆积，而是连贯的、有层级的，从简到繁，由易到难，互相衔接，呈阶梯形层层递进，并统一在一定的目标指向上，使学习者一步步达到预期的教学目的。

（4）在做中学原则

这一原则是指学习者在完成具体的任务活动中习得语言，也就是说，要引导学习者通过参与和完成一定的交际任务来学习和积累目的语语言。它并不排斥学习语法规则和记忆单词，但不是从教师的单纯讲解中获得，而是在使用中感受和内化。"在做中学"的另一优点，是使学习者把陈述性知识和程序性知识的转化紧紧地结合和联系在一起，学得扎实，学得牢固。

（5）脚手架原则

这一原则是指创造条件支持学习者循序渐进，逐步向预期目标攀登。这就像建筑楼房的脚手架一样，让学习者既能攀高，又能在产生成就感的同时觉得安全。完成一定的任务有一定难度，要冒失败、犯错的危险，因而必须让学习者有勇气和安全感，才能顺利进行教学。

四、任务型语言教学的目标、任务分析与设计

实施任务型语言教学必须明确教学目标，对任务要进行分析与设计。

（1）确定教学目标

语言教学都有一个总体的课程标准，听、说、读、写都得根据这个标准去分头落实和实现实际的目标。但由于它是一个总体的课程标准，比较笼统，教师在贯彻和实施的过程中，必须将语言能力和目标细化为许多具体的、可操作的语言行为目标，即"学习者可以用所学的语言做什么事情"。而在细化的过程中，教师既要考虑真实世界的任务目标（即学习者以后在现实生活中会遇到的或需要做的事情），又要顾及教育任务目标（即课程标准所确定的分级标准以及语言知识目标）。

听、说、读、写各门课程有了比较明确和细化了的语言行为目标，教师就可据此确定分册和分单元的目标，课堂上就能抓住重点，集中时间和精力去训练学习者运用既定的语言形式和语言项目来进行交际活动，完成有意义的任务。

（2）任务分析与设计

开展任务型语言教学能否收到预期的效果，关键在于是否做好任务的需求分析。这种需求分析体现在两个方面：一个是语言知识与能力的分析，另一个是学习者需求与发展的分析。对于前者，"教师必须考虑语言知识的目标、语言能力的目标，要考虑如何使学生掌握教材中的语言点，并把这些与任务活动结合起来"。对于后者，教师要考虑学习者现有的语言能力水平、学习者以前的学习经验和所采取的学习策略，并从现实社会对学习者的语言知识与语言能力的需求和学习者自身的需要出发，充分了解学习者"想做什么，会做什么，该做什么"。

教师在做出精确的任务分析的基础上，进行任务设计。它包括目标（完成任务的预期目标）、步骤（操作方法与过程）、顺序（序列任务的次序）、进度（完成任务的时间）、结果（执行后的成果），以及学习策略、资料、评估等项目。成功的任务设计，能促使学习者运用所学的语言进行交际和交流，表达自己想要说的意思和感受；同时能促使学习者获得在课堂的模拟情境中演练真实生活或真实交际时所需要的语言技能。

五、任务型语言教学的过程

任务型语言教学可分为三个阶段：语言材料的引入、语言的练习与语言的输出。

（1）语言材料的引入

任务型教学主张在学习者有所准备的情况下引入新的语言材料。这种准备有内容上的准备，即将课堂进行的话题与学习者以往的经历和经验联系起来；也有语言知识上的准备，即激活学习者已有的语言储备，包括词汇和句子等，与将进行的交际或交流活动中所要应用的语言形式结合起来。具体分为三个步骤：第一步，从单个语言成分如词汇、句子开始进行一些机械性语言练习；第二步，引导学习者用所学的语言（包括新旧词语与句子）进行交流；第三步，让学习者进行课本上的对话，体会语言和内容的高度融合。这非常符合建构主义的理论和学习观点。

（2）语言的练习

激活学习者存储的心理词汇和句子，只是为接收和同化新词、新句创造一些条件，其本身并不能产生新的语言形式。因而在引导学习者进行交际活动之前，需要实施有关语言的灌输和语言方面的练习。这类练习有两种：机械性练习和有意义的练习。机械性练习是对刚刚接收的新语言进行模仿或重复的操练或训练，让学习者体会和记住新语言的用法和功能，在需要时能准确提取和运用。它属于基本技能的练习，如果安排和设计得当，可以让学习者积极、主动地参与各种练习活动。有意义的练习"介于机械性（控制性）和交际性（非控制性）之间，起着承上启下的作用"，即学习者使用新学的词句，随意地表达自己的所见所闻，所思所想，"使学习者的认知从知识外部特征转向知识内在联系"。

（3）新语言材料的输出

这个阶段主要是呈现任务和完成任务，即指导学习者运用所学的知识和技能（包括新旧语言知识和新旧语言技能）来完成一个预定的交际任务。课堂上所进行的交际活动应该贴近生活的语言使用环境，能发挥学习者的自主性和创造性，从而解决实际问题，完成具体任务。这样的语言活动一般可以在小组或结对练习中完成。学习者在这种交流中，将以往所学的旧语言形式与刚刚学到的新语言材料组织成话语，运用于交际和表达中，在完成任务的过程中加深对语言形式及其功能的领会和理解。

六、对任务型教学法的评价

任务型语言教学之所以受到广大教师的肯定，是因为它有以下一些优点和长处：

（1）真正贯彻"以学生为中心"的原则，用任务带动教学，让学习者在真实或仿真实的环境或场合中进行交流或交际，通过语言实践和语言运用，获得新的语言知识，提高语言技能。

（2）任务型语言教学不停留在机械性练习或有意义（半机械性）的练习的层面上，而是把课堂社会化，让学习者在运用中学，为运用而学，在广阔的社会平台上，完成诸如生活、学习、工作等各个真实的、具体的任务，培养综合运用语言的能力。

（3）任务型语言教学充分体现了学习者的主体性，在任务活动中发挥每个学习者的长处，彻底地、有效地改变了以教师讲授为主，学习者被迫接受的传统教学现状，成为学习者获得语言知识、提高语言技能的较佳途径。

（4）任务型教学的目标非常明确，完成任务和解决问题的具体活动，以及立竿见影的教学效果，大大地调动了学习者的学习动力和积极性，提高了学习的兴趣和主动性。

任务型语言教学法也存在某些不足之处：

（1）课堂语言教学的目标，是要在有限时间内达到整个教学大纲所规定的标准和要求。任务型语言教学法的实施和贯彻需要耗去较多的上课时间，进程比较缓慢，很难控制教学进度。因而要落实教学大纲的各项指标，势必要运用和采取多种教学方法，使其一起承担，共同完成。单靠任务型教学一种方法来达到整个教学大纲的要求是明显不够的。

（2）任务型语言教学法以任务带动教学，尽管重视和强调新旧知识的联系，但很难做到具体任务与新知识、新技能完全有机地结合，可能落实了一部分而舍弃了另一部分，不易从整体上把握知识系统和知识结构。

（3）班级学生的语言水平和语言能力参差不齐，开展任务型语言教学，会导致各个学习主体的进步与提高差异较大，必须采用其他的教学方法来弥补。

国外外语教学法的各种流派，都或多或少地影响着对外汉语教学的发展。因此，了解和熟悉国外外语教学法流派，有助于探讨对外汉语教学的理论。国外外语教学法流派众多，其产生和发展有各自的社会背景和理论基础。它们或是针对前一种教学法流派的弊端而逆向发展起来的，例如，直接法就是为克服语法翻译法过分重知识、重书面翻译、重母语运用的缺点而把重心转向口头交际的；或是在修正前一种教学法流派的错误倾向的基础上，扬长避短地发展起来的，例如，听说法就是为修正直接法重经验、重感觉、轻知识的倾向而建立的，提倡以句型为中心、由听说带动读写的教学思想；或吸取其他教学法流派的优点，例如，功能法总结了各种教学法流派（如直接法、听说法、视听法等）的优点与不足，有选择地改进和吸收，创造接近真实的交际情境，使教学过程交际化。每一种教学法流派的产生和发展，都有一定的背景，并给外语教学界带来一定的启迪和影响。

对外汉语教学不宜局限于某种教学法流派，而应博采众长，吸取各种教学法流派的养分，将它们的理论研究和实践成果融入对外汉语教学中，开创对外汉语教学的新天地。

第九节　情境教学法

一、情境教学法的概念

情境教学法指在具体的教学过程中，教师根据自己所要教的内容，有目的地引入或创设与之相关的、形象的、具有一定感情色彩的具体情境，引导学生更加直观、直接地获得相应的认知感受或情感体验，从而帮助学生走近作者，最大限度地去理解文本所表述的内容、所表达的感情、所陈述的观点，并使学生得到有效发展、有效进步的教学方法。情境教学法的关键在于将教学内容融入具体的情境之中，使学生仿佛身临其境，与作者、与文本，即教学内容有效融合，实现学生、文本、作者、教师的有效统一。

二、情境教学法的原则与功能

（一）原则

1. 体验性原则

人的认知活动带有体验性，人的认知水平和认知能力也与人的心理水平有关。情境教学法要求教师将教学内容融入具体的情境之中，从而使学生获得直观、直接的认知感受和情感体验，那么在情境教学法的过程中就必然贯穿着教师所引导的、学生所产生的各种体验。

体验性原则要求教师尽量在与教学内容相关的各种情境或氛围中引导学生发现问题，产生各种问题意识，并根据自己的理解和经验发散思维，展开想象，寻求解疑之道，辨别是非曲直。体验性原则贯穿情境教学法始末，学生思维的"过程"和学生通过学习获得的"结果"同等重要，教学不仅仅是让学生知其然，还要让学生知其所以然；教学不能只是让学生知道正确答案那么简单，找到答案的过程以及在这一过程中所获得的情感体验也同样弥足珍贵，也同样是教学的有效内容。

2. 自主性原则

自主性原则建立在良好的师生关系之上，它要求教学活动必须尊重学生的主体地位和充分发挥教师的主导作用，使教师从学生的实际出发，根据教学内容，适时地、行之有效地引导并鼓励学生去发现问题，在发现问题之后能够独立思考，并且不断地进取、探索，不屈不挠，坚持不懈，培养学生的主动意识和创新精神，使学生在完成学习任务的同时得到如何做人的情感态度体验。

只有相互信任和相互尊重的师生，才能做到有效教学、有意义教学。教学过程本身就是教师、学生与作者之间的对话交流，在情境教学中，教师了解学生，学生了解教师，彼此默契十足；教师对学生言传身教，以自身为模板、为实例，对学生循循善诱，在引导和启发的过程中动之以情、晓之以理；学生在教师的引导下，步步深入，发散思维，让自由的思想在思维的天空里恣意翱翔，从而不断地获得认知，获得体验，获得提高！

3. 智力与非智力结合统一和意识与无意识结合统一的原则

这一原则就是让学生的智力在轻松的状态下得到最大限度的发挥，这是实现情境教学的两个基本条件。人的认知受意识、情感和理智因素的制约，这就要求在教学活动中教师既要考虑如何使学生精神集中、专心致志、刻苦钻研，也要考虑如何才能调动学生学习的主动性和积极性，如何充分调动和激发学生身上的无限潜力和潜能，所以，在教学活动中，要让学生在轻松的状态中保持精神的集中，才能使他们发挥最大的智力和能力。在这种状态下，学生的想象力和创造力都十分丰富，感性思维达到极致，不受干扰，技能俱增，智力得到充分的发挥和体现，学生在轻松的状态下不由自主地实现了知识的增加和技能的提高，这也是情境教学法所追求的效果。

（二）功能

1. 陶冶学生情操

所谓陶冶，即给人的心灵、思想、精神产生积极的、真切的、良好的影响，使人的精神得以升华，性情得以滋润，情感得到熏陶，从而获得美的感受和觉悟的提高。孔子曾说过，"里仁为美"，学者颜之推也说过："人在少年，神情未定，所与款狎，熏渍陶染，言笑举动，无心于学，潜移暗化，自然似之。"这都是古人说的教育对于人的陶冶功能。情境教学法使艺术还原于生活，与学生的生活实际紧密相连，必然使学生更加真实、真切地感受到文本的内容和作者的思想，在学习的过程中，获得更加真实而且真切的美好的情感认知和情感体验，从而陶冶学生的情操，滋润学生的心灵，升华学生的灵魂，优化学生的性情，健全学生的人格。

2. 启迪学生心智

人是一切社会关系的总和，我们的生活受到诸多环境因素的制约，教育也是如此。保加利亚暗示学家洛扎诺夫曾指出："我们是被我们生活的环境教学和教育的，也是为了它才受教学和教育的。"可见我们的教育与我们所处的环境息息相关、紧密相连。这也是教育最大的属性所在。情境教学法能够恰到好处地将教学内容还原于具体的情境之中，有效激发学生的积极性、认知性以及求知欲，从而受到启发；学生在经过思考之后，可能顿悟、醒悟或者恍然大悟，从而获得新的认知，顺利地解决问题。情境教学法之所以能够继续发展并且经久不衰，就是因为它与时俱进的育人启迪功能。

第十节　对分课堂教学法

一、对分课堂概述

"对分课堂"是复旦大学心理系教师张学新提出的一种课堂教学改革新模式。其特点是把一半课堂时间分配给教师进行讲授，另一半时间分配给学生，并让其以讨论的方式进行交互式学习。一半教学、一半讨论，这是"对分课堂"的直观解释。

"对分课堂"的第一目标是让学生喜欢学习，而不是能力培养。"对分课堂"理论认为，要激发学生的学习积极性，必须给予学生一定的权利和自由。"对分课堂"重新定位了师生关系，认为知识应该一半是教师教的，一半是学生学的，师生权责对分。要让学生主动参与，学习过程必须有一部分让学生自我规划、自我掌控。师生"对分"，是"对分课堂"的另一层含义。

不同于当前流行的讨论式教学，"对分课堂"每堂课的前一半时间用于讨论上一堂课教师讲授的内容以及学生课后学习中产生的问题，而后一半时间教师才用来讲授新的知识。

在本堂课中讨论上堂课的内容，将自主学习的过程置于两堂课之间，这是"对分课堂"教学模式最核心的特点，也称为"隔堂讨论"。根据教学的具体情况，"对分课堂"还有一个简化的模式，称为"当堂对分"，即在一堂课中完成"讲授""吸收""讨论"三个环节。

掰开课堂，将自主学习内核加入其中。"对分课堂"的创新在于把讲授和讨论错开，让学生在两者之间有一定时间的自主学习过程，以便对知识进行个性化的内化吸收。

"对分课堂"的教学步骤可归纳为"讲授、独学、讨论、对话"四步法。在课堂安排上，"对分课堂"把教学过程分为三个互相连接的环节：课堂讲授环节、课后（或当堂）吸收环节、课堂讨论环节。

课堂讲授环节的精髓在于精讲和留白。在此环节，教师只用一半课堂的时间进行讲授，不向学生提问，也不组织讨论。由于时间有限，教师不可能对知识全面覆盖，应只做引导性、框架性的讲授，主要讲解学习目标、章节内容的逻辑框架、与其他内容的联系等。

"对分课堂"要求在课后或者当堂给予学生一定时间用来阅读教材、完成作业，以自己的方式深入理解，对知识进行个性化的内化吸收。这一过程要求学生独立完成，不能与同学和教师讨论交流。

"对分课堂"的作业包括一个新的部分，称为"亮考帮"。学生在听课、读书、完成常规作业后，要总结出学习过程中自己感受最深、受益最大、最欣赏的内容，这一过程称为"闪亮亮"。把自己弄懂了，但是觉得别人可能存在困惑的地方用问题的形式表达出来，用来挑战别人，这称为"考考你"。把自己不懂、不会的地方提炼出来，在讨论时求助同学，这个叫作"帮帮我"。

课堂讨论分为小组讨论、教师抽查、自由提问、教师总结四个环节，后三个环节也可统称为"全班交流"。小组讨论通常 4 人一组，时间 5—20 分钟。要求学生围绕作业，特别是"亮考帮"，互相切磋学习，共同解决问题。小组讨论解决不了的问题，再由全班讨论解决。

作业的布置对于"对分课堂"十分关键。作业是连接讲授与讨论的核心环节，要力求保证学生理解基本内容，同时为深入、有意义的小组讨论做铺垫和准备。

"对分课堂"主张按等级评定作业。不同于传统的作业评判标准，"对分课堂"抛开对错，把作业分为三个等级，由低到高依次为"上交了作业""认真完成了作业""富有思考和创新的作业"。教师甚至无须细致修改，为的是最大限度地保护学生学习的积极性。这一做法与"对分课堂"强调充分调动学生的积极性、想象力和创造力的理念是一致的。"对分课堂"重视学生自我学习的过程，因此评价方式应侧重于学生对于学习的投入情况，同时承认并且保护学生在独自学习时产生的个性化差异。

这一评价方式还有助于避免有些学生由于基础薄弱而进入"弱势—厌学"的恶性循环之中，促使学生根据自己的水平设定各自的目标，实现自我突破。

二、对分课堂的实施框架

鉴于大学课堂的实际情况，以及实施对分课堂的思路，结合日常教学实践，笔者提出一个"对分课堂"的实施框架：

（一）讲解规则

对分课堂可以选择一个学期作为试点。在第一节课上就向学生讲清楚规则，包括学习方法的介绍、整个课程的考核比例组成、小组的组成等相关事项的介绍。对分课堂实施之初让学生清楚规则，理解规则。

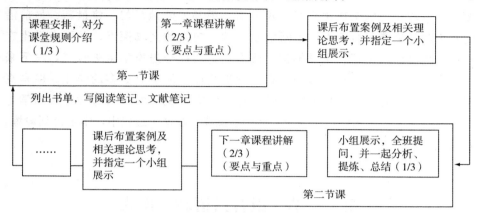

图 2－1 对分课堂创新实施框架图

（二）布置案例和思考

每堂课不多于三分之二的时间用于讲解，而且讲解多站在学生视角去发现问题，提出问题，然后分析问题，解决问题。第一节课后就布置与该知识点相关的案例以及思考题，规定第一小组认真准备，并制作展示 PPT。告诉小组成员该课题应该注意的事项、应该从哪些方面去收集资料、思考的方向和着重的地方。小组讨论分析的时候要有自己的观点。每堂课选择一个小组，其他小组的成员也要收集一些资料，他们的主要任务是提出问题，如对这个知识点以及案例他们有什么疑惑。能提出好问题，一方面是思考的表现，另一方面还能激发其他同学思考。

（三）展示与分析

第二次课堂开篇，回顾上节课的内容以及主要知识点，请第一小组同学介绍，展示案例、发现以及思考。大约 15 分钟展示完毕，请班里其他小组同学提问，就这些不同的提问，第一小组同学回答，回答不了，其他小组同学回答。提问和发言、分析和讨论的表现大都会在当天课堂上记录在案。通过启发、分析、讨论，教师进行提炼和总结以及继续提问，引发学生进一步的思考。问题教学让他们充分地参与到课堂中来，深入其中。通过这种方式激发学生思考，并让其带着问题进入下一次的课堂教学。

（四）推荐阅读

每次课堂讲解之后依然是布置案例和思考，进入下一个复习和收集资料、学习的过程。在整个学期的学习过程中，贯穿着不同章节书籍和文献的介绍，课本和教材上的知识远远满足不了学生的需求，学生对于知识的渴求迫切需要教师推荐相关的书籍去引导。这就需要教师不断地学习，将最新、最前沿的知识和理论展示给学生，不断地激励学生向新的高峰探索，并要求学生在学期末提交读书笔记、文献笔记。读书笔记的提交逼迫学生去看书，写下来是一个逼迫自己思考和提炼的过程。学生往往不愿意有更多的作业，但是真正地完成这个有意义的任务时，学生是非常有成就感的，教师就是帮助学生去克服一个又一个困难，完成一个又一个挑战。在这个过程中，学生得到锻炼，积极思考。

第十一节　组合汉语教学模式

一、组合汉语教学简述

下面笔者分别从三个方面对组合汉语理论加以阐述，发掘组合汉语思路的潜在魅力。

首先，从汉语理论方面来说，组合汉语理论坚持"字本位"的观点，突出以组合为核心的汉语系统特征，强调汉语组合中的二合机制和组合生成。对于"本位"的概念，语言学家多有争议，本书遵循吕必松先生的观点，直接将之理解为语言的基本单位。组合汉语理论认为汉语以"字"为基本结构单位，该单位包括音节和汉字两个部分，前者是口头汉语的基本单位，包括声、韵和调，后者是书面汉语的基本单位，包括笔画和部件。汉语可分为"字、词、句"这三级语法单位，组合汉语理论认为这三者之间存在由小到大组合生成的关系，暗含了汉语的语内组合关系。书面汉语的"字"包含的笔画、部件和整字之间也存在由小到大的组合关系，口头汉语的"字"即音节，由音节的声、韵、调组合而成，它们代表了字内组合。汉语作为一种组合生成的语言，其组合的基本方法是"二合"，也就是由字的生成元素到字的组合生成，由字到词的组合生成，由字词到句子的组合生成，基本上都是"1+1=1"的模式，即"二合"。从组合角度来说，"二合"是汉语的天然生成机制；从分析的角度来说，就是"二分"。可见，组合汉语作为一种汉语理论，说明了汉语系统是以字为基本单位，并按照二合机制进行组合生成的。

其次，从教学路子来说，"组合汉语"包括以下三个核心内容：（1）用"直音法"教授发音和说话。所谓"直音法"即用汉字教授发音和说话，是相对于用汉语拼音教授发音和说话的"拼音法"而言的。（2）用汉字教学带动书面汉语教学，即通过由字到词、由字词到句子的组合生成教学，培养学习者的阅读和写作能力。（3）区分口头汉语教学和书面汉语教学，把音节教学作为口头汉语教学的基础和基本组成部分，把汉字教学作为书面汉语教学的基础和基本组成部分，并用书面汉语教学带动口头汉语教学。

最后，从教学方法来说，组合汉语要求遵照由字的生成元素到字（包括音节和汉字），由字到基本词，由字、基本词到复合词，由字、基本词到基本句再到复合句逐级组合生成的教学方法。在培养学生的汉语能力和汉语交际能力上，"除了汉语系统规则的教学，还要进行字不离词、词不离句、句不离段、段不离篇的技能训练，并结合技能训练介绍相关的语用知识和文化知识"。汉字的教学要和书面汉语教学统一起来，并贯彻由简单到复杂的原则，从"一、二、三"教起，逐渐向笔画较多的独体字和合体字过渡。另外在分析各级语法单位的结构时，贯彻形式结构和语义结构相统一的原则，避免重蹈只讲形式结构而忽视语义结构的覆辙。

总体来说，组合汉语充分认识了汉字在汉语中的重要地位及汉语系统最本质的特点。该理论无论从汉语自身还是对外汉语教学上对新的教学思路的形成都有重大的意义。组合汉语积聚了包括吕必松本人及其他语言研究者和对外汉语教学工作者几十年的努力，是对汉语自身更深层次的认识结果，也是教学实践不断完善这些认识并发现新的规律特点的结果，它的形成也是老一辈语言工作者尤其是吕必松先生采用新视角研究汉语特点及总结对外汉语教学历史经验的必然结果。以下我们将通过具体的阐述着重展示组合汉语作为一条全新的教学路子所散发出的不竭魅力。

二、组合汉语教学的可行性

组合汉语教学路子的成型，实际上经过了几十年的酝酿。吕必松之前发表的许多论文中，都对现行的教学路子做了独特的思考。在《汉语教学路子研究刍议》（2003）一文中，吕必松将目前占主流地位的教学路子的特点概括为五个：以培养汉语能力和汉语交际能力为基本教学目的；以"语文一体"和"词本位"为基本教学模式；按照综合教学与分技能教学相结合的思路设计课程；主张结构与功能相结合，重视与语言理解和语言使用相关的文化知识的教学；提倡交际性原则和实践性原则，要求"精讲多练"。文中指出这条教学路子是在借鉴西方语言教学理论和教学方法并不断总结自己的教学经验的过程中逐渐形成的，融合了汉语教学的一些实践经验，但并未从本质上突出汉语教学应有的个性。"语文一体"和"词本位"教学模式在很大程度上背离了汉语的特点。无论是在强调汉语自身的独特性方面，在具体教学中究竟是否应该实行"先语后文"的"语文分离"的教学方法，还是在探讨汉语拼音的实用性和不足方面，吕必松都能跳出西方语言教学法的框架，试图以全新的视角审视当前的教学路子，这种精神值得我们每一个从事对外汉语教学的教师及研究人员学习。新诞生的理论总会处在风口浪尖，要接受来自不同群体、不同理论、不同方面的质疑，但不可否认组合汉语理论自身的魅力，它在人们的怀疑的目光中走到现在，不断发展壮大，直到今天，已引起教学界无数研究者反思当前的教学路子，并尝试采用这种独特视角分析教学中出现的具体问题，运用相关教材进行教学实践。我们认为，组合汉语的优点即可行性主要体现在以下几个方面。

1. 凸显了鲜明的语言立场

无论是徐通锵、白乐桑还是吕必松，他们都主张"字本位"的汉语理论观点，虽然现在大家对汉语的最基本的语言单位或者对"本位"的观念都存在一定的争议，但有一点不可否认，上述的这些语言学家、教学专家所主张的语言立场十分明显，即鲜明的汉语立场。

我们知道，现代汉语语法体系的构建始于马建忠的《马氏文通》（1898），当时马氏研究文法是从爱国主义和实用的目的出发，模仿了拉丁文的文法体系，强调以词类为纲。作者一方面注意吸收前人的研究成果，另一方面也重视汉语的具体语料的分析，在一定程度上反映了汉语的某些特点，后来多数语言学家认为该著作总体来说是模仿多于创造。该著作影响了后人对汉语语法体系的探讨，尤其是人们关于词类的分法的观念仍根深蒂固。之后黎锦熙编著的《新著国语文法》（1924）除了受《马氏文通》的直接影响，又是在模仿英文法，而当时的英文法又是模仿拉丁文法的，但有创新，即主张以句法为纲，以词类为目，明确了"句本位"的思想，认为"凡词，依句辨品，离句无品"。总体来看该著作依然没有跳出西方语法的框框，完全站在汉语的立场审视汉语自身的特点。此后语言学专家们都对汉语进行了不同角度的分析，但基本不能完全脱离以西方语言为基础构建的语言理论的影响。直到徐通锵先生开始将研究的目光转移到汉字这一独特的书面形式之上，提出了"字本位"的观点。而现在这种观点并未完全推翻影响了汉语界几十载的"词本位"理论，该理论的一些基本的分类方法实际上也是参照了西方"词本位"的分法，其中关于对外汉语教学的观点也继承了传统的结构主义语言学观点与现代的结构学的层次观念，是在继承的基础上的创新，或者说是在西方语言理论下更清晰地反思汉语本身的结果。

那么汉语理论究竟是以词为基本单位还是以字为基本单位？在这里我们不再讨论，但单从对待汉语的观点立场来看，我们可以明显看出"字本位"理论支持者们鲜明的汉语立场。将这种汉语立场带入对外汉语教学中，在实际帮助学生更好地掌握汉语方面，其效果是十分明显的。强调"字本位"，实际上也就强调了汉字在整个汉语系统、整个对外汉语教学系统中的重要作用。这种意识的增强，可以有效地帮助外国学生树立学习汉字也是学习汉语的观念，在遵循汉字有序系统的教学规律的基础上，遵循由易到难的客观教学规律，帮学生摒弃"汉字难学"的错误观点，最终为摸索出更利于汉字教学的规律和方法提供保障。

2. 指明了分语用语言教学的可行性和必要性

吕必松关于"组合汉语"的思路，一方面凸显了自身的汉语立场，另一方面也表明他对分语用语言教学的可行性探讨。此前我们明确了口语和书面语是从语体角度划分的结果，口头语言和书面语言则是从语用角度划分的。弄清这两个概念，为进一步论证书面汉语教学和口头汉语教学可用分立独行的方式进行教学打下基础。其实早在吕必松早期的论文和专著中，他已有意识地对依据不同语用采取不同的语言教学方式进行过相关思考。

在《基础汉语教学课型设计和教材编写的新尝试》（1985）一文中，吕必松提出要区别对待口语和书面语，因此要按语言技能划分课型，"有些只在书面语中出现的词语和语法现象就不必在说话课（或听说课）中进行专门练习，有些只要求听懂或者只要求能听、会说的词语和语法现象就不必在读写课（或阅读课）中进行专门练习。这样不但可以节约时间，在有限的时间内教给学生最迫切需要的内容，而且有利于帮助学生对口语和书面语加以区别"。该文很好地阐明了划分口语课和书面语课的必要性，这种分课型进行教学的方法一方面训练了学生不同的语言技能，是一种分技能训练的教学原则的体现，另一方面又可以在不同的课型中明确汉语中哪些是口语，哪些是书面语，利于学生在日常的交流中用更地道的语言同当地人交流。而口语、书面语等的使用，"需要根据表达时的语境进行变化。语体变换能力是语言能力的表现之一"（吕必松，2007）。除此之外，"从汉语作为第二语言学习者的'中介语'中可以看出，语体变化是汉语学习中的难点之一，在汉语作为第二语言教学中必须引起足够的重视，不能完全用口语教学代替口头语言教学，也不能完全用书面语言代替书面语言教学"（吕必松，2007）。

应该说，组合汉语主张区分对待书面语和口语，并建立书面语和口语两种不同的教学系统，充分考虑了教师和学生这两大主要对象在对外汉语教学中的不同地位及他们各自对待汉语的态度。教师教授语言，如何在语言教学中更好地帮助学生全方位地掌握汉语，需要他们认清汉语自身的规律，并解决这种特殊语言自身存在的汉语语言学习规律和汉字学习规律的矛盾；学生学习语言，如何才能全面掌握并巩固他们所学的语言知识，并转化为不同的技能，需要他们在最初学习汉语时就充分意识到这种语言区别于他们的母语的特殊性及其最显著的不同，能动并积极地从更快更好地去掌握这种语言的角度进行第二语言学习。因此组合汉语这种主张区分不同的语用语言教学系统，强调用不同课型训练学生不同的语言能力的做法具有积极的作用。

3.“直音法”在一定程度上弥补了“拼音法”的不足

对外汉语教学中，《汉语拼音方案》在教授语音方面起到不可替代的作用。然而利用拼音方案进行汉语语音教学的方法，已经暴露了一些不容忽视的缺陷。

（1）拼音方案会引起学生对拼音字母的误读、误拼。用拉丁字母教授汉语语音，会使学生看到汉语拼音字母时最先想到母语对字母的认读方式，然后再进行认读拼读。由于母语观念根深蒂固，很容易使学生在接触汉语拼音的相当长时间内影响他们对拼音的认读，从而造成误读误拼。另外，学生初学声调时不得不兼顾声母、韵母本身的发音方法，难以完全集中精力学习声调，容易产生“洋腔洋调”的结果。对拼音或是对声调的误读，一旦形成便很难纠正。

（2）拼音方案自身会使学生产生汉语音节的发音就是声、韵和调拼合而成的误解。事实上，汉语的音节是一个整体。学生用汉语拼音学会发音和说话，发音时往往不够自然，加上之前分开教学的部分受到母语发音的影响，最终频频误读错读。

（3）拼写方法对音节读音标注不够清楚。例如 ü 在 j、q、x 后需要变为 u，会导致部分学生把 ü 误读成 u；学生会误认为 iu 是 i 和 u 的拼合，从而导致对 iou 的误读；同样 ui 可能会导致对 uei 的误读。除此之外，zh、ch、sh 和 ng 均由两个字母组成，学生对汉语拼音自身认识不够深刻，可能会把这些音误认成复辅音，而实际上在汉语中不存在复辅音。拼音方案还用字母 i 兼表舌面前、舌尖前和舌尖后三个不同的元音，导致学生误读；字母 e 和 a 存在音位变体，导致学生辨别不清产生误读。

通过分析《汉语拼音方案》在教语音方面存在的缺陷，组合汉语主张用“直音法”教语音，即选择声母、韵母和声调相同的汉字，将它们各自归为一组，让学生对每一组汉字发音相同的部分进行辨析，通过这种方法教授并纠正不同的声母、韵母和声调。在此基础上，将根据汉字音节部分的字内组合规律进一步教授汉字作为整体的语音认知。可见"直音法"故意增加难度，使学生只能依靠听觉辨析汉语的发音，强调用听觉和记忆的方式对之加以把握。与"拼音法"相比，"直音法"少了视觉的辅助，可能在具体实施时存在学生容易遗忘汉字代表的语音的问题，但由于只能凭借记忆和听觉，学生在对具体语音进行把握时也可以精神更集中地将对汉语语音的认知内化为记忆认知，将听觉同记忆更为紧密地统一起来。这样学生对汉语语音的把握可以"避免受拼音字母和拼音的干扰，从而保持音节发音的原本性""可以根据音节的生成原理去组织语音练习，发现和纠正学生的语音偏误"（吕必松，2007）。除此之外，"直接用汉字教发音和说话，就是借助于汉字把音节作为整体来教，学生头脑中没有汉语拼音，只觉得一个汉字就是一个音，就不会出现上述误导现象"（吕必松，2008）。组合汉语强调汉语的言语音节具有原本性，"不但表现在音义黏着上，而且表现在发音方法上是一气呵成的，中间没有任何停顿；在听觉上是一个整体，没有任何合成的痕迹"，把汉语的言语音节作为整体进行教学，使学生在发汉字音节时更加流畅，更加自然。

当然对于"直音法"的教学，组合汉语的支持者们并不是进行着单纯的理论设想，20世纪70年代，北京语言学院就进行过一次"直音法"教学试验，"在头两个星期内，生词和课文全部用汉字，不出现拼音。然后用两天的时间教汉语拼音方案。试验取得了一班人难以相信的效果：在与学习《基础汉语》相同的时间内，学生不但掌握了一百多个汉字和几十个句子，而且掌握了汉语拼音，语音语调至少不比由同一个国家的学生组成的平行班差"。另外，吕必松2008年11月19日在北京语言大学的讲座上，继续举证了组合汉语实践者的进一步尝试：2007年，北京新亚研修学院用新编组合汉语教材《48小时汉语速成》进行过教学试验，任课教师袁媛在试验报告中写道："教材不利用《汉语拼音方案》教语音，采用'直音法'，借助汉字进行语音练习，减少了英语语音的干扰作用；学生的声、韵、调都比较标准，没有怪声怪气的发音。"2008年，吕效东和郝晓梅两位教师用同一教材在新加坡进行了试教，负责前十课教学的吕效东在教学总结中说："虽然没有系统地教授汉语语音和汉语拼音方案，但是大部分学生能够较好地掌握单音节语音的发音要领。"负责后十四课教学的郝晓梅在教学总结中认为："用'直音法'教学，将语音教学融入其他语言要素（字、词和句子）的教学中，既省时省力，又避免了学生受英语发音的影响而产生发音错误，这样掌握的汉语语音更准确、更深刻。"这些事实都足以说明以"直音法"教汉语语音是可行的，它在一定程度上弥补了"拼音法"的不足，也更好地利用了汉字直观表义的特点，借助字形帮助学生理解和记忆字义，并在具体的对外汉语教学中，将汉字的结构和字义结合起来，不单纯为教授语音而教授语音，达到事半功倍的效果。

可见，因为"拼音法"的不足及汉字的特殊性，即组合汉语坚持的汉字观所指出的"汉字是整体转写言语音节的文字，与言语音节既有对应关系，也有包容关系。对应关系表现为一个言语音节写下来就是一个汉字，一个汉字念出来就是一个言语音节；包容关系表现为汉字包含言语音节，言语音节不包含汉字。因为汉字与言语音节有包容关系，所以教汉字就包括教言语音节"，所以用"直音法"进行拼音教学显得十分必要。而在具体教学中，《48小时汉语速成》在如何利用组合汉语教学路子和教学法进行汉语教学方面为我们提供了范本。当然我们还必须清楚，组合汉语主张用"直音法"教学并不是完全放弃《汉语拼音方案》，而只是适当地延后教授学生拼音的时间。《汉语拼音方案》在学生的语音基本过关之后，为学生的自学和自觉查阅工具书提供方便。组合汉语清醒地意识到方案在注音方面难以逾越的重要作用，在每套教材后面都会附上该方案，这有利于教师根据学生语音的掌握情况适当推进整个汉语教学的进程。总之，组合汉语的教材既然是在该方案的基础上不断完善而形成的，势必是在充分认识了它的利与弊的基础上进一步深入的结果。

4. 验证了"语文分离"及"读写打头"的可行性

在区分了不同语用范畴下的口头语言和书面语言，确认了"直音法"的可行性后，我们进一步思考组合汉语关于用书面汉语教学带动口头汉语教学的教学路子。书面汉语和口头汉语的不同在前面已经论证过，这里不再赘言。我们日常教学中所指的"语文一体"的观点，实际上是说在教学中要把口头语言和书面语言教学统一起来。对于这一点，吕必松在早期的著作中就指出了它的不足，并在此基础上形成了独树一帜的新看法。

在《谈谈对外汉语教学的性质和特点》（1982）中吕必松指出"语文分离"的可能性，"我们曾经进行过把听说和读写分开来教学的试验，设听说和读写两门课，听说课领先。听说课不出现新的汉字，借助汉语拼音和读写课中学过的汉字进行听说训练。实践证明，这种分课教学的办法有一定的好处"。1983年人们在评价《汉语拼音方案》时，指出当时外国人编写的教材，多半是把拼音本和汉字本分开，对此吕必松认为如果学生只要求学习说话，不要求学习汉字，或者只要求学习读写，对学说话的要求不高，这种做法确实有好处。特别是对只要求学习说话的学生来说，单用拼音本就足够了。既然汉语教学中"语文分离"的思路可行，那究竟应采取"先语后文"还是"先文后语"的做法呢？

早在20世纪80年代初，吕必松就指出语言学习中"一般来说，听和说要结合得紧一些，听应当先于说；读和写要结合得紧一些，读应当先于写；听说和读写相隔的时间不宜太长，孰先孰后，要具体分析，对不同的语言要区别对待"（吕必松，1982）。吕必松认为，英国人学习法语，法国人学习英语，读写困难不大，所以可以采用听说先行的做法。但对大多数外国学生来说，汉字的认读和书写相对于他们的母语来说很难，在实际学习中听说训练往往又离不开汉字，所以从读写开始效果可能更好，而读写训练中的听说训练只是一种手段，"通过读写训练首先掌握汉字，并获得初步的语感，在此基础上利用大致相同但是经过重新组织的语言材料进行听说训练，再把已经形成的语言能力及时用到读写训练中去，这样的循环往复也许更符合对外国成年人进行汉语教学的规律"。为此当时部分教师设想教学中是否可以设读写、听力、说话三门课，以读写课打头，按照读写—听力—说话的顺序进行教学，并通过各门课相重叠的语音、语法和词汇内容来建立三门课程之间的内在联系。吕必松认为，该方案充分考虑了汉语教学的特点，可从教学的总体安排上解决汉语教学中听、说、读和写的关系问题。

　　然而我们知道在实际的对外汉语教学中，"先语后文"的做法依然占据着主流的位置，这种方法采取先教给外国学生汉语拼音，并在语音的教学中融入日常会话元素，采取"急用先学"的针对性原则，以此引起学生兴趣进行相关教学，等学生的语音基本过关后，才开始进行正式的汉字教学。这种做法虽"可以收到加快口头汉语发展的短期效应，但是从整体和长远来看，学生学习和习得的速度不是更快，而是更慢。原因是'先语后文'虽然把汉字教学推后，但是在词本位汉语观的支配下，仍然把词作为基本教学单位，仍然没有构建科学的汉字教学系统，仍然不按照汉字的特点和规律进行汉字教学；汉字教学虽然推后，但终究不能不学"（吕必松，2008）。由此可见，"先语后文"的教学法在促成对外汉语教学的汉字教学方面仍存在不可调和的矛盾。在训练学生的听、说、读、写等各方面技能时，我们究竟是否可以跳出听说法的教学模式，研究出一种非"听说领先"的教学法来建立真正适应汉字教学的模式？为此，吕必松在《基础汉语教学课型设计和教材编写的新尝试》（1985）一文中探讨了"读写打头"的可行性。文中他首先区分了文科班、中医班和理工班课程课型的安排顺序，然后指出"文科班按照读写训练—听力训练—说话训练的固定顺序进行教学。每种课型都为其他课型提供训练的基础，并通过实际应用，使学生在其他课型中学过的内容得到巩固和熟练"。吕必松设想先通过读写课让学生理解语音、词汇、语法现象，初步学会发音，学会认读和书写本课的汉字，并获得初步的语感。然后在听力课中利用读写课学过的部分语音、语法、词汇项目（共核）和少量新的语音、语法、词汇项目组成新的语言材料进行听力训练，并通过看板书、看课本、做练习等方式应用学过的汉字。说话课在这个基础上，继续复习并应用。这种处理方式的优越性很明显，因为就每个课型的授课内容而言，听力课是读写课的继续，说话课是读写课和听力课的继续；就交际方式而言，三种课型又分别完成了对学生不同语言技能的训练。这三种课型作为平行课而设置，在学生对不同课型的共同内容的掌握方面显然具有独到的作用，既可以有效解决"听说领先"产生的汉字学习难点过于集中的问题，也可使学生在课型与课型的平行授课过程中自然地将所学知识循环往复地复习巩固，既帮助了学生掌握每一课所集中的难点，也训练了他们不同的语言技能。正是在这些理论探讨和相关的实践经验总结中，吕必松确定了对外汉语教学应采取用汉字教学带动书面汉语教学，并进一步用书面汉语教学带动口头汉语教学的教学思路，这一观点成了组合汉语教学思路的核心内容之一。

吕必松屡次在他的论著中提到汉语语言教学规律同文字教学规律具有不一致性，加上教汉字本身也属于汉语教学的范畴，那么衡量一个外国学习者的汉语水平，仅看其口语表述甚至汉语思维模式，显然是不够的。语言要素对于汉语这种独特语言而言，不仅包括语音、词汇、语法，还应当包括汉字。因此在具体的对外汉语教学实践中，我们不能也不应该忽视汉字的教学。如何才能更有效地将汉字教学和汉语教学结合起来？"读写打头"的处理方式给汉语教学提供了一条可行的路子。但由于"语文分离"的可行性，我们在具体教学中也应充分认识学生的学习目的，针对他们不同的学习要求制定不同的学习方案，以帮助他们更能动地学习汉语，更快更好地掌握汉语技能。

5. 反驳了"汉字难学论"并提出全新的汉字教学模式

一直以来，"汉字难学论"主宰着整个对外汉语教学的汉字教学，不管是学生还是教师，都在不自觉地反复论证汉字难学的观点。吕必松早期虽也意识到汉字教学的特殊性及它在整个对外汉语教学中的重要作用，但也不免有着"汉字难学"的观点，如他在《谈谈对外汉语教学的性质和特点》（1982）中提到"由于汉字难认、难写、难记，如果不加强读写训练，就会反过来影响听说训练"，他在《〈汉语拼音方案〉在汉语作为外语教学中的应用》（1983）中提到"因为汉字难认、难写、难记，学起来要花费很多时间，处理不好就会影响听说训练"，他在《试论对外汉语教学的总体设计》（1986）中认为"汉字难认、难写、难记，汉字教学跟各项语言技能的训练有连带关系，所以我们在探讨听、说、读、写这几项语言技能的训练方法时，一定要充分考虑汉字的特点"，等等。

随着教学实践的深入及对汉字本身规律的进一步认识，吕必松先生逐渐意识到汉字难学实际上是教学不得法的结果。吕必松指明对外汉语教学中的一个突出矛盾是语言教学的规律和文字教学的规律无法兼顾，"从语言教学的规律来看，一开始应当教一些结构简单的、常用的短句会话；从文字教学的规律来看，开始阶段应当教一些笔画较少的独体字。但如果按照教说什么话就教写什么字的方法进行教学，就不能照顾汉字教学的规律，因为需要首先教给学生的是一些简单的、常用的句子，而这些句子写下来往往要用一些复杂的汉字"（吕必松，1983）。最突出的例子就是"谢谢"这个词，在语言教学中，这个词十分常用，但汉字非常复杂。在不断的教学实践与反思中，吕必松认清"我们没有向学生系统介绍口语体语言和书面语体语言的区别，致使学生语体转换和书面表达能力普遍滞后；我们也没有按照汉字本身的特点和规律进行汉字教学，这正是造成'汉字难学'的主要原因；我们更没有充分利用汉字和汉语某些易于理解和记忆的特点，致使教学事倍功半"（吕必松，1998）。这些观点都融入他的组合汉语思路之中，为解决对外汉语教学中这个最为复杂的矛盾提供了最佳解决方案。

根据组合汉语的思路，我们可以找到兼顾汉字学习与语言学习的方法。首先，必须区分书面语言教学和口头语言教学，并在此基础上建立书面语言教学系统（吕必松，1997）。其次，我们必须按照汉字的特点和规律教授汉字，把握以下几点：选好常用汉字；用"二合法"进行汉字形体结构的组合生成教学；根据字形解释字义，重视同音字、同形字和形近字的教学；用多种方法认读和书写。我们认为组合汉语的这种思路，尤其对对外汉语教学中汉字教学这一环节具有重大意义。一般的汉语教材最初都是以汉语拼音教学打头，在学生掌握基本汉语口语时才开始进行正式的汉字教学，或者在教材最初虽也有汉字出现，但都在直接介绍了汉语的基本笔画后，直接跳入部件和整字的学习环节，没有遵循汉字学习由易到难、层层组合的规则进行教学，汉字教学难成系统。学生在汉字学习中，往往只能采取记忆而非类推的形式掌握汉字，汉语里的形似字繁多，学生往往会因学习汉字的方式过于激进而对整套汉字部件的规律缺乏系统而深刻的认识，最终导致汉字部件的漏写、错写现象，形成"汉字难学"的观念。组合汉语的汉字教学在一开始就遵照由易到难的汉字教学规律，根据汉字的生成元素笔画逐级生成部件及整字的顺序合理安排汉字教学，既解决了汉字作为书面语言系统的教学问题，又由于将汉字作为笔形和语音、语义统一的单位进行教学，可以使汉字教学、汉语书面语言教学及汉语口语教学真正走上合理有序的教学轨道。

组合汉语除提供了直音法的教学设计之外，还形成了采用部件的意思结合方式来推进汉字教学的思路。通过系统介绍汉字部件的基本意义、组成汉字的类推义的方式独创性地提供了汉字的教学方案，提出并尝试了认汉字→记汉字→懂汉字→用汉字的教学模式。教学生在懂得了基本汉字的基础上深入对汉字的思考，采取循序渐进、以旧带新的方式帮助学生彻底解决对汉字的误认、误读、误用问题。这一模式从理论上看有重大的现实意义。那么如何在具体教学中真正贯彻这一思路，更好地在各个环节采取多种教学法加深学生对所学汉字的印象，深化他们的汉字思维及提高其汉语思考能力，值得我们反思。

《速成汉语48小时》在新课的处理上，首先列出当课所教的汉字中包含的新笔画和新部件，并要求学生学会识别这些笔画，掌握部件的结构特点并理解它们的意思，通过唱读、黑板临写等方式记住它们的名称、在汉字中的位置并最终掌握书写方法。在每一课之后，又提供了字义例解、古今字形对照和字法用例。根据汉字的造字法，为汉字提供形象直观的解释，比如"大"的古字像一个正规的大人之形，原义为"人"；在"口"的中间加"丨"表示位置居中；"女"和"子"分别代表女子和男子，"好"表示男女相依，以此代表美好；"钱"由"钅"和"戋"组成，古代钱币用金属制成，所以用"钅"做义符，"戋"是音符（韵母相同），为形声字。这种解释为学生形象而生动地理解并记忆汉字提供了基础。除此之外，在每一课的课文后面，教材又介绍了一些常用汉字的用法例解，帮助学生掌握汉字并运用在日常生活中，比如"是的"用于对对方的陈述表示肯定，也可以说是。

当然《速成汉语48小时》并不是纯粹为了教汉字而教汉字，从第三课课文开始，便设置了不同的话题，通过设定真实的情境满足学生在日常生活和工作中进行人际交往的实际需要，比如第13课，通过问答、角色扮演的方式，反复操练"老师来了吗""马太太来了吗"的句子，使学生真正掌握这一句型。该教材的前10课以笔画教学的有序性为重点，从第11课开始，以部件教学和整字教学的有序性为重点，接下来是词法，最后是句法，而无论是笔画、部件、整字、词法还是句法，都遵照有序性的编排进行教学，并以汉字教学的有序性作为区别于非组合汉语教材的最重要的标准，这一有序性可以概括为：笔画→部件→复合字→复杂字→基本词→复杂词→基本句→复合句→复杂句。该教材试图控制每一课的字词量和字词句的难易程度，遵循循序渐进、由易到难的教学规律，保证字词句的重现率，训练学生对学过的语言点进行长时记忆的能力。这种安排实现了教汉字与学生实际运用语言能力的统一，也将汉字组合的特点与规律和汉语习得规律有机地结合起来。这一模式给予对外汉语教学工作者更广阔的思考空间，为我们最终解决汉字难学的问题提供了范本。

6."二合机制"搭积木式和滚雪球式语言能力的培养

我们知道，语言学习不可能只是单纯地运用所学的语言知识或技能进行操练，对学生语言的掌握检测很重要的一个标准是看学生在具体的语境中能否运用所学语言进行再创造。现实的语言使用多变而难以预见，这势必要求学生灵活并能再创造地使用语言，组合汉语恰恰为培养学生这种能力提供了理论及实践基础。

组合汉语教学思路最显著的特点是它侧重于培养教学对象滚雪球式和搭积木式的语言能力，即通过教授组合生成的两种方式来实现扩展和组合。汉语的"字"包括音节和汉字，是音节和汉字的合称。教授语音和汉字遵循组合生成的原则，先教"字"以下的结构单位，包括音节的声母、韵母、声调（字调），汉字的笔画和部件，然后层层组合，生成音节和汉字。在学生掌握汉字的过程中，教授汉字最基本的语义，有效地做到结构和意义的统一，"能够代表概念和表示意义，是'字'具有生成性质的前提条件，因为所谓组合，主要是意义的组合。由字到词，由词到句子，都是意义的组合。意义相关才能组合"（吕必松，2007）。在此基础上，不断促成学生在掌握旧概念的同时，将所学的新概念进行组合连接，利用旧概念生成新概念。例如，"电灯"由"电"和"灯"组合生成，"电话"由"电"和"话"组合生成，"电脑"由"电"和"脑"组合生成。吕必松在《字本位与组合汉语（上）》（2009）中提到"汉语由字到词、由字词到句子的组合，都是意义的组合，组合规则与其说是语法规则，毋宁说是语义规则。书面汉语的组合就是汉字的组合，汉字的组合都是随意组合，顺理成章"。究竟汉语的组合方式是随意组合还是有章可循？汉语中存在着大量的用同一字的相同义素组成的新词，而汉字本身，会意字是义符与义符的组合，形声字则是义符和音符的组合，会意兼形声字则既是义符与义符的组合，也是义符与音符的组合，不管是哪种组合都体现了"二合"的规则，体现了义符表义和音符表音的有机统一。组合汉语的这种组合生成的方法确实给学生掌握汉语新词提供了方便。

综上所述，我们可以总结出组合汉语最突出的特点，就是它凸显了汉语立场，强调汉字在整个汉语系统中的作用，给汉字教学指明了一条可行之路；有利于解决汉语教学中学生对语音掌握不够准确、语体变化能力不够强的问题，将语音教学、汉字教学有效地统一起来；有利于学生迅速扩充词汇量，灵活运用所学概念生成新概念；用书面汉语带动口头汉语的教学方式也可以更有效地训练学生各方面的技能。这些显然都是组合汉语队伍不断壮大的重要原因。

三、组合汉语对汉字的教学设计

组合汉语对推进汉字教学的构想具有积极的作用，我们知道汉字往往具有多义性。由古代汉语发展至今，汉字的书写形式经过改写、简写等方式发生了很大的变化，现代汉语中也多借不同的汉字与汉字的组合区分不同的字义。那么，如何来处理汉字的基本字义，如何分清汉字的内部结构，如何合理地安排部件教学，成为我们不可越过的一大问题。

1. 汉字内部结构和部件的类推性

部件教学是组合汉语教学中十分重要的一个环节，但部件本身十分复杂，在汉语中存在着部件形同义不同、形不同义同、形同义同位置不同三种情况。比如"氵"，就存在着形同义不同的情况。一为"水"，如"减"，形声字，从"水"，表示水受日晒蒸发或深入土中会减少；咸声，都义，表示凡被减都变少。简体字从氵，表示天冷结冰水流减少。二为"冰"，如冷，形声字，从冫，表示寒冷。三为"二"，如"次"，会意字，从"二"（二等的），从欠、不足、欠缺，表示不前不精，引申为次序。除此之外，"冫"也可作为表音部件构成汉字，如冯为形声字，仌（bīng）表声，是冰的初文，后写作冫。马表义，形容马跑得快，现在只用作姓。可见，"冫"在现代汉语中的情况比较复杂，是形同义不同的典型。又如以"王"为部件，并从"王"取义的字实际上与"玉"有关，本义是帝王、君王。"玉"做左偏旁时常写成"王"。如何在最初教授部件的同时给学生展示相对全面的部件含义框架，尚需我们努力。

而在现代汉语中，与部件"心"的意思相同的书写形式还有"忄"，表示与手有关的部件也有"手""扌"，前者如"掌""拳"，后者如"指""找""打"。

除此之外，也存在着形同位置不同而导致意义不同的情况，如"阝"，可以放在汉字的左侧，如"阴""阳""队"，"阝"即为"阜"，意为山坡。也可以放在右侧，如"那""邻""郊"，其中的"阝"即为"邑"，表示人聚居的地方。虽然"阝"位置的不同在汉字造字之初的意思是不相同的，但是在现代汉语中，统一简化为"阝"，模糊了"阝"这一部件在形成之初的含义差别。

通过上文的分析，我们若要进一步推进组合汉语的汉字教学，必须对汉字的内部结构做更深入、更全面也更直观的分析，使我们所教授的部件在准确定义部件的原初义的同时具有类推性。汉字的部分部件在一些场合表义，在一些情况下又作为表音部件而存在。但从表音部件来看，又存在着全表音音符、半表音音符、近似音音符、部件音音符的不同类型，有些部件之前可以表音，在现代汉语中又失去了表音的功能，正如吕必松在《字本位与组合汉语（上）》中提出的"汉字改革的首要任务是设法恢复和发展形音义相统一这一科学的造字原则，使形音义达到更高程度的统一"。究竟是改革现有的汉字系统，还是在这些汉字中总结出更好的规律帮助学生在学习汉字时准确地理解这一部件，需要汉字工作者进一步地分析和归纳。而不管采取何种方式，使现有部件具有类推性是其根本的解决方式。

2. 实践"认汉字→记汉字→懂汉字→用汉字"的教学模式

组合汉语对汉字的教学模式，我们可以归纳为认汉字→记汉字→懂汉字→用汉字这四个基本步骤，对汉字的教学遵照了循序渐进的方法。这一模式从理论上看有重大的现实意义。那么如何在具体教学中真正贯彻这一思路，更好地在各个环节采取多种教学法加深学生对所学汉字的印象，深化他们的汉字思维及提高其汉语思考能力，值得我们反思。

除此之外，实践认汉字→记汉字→懂汉字→用汉字这一模式，我们还需要运用更为丰富的教学方法，尽可能让学生在最短的时间内记住并会运用最多的汉字。同时，我们需要在基础级之上的提高篇中继续选择类似的话题，延伸出更多的汉字，有效地保持汉语汉字教材、话题教材的连续性，实现速成性与可持续性的统一。在保证汉字教学效率的同时，编排出与之相应的文化教材、分技能训练教材，明确教材的适应对象，细化教材的要求，这样才能真正保证组合汉语拥有更广阔的发展空间。

第三章　汉语作为第二语言教学与汉语作为外语教学

　　语言环境不仅会对语言教学产生重要的影响，也会对语言的学习和习得起到重要的作用。从这一点上说，区分汉语作为第二语言教学（Teaching of Chinese as a Second Language，简称 TCSL）与汉语作为外语教学（Teaching of Chinese as a Foreign Language，简称 TCFL）是十分必要的，也是十分有意义的。长期以来我们一直使用"对外汉语教学"这个术语，指的是"对外国人的汉语教学"，其教学对象主要就是指来华留学生，其设定的基本语言环境（语言教学环境、语言学习环境）是在中国国内。尽管中华人民共和国一成立，国家就派遣教师去国外从事汉语教学工作，但教学的主体仍然在国内，我们很少关注汉语作为外语的教学（即在国外的汉语教学）。

　　赵金铭（2006）在题为《从对外汉语教学到汉语国际推广》的文章中指出："我国的对外汉语教学在经过 55 年的发展之后，于 2005 年 7 月进入一个新时期。以首届'世界汉语大会'的召开为契机，我国的对外汉语教学在继续深入做好来华留学生汉语教学工作的同时，开始把目光转向汉语国际推广。这在我国对外汉语教学发展史上是一个历史的转折点，是里程碑式的转变。"因此，无论是从教学和研究本身的角度来看，还是从汉语国际教育、汉语国际传播与推广的战略角度来看，弄清楚汉语作为第二语言教学与汉语作为外语教学的差异和规律都是十分重要的。

第一节　第二语言教学与外语教学

一、相关定义

　　Stern 在其著名的《语言教学的基本概念》一书中指出，"第二语言"这个术语有两个意思：首先是指语言学习的顺序，第二语言是在本族语后习得的语言；其次是指掌握语言的程度，第二语言的实际掌握程度或水平低于第一语言，"第二"有较弱（weaker）的意思。Stern 这里所说的这两个意思都是与第一语言相对而言的。至于第二语言与外语的区别，Stern 举了 TESL（Teaching of English as a Second Language）和 TEFL（Teaching of English as a Foreign Language）的例子，TESL 是指在美国对说其他语言的移民进行的英语教学。换句话说，从学习者的角度来看，第二语言是用来指在一个国家内学习和使用的非本族语（a non-native language learnt and used within one country），而外语通常指的是学习和使用一种在国土疆界之外的言语社团的语言（a non-native language learnt and used with reference to a speech community outside national or territorial boundaries）。第二语言在一个国家里通常具有官方的地位或公认的作用，而外语没有。比如，在我国，维吾尔族学生学习的汉语普通话是第二语言，而普通话是中国的官方语言。显然Stern 是把地理/社会环境和语言功能视为两者的主要分水岭。

Larsen-Freeman 和 Long 结合具体例子来说明这种环境的差异：

第二语言是在本族人使用的环境中学习的。比如，一个西班牙人在英国学习英语就是学习第二语言。如果他在西班牙的课堂里学习英语，也就是说在本族人使用的环境之外，那就是学习外语。其他学者还注意到，第二语言学习的目的跟外语学习常常不同。第二语言通常是官方语言或公认的语言，因此就要用其来充分参与这个国家的政治和经济生活，如美国说其他语言的移民要用英语参与美国的政治和经济生活。第二语言也是教育所使用的语言，如外国留学生在中国接受各种学历教育，所使用的语言是汉语；反之中国学生在美、英等国家接受学历教育，所使用的语言是英语。外语学习则不同，人们学习的目的各种各样，如去国外旅行、跟说本族语的人交流、阅读外语科技文献或文学作品等。

Stern 还指出，由于第二语言是所在国使用的语言，学起来能够得到比外语更多的环境上的支持。而外语学习一般要靠更多的正规教育和其他措施来弥补环境支持的不足。由于第二语言在社会环境中广泛使用，它常常可以通过非正式的方式"学会"（即所谓的 picked up）。举例来说，有一位意大利学生来中国学习后认识了一些欧洲人。他发现，这些人没有正式学习过汉语，但他们在中国工作一段时间后，可以听说汉语，但不能认写汉字。相反，他在意大利学习汉语的朋友们可以认写汉字，但是听说不行。这位意大利学生的发现证明了 Stern 的观点。

Ellis 认为，强调第二语言和外语环境的区别可能是非常重要的，因为在"学什么"和"怎么学"这两方面，二者可能有着根本的区别（radical differences)。很明显，除了上面已提到的不同，Ellis更是从习得和认知的角度提出第二语言和外语在习得内容和方式上存在不同。

综上所述，第二语言和外语、第二语言教学和外语教学在语言（学习）环境、语言功能、学习目的、学习形式（通过课堂形式学习还是在自然环境中"学会"）以及习得/学习内容和方式等许多方面存在差异。虽然这些差异是比较清楚的，也是我们在教学和研究中应该注意到的，但事实上长期以来我们并没有对汉语作为第二语言教学（TCSL）和汉语作为外语教学（TCFL）加以区分，不论是在理论上还是在操作层面上。这里面既有主观认识的分歧，也有客观因素的限制。比如，吕必松对第二语言和外语就有不同的看法："我们关于第二语言的定义只考虑学习的先后顺序，不考虑言语环境的因素，是基于下面的认识。在第二语言学习中，决定学习和习得规律的因素是多方面的，其中包括：人的大脑机制和语言的特点、学习语言的方式（主要是指在自然环境中学习还是在学校里学习）、目的语环境、与语言理解和语言使用有密切关系的社会文化因素等。语言环境只是影响第二语言学习和习得规律的因素之一，不足以作为区分第二语言和外语的主要依据。我们不应当把第二语言和外语的关系看成一种对应关系，而应当看成一种包容关系，即第二语言也包括外语。这也是我们说对外汉语教学既是一种第二语言教学，又是一种外语教学的原因。"按照吕必松的意思，没有必要区分汉语作为第二语言教学和汉语作为外语教学，因为前者包含了后者。另外，一直以来，我们的教学对象和研究对象主要是来华留学生，因此关注的重点并不包括国外的汉语教学。而世界规模的"汉语热"和世界规模的汉语教学也只是近些年才出现的。

我们认为"第二语言"有两个对应：一个是与"第一语言"对应，指的主要是语言习得的顺序；另一个是与"外语"对应，指的主要是语言学习环境的差异。从广义的角度来说，第二语言教学可以涵盖外语教学。

二、关于"对外汉语教学"

盛炎在《语言教学原理》中写道："还有一个术语叫作'对外汉语教学'，没有'对内汉语教学'的术语跟它相对。其中的'外'字指'外国人'，翻译成英文应该是Chinese for foreigners，这个术语只适用于中国境内。"在盛炎的概念里，"对外汉语教学"是我们上面所说的"汉语作为第二语言教学（TCSL）"，完全不包括"汉语作为外语教学（TCFL）"。由此可推及，我们研究的对外汉语教学主要是汉语作为第二语言教学，而非汉语作为外语教学。盛炎还解释了美国学者使用"第二语言"这个术语频率很高的原因："我想，首先，他们是以语言学习环境为标准来区分第二语言和外语的。凡是在目的语环境中学习的目的语一般被称为第二语言。他们不太重视学习对象的不同。其次，把作为非母语的英语称为第二语言，也许会使居住在美国的人感到不'外气'。"

这些年来，关于"对外汉语教学"这个名称的争论一直没有停止过，不仅涉及第二语言教学和外语教学的问题，还涉及学科性质等问题，撇开后者不谈，我们认为，对外汉语教学指的就是汉语作为第二语言教学，其基本的教学环境是在中国国内，它不能涵盖教学环境在海外的汉语作为外语教学。

三、我国英语教学界的认识

我国的英语教学究竟是二语教学还是外语教学，学界的意见是比较一致的，大都认为是外语教学，但并非认识得都很清楚。《英语辅导报》社长兼总编辑包天仁教授曾接受《光明日报》的采访，当记者谈及关于"小学英语课怎么开"的讨论，很多问题归根结底是对英语教学在中国是二语教学还是外语教学的分歧时，包仁天指出："解决对英语教学类型的认识是当务之急。中国的英语教学是外语教学（TEFL）还是二语教学（TESL），不弄清这两种教学类型的差别，就会给我们政策的制定、教学模式的选择、教材的编写、教师的培养等一系列工作带来混乱，甚至走入脱离国情的误区，使我们的英语教学大走弯路。"他认为："第二语言教学就是在有语言环境的条件下学习母语以外的一种语言的教学，例如，中国人到英语国家留学、工作、生活，为了生存和融入当地社会而学习英语，这种条件下的英语教学叫二语教学。又如一些原英属殖民地国家独立后，英语仍是当地人民使用的主要语言或官方语言，在这些地方的英语教学基本上也属于二语教学。英语在一个国家或地区是二语教学还是外语教学还有一个重要标志，那就是看当地学校的课程是不是用英语授课。如果除了英语课，其他课程用母语讲或大部分用母语讲，英语教学就是外语教学（TEFL）。显然英语二语教学环境在中国是没有的。"

束定芳、庄智象是主张严格区别"第二语言"和"外语"的，其主要依据是："'第二语言'与'外语'在语境、语言输入、学习者的情感因素、认知基础和掌握程度方面都有着明显的差异。两者不可'混为一谈'""外语教学有着与第二语言教学完全不同的自身的特点，中国学生学习外语更有其特殊的地方"。

第二节　环境因素对汉语学习的影响

一、学习环境的制约与选择

汉语作为第二语言和汉语作为外语的学习环境不同。在汉语作为外语（CFL）的环境下，学生主要是通过课堂学习汉语，出了课堂几乎就没有运用汉语进行交际的社会环境了。过去，在一些国家，中餐馆和华人开的会馆、商店是仅有的可以说汉语的地方；改革开放以来，随着中国经济的发展，去国外学习、经商、旅游甚至移民的中国人越来越多，不少国家（如法国、越南等）有了许多中文导游，很多商店甚至著名的大商场也有了中文导购，同时有越来越多的外国人学习汉语，但使用语言的社会环境从本质上说没有发生多少变化，学习者不可能在社会环境中自然地学会或习得汉语。在汉语作为第二语言（CSL）的环境下，比如，在中国，学习者有两种选择：一种是在自然的环境中习得，不进课堂。我们常说有的外国人说的是"马路汉语"，指的就是这种情况。这种"马路汉语"的特点之一是语法结构混乱，常常只"蹦出来"几个词或词组，但汉语为母语者可以猜出意思，它有一定的交际功能。如果说"马路汉语"的人再进课堂学习，教师常常会觉得很"头疼"，因为很难改变他们的"语言习惯"。Stern 举过这样一个例子，"跟我们'结对子'的丹麦女孩被她的父母送到英国在我们家学习英语，但她不上课的"，说的也是这种情况。这是所谓的在二语的环境里完全"自然沉浸"。另一种是学生进课堂学习汉语，但下课后可以沉浸在汉语的社会环境里，可以在日常生活中直接并大量地跟中国人交际，学了就用。比如，在一个个案研究中，研究者对一位意大利学生进行访谈，当问及在中国学习汉语跟在意大利学习有什么不一样时，这位学生脱口回答："不一样的是我现在学习的时候，一学完就去外面练习，我可以马上知道我学得好不好，我可以马上试一试。"所以我们说环境对学生的语言习得和习得方式有很大的影响。

二、环境对词汇学习/习得的影响

王文字调查了中国大学生学习英语时对词汇记忆的看法/观念（即"单词要背"和"单词可以自然习得"），结果发现，这些学生对"自然习得"的观念持否定态度，而非常赞同"背单词"。这跟一些西方学者主张通过广泛阅读自然习得单词的观点截然相反。王文字认为这有两个原因，其中之一是这些学生受特定的学习环境的制约，难以自然习得单词。学生想要自然习得单词，就必须有一个能提供广泛阅读机会的学习环境,这样学生才能在一定的时间内频繁地遇到同一个单词,从而自然而然地记住它。可是,目前国内学英语的条件还比较落后,英文阅读材料的品种并不多。大部分学生,尤其是非英语专业的学生根本不具备广泛阅读各类英文书刊的条件。对有的学生来说,英文课本几乎是他们唯一的阅读材料。所以让他们相信通过多读多听可以自然习得大量单词是不太可能的。高越也得出类似的调查结果。他指出,英语在中国是外语而非第二语言,在特定的语言学习环境下,大部分学生缺少足够的接触各种英语语言素材的机会,因此让他们相信通过多读多听便可自然习得词汇是不可能的。

我们国内关于对外汉语教学的研究大都是基于汉语作为第二语言教学的,对汉语作为外语教学没有多少研究。这跟我们国内研究英语教学是不同的,或者说正好相反,英语教学界是研究英语作为外语教学(TEFL)的。尽管二语教学研究和外语教学研究有许多相同之处,但视角不同,研究的结果和得出的结论也不尽相同。

黄立、钱旭菁做了一个关于第二语言汉语学习者的生成性词汇知识的研究,试图通过分析第二语言汉语学习者(外国留学生)汉语写作中的词汇运用情况,了解他们的汉语词汇能力。他们的研究是让学生(33人)在学期初和学期末进行两次看图作文,通过统计词语的多样性、词语的密度(实词所占的百分比)、词语的新颖性、词语的复杂度(学习者对难词、低频词的掌握情况)和偏误率,看其词汇能力的发展。他们发现,经过一个学期的学习,学习者生成性词语的多样性、复杂度和偏误率有显著变化。其中复杂度指标显示,留学生第一次作文中乙级以上的词占6%,第二次作文中乙级以上的词占9.7%,有显著进步。这个结果与Laufer研究以色列学生学习英语的结果是一致的,但略有不同的是,以色列学生的词汇复杂度在一个学期后并没有进步,而是在两个学期后才有进步。对此如何解释?黄立、钱旭菁认为是由被试的语言环境不同造成的:Laufer所研究的学生是在外语环境中学习英语,而他们研究的学生是在目的语环境中学习汉语。在没有专门词汇教学的情况下习得词汇,输入量的多少是一个决定性因素——可能存在一个输入量阈限,达不到这个阈限的话,词汇能力就不可能提高,学生生成性词汇的复杂性也就不会提高。如果我们把他们的结论说得更明确一些,那就是外国学生在目的语的环境中学习汉语,由于有社会环境的支持,其词汇输入量肯定大于没有环境支持、把英语作为外语来学习的以色列学生,因此,学习汉语的外国留学生其词汇复杂度能在短时间内有明显进步也就得到了比较合理的解释。

三、环境对学习策略的影响

"语言学习环境对学习是非常重要的，它通过影响学习者对学习策略的选择，从而影响学习的结果。"吴勇毅在研究意大利学生的汉语学习策略时发现，在汉语作为外语的环境下，为克服学习环境的局限，比较优秀的汉语学习者有一个突出的特点，或者说他们不约而同地采用了一个共同的社交学习策略，即"寻找和建立固定的语言伙伴"。为了学习外语而建立相对固定的语言伙伴关系，这种策略的突出运用，在我国英语教学界的英语作为外语（EFL）的学习策略研究中未见报告，在对外汉语教学界也是第一次。

在这个案例中，有四位比较优秀的汉语学习者（分别记为 ML、XY、XC 和 HL）。ML 告诉研究者，有一个从中国北京来的女孩在他住所附近的酒吧工作，他和她成了朋友，他几乎每个周末的晚上都去酒吧，跟她说汉语。XY 也有一个中国台湾的朋友，他们在同一所大学学习，有一个学期住在一起，平时常说汉语。XC 陈述道，在他居住的城市里（一个有着许多来自中国福建的移民的小城）有一个"中—意中心"，中国孩子在那里可以学习意大利语，可以打篮球和乒乓球，等等，他就"去那儿和他们一起打和谈话"。另外他还有一个"非常好的朋友"，父母在中国曾是教师，他"就去他的家吃饭，跟他们一起谈话"。因为一个要练习说意大利语，一个要操练汉语，XC 跟他的中国朋友在一起时，一般是"他说意大利语，我说汉语"，即双方说各自的目的语，说的时候他们互相纠正对方的语言错误。这实际上是采用一种"互为交际对象，又互相监控"的目的语学习策略。HL 则有几个比较要好的华人朋友，他们小时候就到了意大利，汉语和意大利语都很好，HL 常常跟他们见面，一起出去玩，去买东西什么的。HL 自陈："他们会说意大利语，但是我们见面的时候，我一般用汉语跟他们说（话）。我说汉语，他们也说汉语。只有当我不知道或不明白的时候，他们才试着用汉语解释解释，我还不明白，他们就用意大利语。我觉得很有用。"显然，寻找以汉语为母语的人作为语言伙伴，建立一种相对固定的关系，一方面是为了交朋友，另一方面为了学习和操练汉语。比如 XC 就认为，要使口语和听力有比较大的进步，就要跟中国人"说很长时间"，这样才可以"提高很多"，而在意大利，不采用这种策略，就没有多少机会练习听说，"如果你没有中国朋友，嗯，机会没有。这是，我想这是我们的，我们到这里（中国）的水平，嗯，汉语水平那么低的原因。因为你，嗯，如果你只学习语法，或者汉字，你所有的规则，你知道，但是你不可以（不会）说。（如果）你说（汉语）的话，你（就可以）听他们的，他们的语法，他们的话，然后可以明白，可以学习"。

在汉语作为外语的环境下，也就是说在学习者自己的母语环境中，能够采用一种特殊的社交学习策略，与汉语为母语者建立某种相对固定的联系，是比较优秀的汉语学习者的一种具体表现，当然也与他们所具有的强烈的学习动机相关。

江新对来华留学生的学习策略调查显示，留学生在学习汉语的过程中，最常使用的策略是社交策略、元认知策略、补偿策略，其次是认知策略，记忆策略和情感策略最不常用。她认为，这个特点与留学生所处的学习环境及其本身特点有关。留学生是在中国学习汉语，除了正式的课堂学习，在自然交际环境中的非正式学习也是一个重要途径。他们在中国生活，随时要用汉语直接和中国人交际，为了达到交际目的，常常自觉不自觉地运用社交策略，如为了听懂而进行提问、对别人移情等，这不仅有助于达到交际的目的，而且有助于他们在运用语言的过程中学习语言。

第三节　汉语作为第二语言教学与汉语作为外语教学的差异

中华人民共和国成立以来的对外汉语教学，由于在教学和研究中不注意区分汉语作为第二语言教学和汉语作为外语教学，在汉语走向世界的今天，带来了一系列的问题，有的甚至成为汉语国际传播和推广的"瓶颈"。因此，我们有必要特别研究汉语作为外语的教学，以充分认识和了解它不同于汉语作为第二语言教学的各种规律。我们从教师、教材和教学法三个方面简述汉语作为第二语言教学和汉语作为外语教学的差异。

一、教师

根据教学环境，我们知道从事汉语作为第二语言教学的教师都是以汉语为母语的人（native speaker），而从事汉语作为外语教学的教师，他们中间有通过不同途径从中国派出任教的教师，也有当地的华人，还有相当一部分不是以汉语为母语的人（non-native speaker）。从汉语本身来说，后一部分人掌握的程度也是不一样的。他们中间有的本身就是汉学家，对汉语或中国文化有很深的造诣；有的曾在中国留过学，获得了学士、硕士乃至博士学位；还有的是所在国本土培养的，或经过短期培训上岗。这两年有越来越多的国家、政府组织和学校要求我们不仅要培养和培训以汉语为母语的 TCFL 教师，还要培养和培训汉语为非母语的 TCFL 教师。比如，华东师范大学就曾经受澳大利亚亚洲教育基金会委托培训了多批这样的澳大利亚公立中小学汉语教师；另外在国家汉办的支持下，每年泰国教育部（基教委或民教委）都派遣20 至 25 名泰国本土教师到华东师范大学接受为期一年的培训。其实，在培训汉语作为外语教学的教师方面，我们自己并没有很多经验，以往我们更多的是以培养汉语作为第二语言教学的教师的方式去培训他们，传授的大多是在国内从事对外汉语教学的经验和方法。

这些年在接待国外代表团或洽谈合作交流项目时，教师培养和派出是一个非常重要的话题。会谈中，外方时常会问我们培养的教师（如对外汉语专业毕业的学生）是从事汉语作为第二语言教学（TCSL）还是从事汉语作为外语教学（TCFL）。言下之意（有的甚至直接就提出），他们需要的是 TCFL 的教师。坦率地说，目前国内培养的教师主要是从事 TCSL 的，我们培养出来的教师主要是在国内从事对外汉语教学。我们并没有或者说还没有形成一套完整的 TCFL 教师的培养计划或培养方案。2007 年国家设置了汉语国际教育专业硕士学位，就是为了改变这种局面，目的是要培养大批能够胜任海外汉语教学的专门人才。

汉语作为第二语言教学和汉语作为外语教学对教师的要求是不一样的。这首先体现在对外语的要求上。不懂外语的人是不能当 TCFL 教师的。尽管我们也强调在 TCFL 的课堂上要尽量使用汉语，但实际上学生的母语是教学的主要媒介语言、工作语言（在国外工作过的教师恐怕都有这种体会），这是事实。比如，在英语国家的中小学教汉语，英语不好是根本不行的。欧洲许多国家大学的汉语语法课都是由汉语为非母语的本国教师担任，课堂语言就是学生的母语而不是汉语。即使是大学高年级的汉语课也做不到完全不用学生的母语解释。所以说，要成为一名真正的 TCFL 教师，尤其是在国外的中小学从事汉语教学，对外语（所在国的语言）有很高的要求。我们有的公派教师就是由于不懂外语或外语不好而不能很好地开展工作。担任汉语作为第二语言教学的教师和担任汉语作为外语教学的教师在外语要求上是完全不同的。举个具体例子：2006 年 7 月 29 日，《解放日报》《文汇报》都在头版以较大的篇幅刊登了五名上海教师赴芝加哥教授中文，市长与他们座谈，勉励他们当好传播中华文化的使者的消息。选拔教师赴美任教是上海与美国芝加哥友好城市的重要合作项目。这个项目具体的教师培训和选拔工作是在华东师范大学对外汉语学院进行的。芝加哥方面提出的先决条件是教师的外语必须很好，而且有几年以上在中小学任教的经历。于是，上海各区县推荐上来一批有相当丰富的教学经验的优秀中小学英语教师（共 31 位），华东师范大学对外汉语学院根据要求有针对性地对他们进行了系统的汉语教学强化培训（共120小时），然后按照美方的要求把这些教师的各种材料寄到芝加哥方面指定的评估机构进行资格认定，有19位教师通过了评估。接着芝加哥方面又专门派考试官员来到上海对这些教师进行在芝加哥任教的（国际）教师都必须参加的英语考试，考试分两天进行，一天笔试，一天口试。最后只有5位教师通过了考试，"完全具备"了在美国芝加哥公立中小学任教的资格（qualification）。可见其对英语的要求之高。

从我们国家派出教师在海外从事汉语教学工作的角度来说，教师还要具有很强的生存能力和适应能力。生存能力我们暂且不说，这里主要谈谈适应能力。有的外派教师在国内教得非常好，但出国以后有诸多不适应，不适应那里的教学环境和教学方法，个别外派教师甚至反复强调其在国内不是这样教的，埋怨别人这也不对那也不对，而自己不去设身处地地想一想，那些"别人"，尤其是国外那些有着多年汉语教学历史和经验的学校或教学机构以及教师为什么这样做，这样做有没有道理。我们认为，从某种意义上讲，这就是没有搞清楚汉语作为第二语言教学和汉语作为外语教学的区别。在海外从事汉语教学和中国文化的传播工作，需要转变观念，不仅要适应当地的社会环境和文化习俗，更要尊重、适应当地的教育体制、教学环境和教学传统；不仅要能自己开展教学工作和社会活动，还要学会跟当地的其他教师和行政人员相处。教师应具有较强的跨文化交际的知识和能力，这一点是非常重要的。

二、教材

据统计，国内已出版了上千种的对外汉语教材，其中不乏一些优秀的教材，但为什么教材仍然成了制约对外汉语教学发展和汉语国际传播与推广的瓶颈呢？为什么许多专家学者反复强调要"突破教材开发瓶颈"呢？

（一）教材的针对性

目前对教材的评论和批评主要从教材编写的原则出发，并涉及教材具体的编写形式和内容等。赵贤洲把针对性、实践性、趣味性和科学性概括为教材编写的"四性"原则，并认为科学性是针对性、实践性和趣味性的总和，起着统帅作用，是教材的灵魂和主心骨。刘珣则把教材编写与选用的原则概括为"五性"——针对性、实用性、科学性、趣味性和系统性。他认为针对性、实用性、趣味性、系统性也都属于科学性的范畴，这"五性"不仅是编写和选用对外汉语教材要遵循的原则，也是评估对外汉语教材的标准。其他教材编写原则还有思想性、知识性、适度性（语言难度是否合适）等。

趣味性是这些年来讨论教材编写原则的一个热点，它会成为热点，与我们更加关注学习的主体——学习者是分不开的。林敏、吴勇毅曾提出一个以学习者为视角的对外汉语教材评估系统。针对性是讨论教材编写原则的另一个热点。近年讨论汉语教材的论文，无不认为针对性是编写的首要原则。针对性有许多含义，比如，针对不同的学习者（年龄、国别、文化程度），针对不同的学习目的（工作、旅游、学术），针对不同的学习起点（零起点、初中高级），针对不同的学习时限（长期、短期），针对不同的学习兴趣（口语、文化、商务、翻译），此外还有语料选择的针对性、语法项目的针对性、练习的针对性等。佟秉正指出："目前仍然缺乏针对学习者本身特点如母语、年龄、文化程度等而编写的入门教材。基本上说，多数教科书都是以汉语为本位的，未能从学习者的角度出发；针对母语不同的学生，同一种教材尽管有时生词及注释的外语翻译有差别，但很少有针对学生母语与汉语的关系特别编写的。从这一点上看，国外编写的课本针对性较强，因为大多数是为满足本国学习者的特殊需要而编写的，而且多半由该国汉语专家参与或主持，能以其亲身学习汉语与教授汉语的经验看待问题，自然增强了教材的针对性。我觉得在入门教材的编写上，中外联合开发更值得尝试。"

关于教材针对性的讨论，近期的焦点在编写针对不同国别或地域的教材上。杨庆华认为，新一代对外汉语教材的基本特点是突出教材的针对性，尤其是供国外使用的教材，要考虑国别、民族、文化、环境的特点，提倡中外专家合编教材。教材有了针对性，才能有更好的适用性，才能有更高的实效性。王若江从语言环境、学习对象、文化三个方面讨论了法国汉语教材的地域性与针对性。赵金铭指出："教材要适应不同国家（地区）学习者的特点，特别要注意语言与文化两方面的对应性。不同的国家（地区）有不同的文化、不同的国情与地方色彩，要特别加强教材的文化适应性。因此，编写国别教材与地区教材，采取中外合编的方式，是今后的发展方向。"

我们认为，关注学习的主体，即学习者，无疑对提高教材的编写质量是有益的，这将改变教材只以汉语为本位，不从学习者的角度出发的状况；而关于针对性的讨论，尤其是编写供国外使用的教材——国别（地区）教材，则涉及一个更深层次的教材编写理论问题，即 TCSL 教材与 TCFL 教材的区别。为什么国内编的教材到国外会出现"水土不服"的现象？造成这种现象的重要原因之一，或者说其症结，就是过去我们一直不区分汉语作为第二语言教学和汉语作为外语教学。国内编的教材基本上都是汉语作为第二语言的教材，在国内好使，但在汉语作为外语也就是在海外的环境里自然就不那么好用了。因此，在教材编写的理念上，我们要有一个重要的突破，那就是在继续提高汉语作为第二语言教学的教材编写质量的同时，转而更加重视汉语作为外语教学的教材编写，加大力度编写出高质量的 TCFL 教材，为海外没有汉语社会环境支持的汉语学习者服务。TCSL 教材和 TCFL 教材有不同的编写原则和编写规律，要明确区分两者，"中外合编""中外联合"重在开发 TCFL 教材。

法国的白乐桑在回顾法国 20 世纪 70 年代到 90 年代所使用过的汉语教材时指出，"事实上，就法国所用的教材来看，最受欢迎的汉语教材是两套本着字本位的原则而编的教材"。王若江在评论法国汉语教材时认为，白乐桑、张朋朋的《汉语语言文字启蒙》，Monique Hoa（华卫民）的《汉语双轨教程》和 Isabelle Rabut（何碧玉）、吴勇毅、刘虹的《汉语入门》三部教材，是法国出版的汉语教材的代表。也就是说，在 20 多年的时间跨度里，法国所使用的有代表性的四部汉语教材，没有一部是在中国编写出版的，尽管有两部是跟国内教师合作编写的。

（二）汉语作为外语教学的教材特点

汉语作为外语教学的教材有许多特点，这些特点体现在诸多方面。

第一，教材所设置的语言环境。澳大利亚的徐家祯认为，中国大陆编写的初级汉语课本，在编写时就是打算给在国内学习汉语的外国学生用的，所以内容上有些方面就不适合在海外学习汉语的学生。比如，在课文中适当包含重要而有名的中国地名是允许的，也是应该的，但如果出现很多对海外学生来说不重要也无法了解的地名，就不恰当了。他举了"中关村""王府井"，还有从语言学院坐公共汽车去哪里的例子。王若江分析了三部法国出版的汉语教材（参见前文）后发现，这三部教材所设置的语言环境不尽相同，大致可以分为两类：一是把语言环境确定为中国；二是语言环境不确定，既不指明在中国，但说的是中国的事，也没有明确说是在法国，不过体现着法国的地域，具体场景浮动在两者之间。第一种情况与国内教材相近，国内教材的区域性很明确，北京编写的教材到了上海或其他地方就不大好用。第二种情况所表现的这种不大确定的地域性，恰恰体现了它的针对性和实用性。她认为，第二种处理方法可能更符合国别教材的情况。《汉语入门》采用的就是这种做法。

第二，教材的内容。我们一直主张在教材中导入中国文化的内容，不管是交际文化还是知识文化，这无疑是对的。但我们忽视了一个重要的方面，那就是在 TCFL 的教材里是否要导入学生的母语文化，如果要导入，如何导入，导入哪些内容。在海外教过汉语的教师都有一个体会，有时候学生会觉得所学的东西离自己很遥远。我们说学习一种外语，当然要学习这种外语的文化，但教材内容如果完全远离自己母语的社会生活、国情和文化，那么学生的学习积极性肯定要受到影响。在国外教学，这是一个很突出的问题。如果学生学习一种外语，所学的内容有一部分是自己所熟悉的，与自己母语的社会、文化相关，他们的学习积极性和对所学语言的理解能力都会大大地提高。比如，如何用汉语表达自己母语社会的人和事物，如何用汉语来描述自己的社会文化和社会生活（日常生活），其中有很多是独特的，是目的语社会所没有的或不同的。美国出版的《中文听说读写》里就有这种内容。另外，如果不区分这两种教材，许多跨文化交际的内容和文化对比的材料就较难进入教材。

第三，教材的表述语言。TCFL 教材一般都是用学生的母语作为教学语言来表述和说明教学内容的，从前言、使用说明到语法解释、注释和练习指令等莫不如此，尤其是初、中级教材。如果我们说 TCFL 课堂的教学语言常常是学生的母语的话，那么 TCFL 教材更是如此，这跟社会环境有很大的关系。教材用来表述和说明的语言，即学习者的母语，应该是很自然的、地道的、学生能接受的，而不是生硬的"翻译"。在《中文听说读写》第二版的修订前言中，有这样一句话值得编教者好好体会：Grammar and phonetics explanations have been rewritten in more student-friendly language.

第四，教材的对比性。TCFL 教材的教学对象常常是来自特定母语背景、特定国家或地区的，因此教材中始终贯彻着对比的精神，这种教材是"对比型"的。John de Francis 在《初级汉语课本》（*Beginning Chinese*）中指出："语言学习者首先的一个任务就是去发现他必须以何种方式修正自己母语的发音模式以便按照新的语言再生。"因此他在这本教材中完全是采用与英语（甚至还有其他语言）对比的方式来介绍汉语语音系统的。John de Francis 对句型的注释说明，也尽可能地和英语进行对比。《汉语入门》也是采用汉语与法语（不够时加德语）对比的方式来介绍汉语语音系统的。德国的柯彼德特别指出，在汉语作为母语教学语法体系的基础上建立起来的"汉语作为外语教学的语法体系"，一直到今天都受到汉语作为母语教学语法体系的束缚，没有从中脱离出来。由于它的影响，对外汉语教科书根本不采用汉外对比的方法来分析和描写汉语语法。这个语法系统不但不重视汉语作为外语教学的一般特点，而且忽视各国汉语师生在教学中也要采用对比方法的专门要求。李晓亮认为教材的问题，除了题材没有趣味，语法解释缺乏英语翻译及中、英习惯用语的比较分析，还包括语法讲解的方式，许多教材津津乐道于语法术语的讲解，再给每个术语下定义，常常是大类下面分小类，小类下面还有一、二、三。这也许是拘泥于所谓语法的系统性、正规性，忽视了实用性和可接受性。这样的定义，学生越看越糊涂。中文有许多语法现象，本来就众说纷纭。如果我们的学生并不研究汉语语言学，教师就应尽量避免使用术语、定义，从学生学习的实际出发，从最易于理解、掌握的方法入手。汉语是逻辑性很强的语言，许多所谓的语法点，把含义与英语做对比，教师再加以分析，学生就很容易明白，且易于记忆。白乐桑指出，法国师生认为中国国内编的教材内容单调，缺乏实用性，语法解释让人摸不着头脑。佟秉正把它归结为以汉语为本位，即只考虑汉语的系统，而不是针对学生母语与汉语的关系特别编写的。

第五，教材的练习。TCFL 教材有些练习非常具有针对性，这跟 TCSL 教材不同。比如，TCFL 教材一定有翻译练习，而 TCSL 教材一般都没有。通常的解释是，国内教的是"联合国"班，学生来自不同的国家，不可能进行翻译练习。其实在汉语作为外语的教学环境下，有翻译练习并非只是因为学生的母语是一样的，易于操作，而是因为学生没有语言环境可以操练学到的东西，翻译是他们的"拐棍"，通过翻译，在"把玩"和"品味"目的语的过程中，学生可以了解汉语跟自己母语的相同或不同之处，从而掌握汉语的结构和用词特点。教师的批改也可以使学生知道自己的错误所在。

第六，教材与国外学时、学制的适应。赵金铭批评现行的对外汉语教材，一是教材内容没有意思，二是词汇太多。后一条对汉语作为外语教学来说是致命的。没有目的语的语言环境，学制跟中国国内不同，学时相对于中国国内而言又少得多，因此教材对每篇课文的长度和词汇量都控制得比较严格，生词一般以二三十个为限，课文宁肯篇目多而短（教师可以选择，学生可当课外读物）。生词太多、课文太长，学生根本没法学。在汉语作为第二语言的教学环境下，学生课时多，一般是每周 20 学时，下课后又可以"沉浸"在汉语的社会环境里，找人辅导也很方便，因此在教材编写者的潜意识里，已经把环境的因素考虑进去了。我们应该清楚地认识到，TCSL 和 TCFL 的教学目标是不同的，学生所要达到的语言水平更是不一样的，因此教学要求（包括教材所设定的目标）也应做相应的调整。

第七，教材的编写者。海外汉语教材的编写者主要是三种人：一是在国外工作过相当长时间、有 TCFL 教学经验、熟悉国外情况的国内教师，二是长期在国外工作甚至在国外定居的以汉语为母语的教师，三是该国的汉语教学专家或汉学家。三者各有所长，可以有各种组合，但第三种人的参与非常重要，一是他们在教材的语言表述上占绝对优势，因为那是他们和学生的母语，二是"能以其亲身学习汉语与教授汉语的经验看待问题"，这是至关重要的。

另外，TCFL 教材的编写周期比较长，比如，《中文听说读写》1993 年开始编写，1997 年出第一版，2005 年出第二版；《汉语入门》1998 年着手编写，2003 年出第一版。其中一个很重要的原因是教材要经过一段时间的反复试用，调研使用者的反馈并且修改，这跟国内很多教材编完就出版的做法不同。

三、教学法

在汉语作为外语的环境下从事汉语教学，在教学路子和教学方法上，跟在国内进行对外汉语教学有许多不同，加之各个国家和地域的文化差异以及教授汉语的历史、理念不同，于是就形成了各自不同的特点、风格以及教学法。以下举一些例子说明。

在韩国的教育传统中，是非常注重知识的传授的。韩国水原市梅滩高等学校黄谷宇在讨论韩国高中汉语教学的教法问题时指出："韩国的教育传统倾向于教师的文化知识传授，这一教育传统也影响韩国高中的汉语教学，具体体现为教师上课'满堂灌'，多采用以翻译法为主的教学方法。为了提高学生使用汉语进行交际的能力，鼓励课堂上使用交际教学法，韩国京畿道教育厅每年都会招中国籍汉语教师来做'外教'，并将这些教师定位为'会话指导'。因此教学中经常采用中韩教师的'合作模式'。"（《世界汉语教学学会通讯》2010 年第 2 期）从她的论述中，我们可以注意到两点：一是韩国传统的汉语教学方法，二是中韩教师进行汉语会话教学的"合作模式"。这在中国国内的对外汉语教学中是见不到的。

德国人素来以严谨、有序著称，这一特性同样影响他们的学习方法和教师的教学法。"德国国民的严谨理性、条理性和有序性使得学生普遍对翻译这一学习技巧非常热衷，特别是在初期阶段。通过翻译，学生可以更好地了解汉语的结构形式，发现自己的母语和汉语之间的异同""在教学技巧方面，德国学生喜欢翻译这一技巧，对语法运用正确与否也比较关注。所以在初级阶段，教师可以适当运用学生的母语将语法问题讲透，讲明确，消除他们的疑惑感，满足他们的严谨性。而到了中高级阶段，就应少用甚至不用德语翻译的方法。针对德国学生普遍掌握几门外语的情况，教师应该帮助学生发现几种语言的关系，总结学习语言的总体规律，同时要发现一些给汉语学习带来干扰的语言经验，及时帮学生排除障碍"（金怡，《世界汉语教学学会通讯》2009 年第 2 期）。可见，在德国进行汉语教学，汉语语法的讲授是非常重要的，而翻译和对比是其主要的手段和途径。

法国是一个特别重视汉字教学的国家，因为在法国人的眼里，汉语这种语言和文字是独一无二的（白乐桑，2006），尤其是汉字更具有独特的魅力。

从某种意义上可以说，学汉语而不学汉字就不"文化"。重视汉字教学是法国汉语教学的特点与传统，白乐桑在《启蒙》这本教材里提出了"字本位"教学观念，因此汉字教学在法国有着特别重要的地位。《汉语入门》这本教材尤其强调字组字（字作为部件组成其他字）的能力和字组词（语）的能力，以及字义的联想作用。它从 56 个基本汉字起步，在每一课里，把某个字与本课其他字或以前学过的字的组合都标写出来供学生复习、"把玩"和拓展，其组合量之大为其他教材少有。教材还配有足量的不同形式的汉字练习（包括把繁体字转换成简体字的练习，以贯彻识繁写简的理念）。为了达到识字和写字的不同要求（"识"大于"写"）并降低学习难度，从学习者出发，教材还区分了"积极/主动字"（识写）和"消极/被动字"（识字），并采用拼音先行、汉字滞后的做法。所以在课堂教学中，教师非常注重和强调汉字的训练，包括各种部件的组合、字与字组词、字义与词义的联想等，而且汉字教学要持续很长时间。在法国有不少学校采用"语文分离"的教学模式，以拼音学习听说，以汉字学习读写。

赵金铭（2006）指出："在西方，在欧美，特别是在北美地区，因为语言和文化传统差异较大，所以我们在国内采用的教学方法在那里很难适应，必须做相应的改变，入乡随俗，以适应那里的汉语教学。"这其实就是说，要从汉语作为第二语言教学转变到汉语作为外语教学。如果我们真的有更新更先进的教学理念和教学方法，那也应该在适应的基础上，在当地教师可接受的基础上加以推行。

第四章 对外汉语教学课程研究

第一节 对外汉语教学的课程和课程设置

一、对外汉语教学课程的含义

"课程"是我们熟知的一个广泛使用的术语，课程的含义可以简单地概括为"教什么"的问题。对外汉语教学领域对课程含义本身以及课程的一些基本问题鲜有涉及。实际上课程是一个具有多重含义、反映不同认识论和方法论的概念，它涉及知识、技能、能力、态度、情感等多方面的因素，隐含特定的教育理念和教育思想，反映出学科、学生、社会的相互关系，是一个动态开放的概念。

一般的课程定义认为课程即教学科目，例如，我国的《辞海》《中国大百科全书》认为课程就是学科，广义的课程指学生学习的全部学科，狭义的课程指某一门学科。这一定义的实质是强调向学生传授学科的知识体系，注重规范教学的范围、内容和进程，对教学方法、学生的能力与素质未给予足够重视，是一种典型的"教程"和"学程"的定义。这样的课程定义不能反映语言教学的课程特点，更无法反映作为第二语言教学的对外汉语教学的特点。

对外汉语教学是一个特殊的学科，它是对外国人进行的把汉语作为第二语言的教学。这一学科性质决定了对外汉语教学要以培养汉语交际能力为目标，以技能训练为重点，将语言知识转化为语言技能，因为学习语言不是学一种知识，而是学一种技能。同样，对外汉语教学的课程必须要反映语言、语言学习和语言教学的规律，要体现不同于一般学科的教学内容和教学方法。学科的性质和任务决定了对外汉语教学的课程至少包括以下几个含义：

1. 课程即学习过程，即语言的内化过程。对外汉语教学的课程是学习者学习和习得汉语的主要途径。与母语习得的社会化过程不同，第二语言学习过程主要是通过课堂学习这一形式来实现的，课程本身应当反映这一过程并且能够部分地实现这一过程。课程是学习者发现汉语规律，寻求汉语规律，并对原有的语言规则系统进行重组和内化的保证。

2. 课程即有计划的教学活动。对外汉语教学的课程应该侧重于指向任务活动。言语技能的获得和语言交际能力的培养是通过教学活动来实现的，只有通过大量、反复的技能训练，学习者才能学会第二语言。语言教学的课程本身应当就是一系列有目标、有计划、有组织的活动组合。教学活动包括语言操练活动、技能训练活动、模拟交际活动、语言实践活动等。

3. 课程即教学科目。对外汉语教学的课程应当反映语言学习所必需的知识结构，其教学科目以细化和分解本学科内容为主，如汉语语音、词汇、语法、汉字知识等，或独立成为科目，或结合组成科目。同时相关的人文知识和国情知识以及其他学科的内容可以作为教学科目列为课程。这些教学科目主要以讲授为主。

4. 课程即文化意识的再造。对外汉语教学的课程包括文化对比和跨文化意识培养的含义。第二语言学习一般是在学习者的认知能力、社会能力和文化意识已经基本形成的情况下进行的，而母语与目的语之间的文化差异，以及这一差异给学习者在语言学习过程中造成的文化不适应症，都需要我们在课程中予以重视和解决，虽然解决的办法有时是隐性的。实际上，第二语言教学在进行语言教学时也在进行着文化内容的教学，语言交际能力的培养从另一个角度讲其前提就是跨文化意识的培养，解决这些问题，对外汉语教学的课程责无旁贷。以上只是归纳了对外汉语教学课程的一些基本含义。从课程定义的层次上分析，我们还可以归纳出具有不同意义的、在不同层次上起作用的课程，例如，体现在教学设计中的理想的课程、教学实际运作层面的课程、试验的课程、临时性课程、任课教师从自身理解和处理方式出发的个性化课程、学生实际体验到的课程等。

二、对外汉语教学的课程设置

第二语言教学的课程设置作为教学设计的一个重要部分，是实现教学目标、分解教学内容的主要途径，任何一种具体的教学形式都有自己一套独立的课程设置。我们在此主要是从总体层面归纳分析对外汉语教学课程的基本类型以及课程设置的一般性特点。

第二语言教学的课程一般包括语言课、语言知识课、翻译课、文学课、相关文化知识课等几个大的类型。这是课程类型总的范围，在具体的教学设计中并不一定一一对应设置。事实上，大多数第二语言教学的教学类型或教学模式，在教学设计和实际运作中主要以语言类课程为主，把语言课具体分解为具有不同侧重点和不同功能的教学或学习科目，有学者称之为"课型"。吕必松认为，教学内容有相对独立的系统叫课程，属于一门课程的分支叫课型。这样的区分符合一般教学论对课程的认识，反映了第二语言教学的课程与其他学科课程的不同特点。对外汉语教学的课程类型实际上是指课程内容的性质或课程功能，包含课程和课型两个不同的层次。主要有以下几个类型：

1. 综合课。是把语言要素、文化知识、语用规则的教学和言语技能、言语交际技能的训练等各项内容综合起来，培养学生综合运用语言能力的课程。课程内容具有全面综合性特点，一般作为基础课或主干课设置。

2. 专项技能课。是以训练某项言语技能和言语交际技能为主的技能训练课，培养学生的专项技能。课程具有专门性特点，一般作为重点课程设置，有些教学形式还将其作为核心主干课设置，如口语课、听力课等。

3. 专项目标课。是一种有专门的教学目标和专项教学内容的特殊课程，重在培养学生在特定领域、特定方向的技能或能力。这类课程设置比较灵活，一般作为教学中的补充课程，如新闻听力课、报刊阅读课、应用文写作课等。

4. 语言知识课。是系统讲授语言知识的一类课程，包括语音、词汇、语法、修辞、文字等内容。这类课程重在培养学生了解语言、分析语言、研究语言的语言学能力，在专业教学或较长时间的进修教学中可以作为正式课程或选择性课程设置。

5. 翻译课。是对两种语言进行对比和对译的一类课程，重在培养学生的翻译能力和翻译技巧。这类课程要根据不同的语种分别设置，一般列为选择性课程。

6. 其他课程。包括中国概况、国情教育、中国文化课程、创业创新课程、文化知识课、文学课、语言实践活动课等，一般作为选择性课程设置。

在课程设置上，对外汉语教学具有明显的课程整合性特点。大多数的教学形式以汉语综合课为主干核心，以专项技能课为重点，采用分技能设课的方式。各课程之间具有较明显的横向联系，在课程目标、课程内容、课程教学要求上具有共同的指向性，以便学习者通过不同途径提高汉语交际能力。前面谈到的专业教育的基础教学阶段和非学历教育的进修教学等形式都采用这样的课程设置方式。对外汉语教学也体现出螺旋式组合的顺序性特点。不少教学形式，尤其是短期教学，都要在不同阶段或不同等级使课程内容重复出现，但逐渐扩大范围和加深程度，照顾语言学习和认知的特点。此外，对外汉语教学的课程设置同其他课程编制的基本准则一致，也注重课程内容的直线连续性，尤其是一些知识类课程，在不同的教学阶段组成逻辑上前后联系的直线，以避免不必要的重复。

三、对外汉语教学的课程研究

对各类课程的研究，是对外汉语教学研究中广泛的课题之一。许多学者的研究涉及综合课、专项技能课和其他各类课程，并深入对各教学阶段的课程特点和一些实验课程的研究中。这些研究对课程的任务或目标、课程的内容特点、课程的实施以及课程的评价都做了比较全面细致的分析。归纳起来，人们对对外汉语教学的课程研究有以下一些共识。

1. 综合课的技能培养倾向

综合课也称精读课。传统的综合课以培养学生的语法意识和系统掌握语法知识为主要目标，现代综合课则具有明显的技能培养倾向。一致的观点认为，综合课的特点就是它的综合性，综合性既体现在教学内容上，也体现在技能训练方式上。

传授语言知识和规则可以看作综合课的首要任务或基础性任务，但它的核心任务还是语言技能的训练，是以听说技能为重点，包括听、说、读、写各项技能的综合训练。综合课更关注技能训练，而语言知识的教学越来越功能化、交际化，与技能训练合二为一。

2. 专项技能课的微化训练倾向

技能就是语言的听、说、读、写能力。传统的技能训练是通过不同的语言材料、材料输入方式和练习形式体现的。随着对言语技能的深入研究，技能的细化分解成为可能，专项技能课越来越倾向于针对各项能力的微技能训练。微技能训练就是把各项言语技能划分为更小的微技能，通过对其中一些主要微技能项目的逐一训练和对相关微技能项目的组合训练，促进该项技能的整体提高。微技能训练在以接受能力为特征的听力、阅读技能课中应用得更为广泛，由于对听力理解和阅读理解的微技能研究比较成熟，课程的微技能训练也更加系统。以创造性能力为特征的口语课、写作课也越来越多地采用类似的训练方式。

3. 各类课程的口语交际能力中心化倾向

口语交际能力中心化倾向是指各类课程大多以口语交际能力为出发点或落脚点。对外汉语教学虽然突破了单一课型的局限，实行分技能设课，而且课程门类根据教学的需求不断丰富，但各类课程大多将课程目标具体地指向口语交际能力的培养。这些课程或以口语交际能力为教学重点，或采用口语与其他知识和技能结合教学的方式，各项练习也大多集中于或最终落实到口语练习上。不少学者指出，口语教学是对外汉语教学的主要内容，口语交际能力的培养占据对外汉语教学的中心地位，课程教学必须体现这一原则。对外汉语教学形成这样的课程倾向，是由学科的性质和特点决定的。一方面受到对外汉语教学课程的学科集中性的制约，另一方面是因为口头表达能力和口语交际能力在语言交际能力中的特殊位置和作用。

4. 课程的活动化倾向

课程的活动化倾向体现在课程内容的活动取向、课程教学的活动化方式以及活动性课程的设置等方面。语言学习的特点决定了课程除了要向学生呈现内容，更重要的是让学生积极参加语言活动，通过一系列有意义、有计划的活动提高语言的应用能力和实际交际能力。对外汉语教学的课程特别注意与实际生活的联系，注重学以致用、学用平衡，强调学生在学习中的主动性。许多学者的研究表明，不少课程中的活动项目比例明显提高，课程教学中的任务活动方式也极其有效，一些教学形式还直接安排了以语言交际活动为特点的课程。

5. 课程的教材一体化倾向

课程与教材的关系是对外汉语教学课程研究中受到广泛关注的一种关系，课程不仅体现为具体的教材，而且深受教材水平的制约，课程与教材的一体化趋势越来越明显。许多学者研究课程是通过研究课程所使用的教材而进行的，许多教学形式的课程设置也重点考虑教材的教学效果和教材的适用程度，而且教学设计人员、教育者和学习者对教材的关注远远超过对课程本身的关注，不少新设课程和新的课程教学模式，包括听说课、视听课、实况听力课等，都是通过教材的确立而普及推广的。

6. 课程的规范化倾向

课程的规范化倾向是对外汉语教学课程研究的一个特殊研究成果，也是对各类课程研究成果的一个全面性总结。有关这方面的问题我们将在下面的内容中进一步探讨。

四、对外汉语教学的课程规范

课程规范是对外汉语教学步入科学化、标准化、规范化的产物，也是对外汉语教学课程研究进一步深化的结果。任何一种教育科学，都会经历从经验到规范、再从规范升华到科学个性化的不同阶段，课程规范的出现反映了对外汉语教学课程已经走向成熟。

所谓课程规范，就是对课程本体和课程实施这两部分内容的规范。其中课程本体部分包括课程的性质、课程目标、课程内容；课程实施即课堂教学，是指课程的教学环节、教学步骤和课程测试等。课程规范是在总结课程研究成果和课程教学经验的基础上，对现行课程和课程教学的一种新的认识，它源于教学又高于教学，体现了教育者对教学的质量追求。作为一种教学规范，它对课程实施具有指导性和规约性，是所有相关的教育者必须共同面对和遵守的规约。同时，作为一种教学范式，它必须体现语言教学和语言学习规律并具有良好的教学效果，教育者或学习者通过课程规范能使教学或学习获得更高的成效。此外，课程规范应具有广泛的应用价值和可操作性。

因此，科学的课程规范可以说是教学智慧的结晶。现行的课程规范主要包括以下几部分具体内容：

1. 对课程性质及课程特点的规范。主要是为课程定性、定位，阐述课程的一些基本的或主要的特点。

2. 对课程目标和课程教学要求的规范。主要是规定课程的教学目标和课程的具体任务，明确课程在知识、技能、能力等各个项目上的具体目标和教学要求。

3. 对课程内容的规范。主要是从语言要素、语用规则、技能、话题、知识等不同角度确定教学内容，并明确教学的重点。

4. 对课程教学环节和教学方法的规范。主要是对课程教学基本的或主要的环节提出具体的建议，并对每个环节的教学提出具有典型意义和广泛适用性的方法。

5. 对测试进行规范。主要是对测试原则、测试方式和成绩评定方式进行规范。课程规范一般还针对该课程的某个或某些具体教学单元提供参考教案。

课程规范的一个重要问题就是教学的个性化和共性化的平衡处理。课程规范实质是对课程及其实施进行的标准化、程序化设计，具有忠实执行和精确实施的取向。但任何课程设计最终都是通过具体的教学工作才得以完成的，课程实施实际上是教育者和学习者对课程的个性化处理过程。因此，制定课程规范时，教师参与和对学生进行针对性研究是必需的。

课程规范概念的提出是对外汉语教学实践的一个创举。在大多数第二语言教学理论研究和教学实践中，课程规范要解决的问题都体现在课程设计和课程教学大纲中。这也从侧面显现我们在对外汉语教学课程设计和课程教学大纲研究方面的不足。

第二节　对外汉语教学课程之间的关系

一、语言技能课与语言知识课

语言教学在汉语言专业教学中处于主体地位，汉语言课程是该专业的主要课程。汉语言课程又分为语言技能课与语言知识课。这两类课型的关系到底怎样呢？

（一）语言与言语

这是一个老生常谈的话题，几乎所有的语言学、语言教学论著中都要提起。但至今，在落实到课程设计、课程内容、教材编写、课堂教学等诸多方面仍然存在不少问题。原因之一还是对两者的关系缺乏透彻的认识，或理论上解决了，而实践当中没有贯彻。

一个汉语言专业的外国学生，汉语是零起点水平，在四年中要完成专业学习的全部内容。在这样一个大前提下，其"语言学习"内容与母语语言专业的学生有何区别呢？这个问题不认识清楚，"语言学习"的教学方向就摆不正，课程的定性与定位就难以正确与科学。

语言是语言学家研究的基本对象。从古到今，不知有多少语言学家在努力揭示其本质特征。对于语言的定义，语言学家、人类学家、社会学家、心理学家、哲学家、文学家、计算机专家都从各自的视角出发，给予不同的解释；就语言学家本身而言，结构主义语言学派与转换生成语言学派的看法也大相径庭。前者认为语言是一套习惯，后者则认为语言是一套转换生成规则。而语言教学工作者不仅要弄清"语言"的概念，还应当将笼统的"语言"具体化，把结构形式意义上的"语言"与实际运用意义上的"言语"区别开来。在这一前提下，语言是由语音、词汇、语法构成的规范系统，是言语活动的社会部分，不受个人意志的支配；言语则是个人使用这个工具进行交际的过程，是个人的心理现象，是对特定语言的具体运用。从学习角度观察，掌握语言与掌握言语的途径、方式大不相同。语言既可以通过自然习得，就像儿童习得母语，在这一基础上逐步掌握语言规范，也可以通过理论学习，专门掌握这种语言的系统知识。但是言语的获得只有一个途径，就是通过言语活动，在实践中逐步掌握。

语言与言语的区别使我们明白，对于一个将汉语作为外语学习的汉语言专业学生，学习语言实际上主要是掌握言语，而不是形式意义上的语言。

（二）语言技能与语言知识

技能是顺利完成某种任务的活动方式，包括心智活动方式。有一种观点认为，知识在实践中运用就成为技能。这种解释把技能说成由知识转变来的，显然不符合实际。知识本身不可能转化为技能，因为技能是完成一定行动的方式，因此，只能以相应的行动为基础。我们获得了有关游泳的知识，对学习游泳可能有些帮助，但游泳的技能不是从知识转变来的。实际上许多人是在完全没有游泳知识的情况下学会游泳的。对培养技能来说，知识只能起促进作用，不能以掌握知识代替技能。总而言之，实践是语言能力形成的先决条件。一个学习外语或第二语言的学生，在课堂上如果不经过操练过程，就不可能掌握这种语言的听、说、读、写技能。基于这种认识，将汉语作为外语学习的汉语言专业必须开设语言技能（实指言语技能、言语交际技能）课程，这类课程又必须以训练为主，以讲授为辅。当然，"训练"二字只能给这类课型以基本定性，而实际内容要复杂得多。那么语言知识在语言能力的获得上起什么作用呢？一个人掌握了母语，实际上就会"不自觉地掌握母语形式所表达的认知、情感和社会文化意义。在实际交际中，直觉地理解语言形式所表达的社会功能，而且理解语言形式服从功能"。在运用母语时，尽管注意力不在形式上，但一定是在下意识地应用母语规则。学习外语与第二语言的成年人，是可以把这种"不自觉的过程"变成"自觉的过程"的。尽管语言知识在言语技能的掌握上不起决定性作用，但能够起到帮助及推动作用。因此，在语言技能课程中适当地传授语言知识也是必要的。

作为汉语言专业的学生，能够熟练运用汉语还远远不够，技能熟练程度不是大学本科教育的唯一标准，知识结构、理论水平、人的素质要求是重要的方面。而在这些重要的方面里，汉语言专业首先应当考虑的是汉语言理论知识。语言理论知识是人们对客观存在的语言现象经过长期分析、综合、比较、抽象、概括而形成的，它是对语言本质与规律的揭示。

科学的、合乎规律的语言理论知识不仅对运用语言有所帮助，而且对人的思维能力、理解能力、判断能力的提高均有极大的作用。一个汉语本科生不仅应当学会运用汉语，而且应当站在理论的高度去认识这种语言。语言理论知识是从语言实践中提炼出来的基本概念、基本原理，要想真正掌握，必须经过理解消化的过程。因此我们说，语言理论知识课应当以讲授为主，练习为辅。

（三）语言运用能力的层次性

1. 有人将掌握语言技能分为三个层次：

（1）领会式掌握，表现在对言语的感知和理解上。当人能听懂（听觉领会）或读懂（视觉领会）言语时，表明他已达到领会式掌握言语技能的程度。

（2）复用式掌握，表现在能够再现并感知某些掌握过的语言材料上，例如利用背熟的语言材料说或写，但说和写的内容还不能按主观要求自由地表达，这是复用式掌握。

（3）活用式掌握，能够不必依靠背熟的语言材料而比较自由地、创造性地运用所认识和再现的材料进行说或写，这可以认为已经达到了活用式掌握语言的水平。

这是从心理学的角度、语言学习的角度，来分析语言技能的层次性。

2. 在语言技能的基础上，有人这样概括交际能力的内容：

（1）语言学能力（包括语音、正字法、词汇、语法、语义知识和听说读写技巧）；

（2）社会语言学能力（包括功能、意念、场合、社会地位、性别、身份、心理因素、行为语言、语体等）；

（3）话语能力（就是连贯的话）；

（4）交际策略（包括解释、改正、重复、犹豫、回避、猜测、语体转换、代码转换等）。

这是站在交际能力的高度分析语言运用能力的层次性。

3. 我们从教学的角度来概括高层次语言运用能力，主要表现在三个方面：

（1）掌握的语言材料数量多。例如，词汇从掌握 3000 词到 5000 词，最终达到 8000 词或 8000 词以上（有人认为起码应达到 20000 词）。语法从掌握词法、句法到语段、篇章结构规则。

（2）使用语言的能力强。表现为在单位时间内理解与表达速度快、密度大、篇幅长。

（3）活用语言的能力高。在不同场合与不同对象交际，言语表达得体自如，文化含量高，语体意识强。

这是从汉语言专业本科教育对语言运用能力的要求角度来描述的。

总而言之，语言运用能力是有层次的。那种认为技能训练是低层次的，知识传授才是高层次的认识是偏颇的，因而我们主张汉语言专业的语言技能课从大学一年级一直开到四年级。每个年级在不同等级要求下进行层次上的叠加或循环递进。这就使我们又回到课程组织准则——"连续性及顺序性"上面来。拉尔夫·泰勒解释说，在社会学科中，如果认为培养学生阅读社会学科方面的材料的技能是一个重要的目标，那么在课程安排上，必须使学生有机会反复地、连续地练习这些技能，从而掌握这些技能。这就意味着，要让学生在一段时间里连续操练同样的技能。我们所设的语言技能课无论是综合课还是专项技能课，实际上都是从学生掌握语言技能这一学习过程的客观规律出发连续开设的。每门课又按顺序性原则，把后继经验建立在前面经验的基础上，同时对有关内容做更深入广泛的探讨。正如拉夫尔·泰勒所说的那样，培养学生阅读技能的顺序为：提供逐步复杂的社会学科的材料；逐步扩大阅读这些材料时所涉及的技能操作的广度；逐渐加大分析的深度，使后一年级社会学科的教学计划不仅仅是重复前一年级已涉及的那些阅读技能，而是要对这些技能做更广泛更深入的处理。我们在本科四年中尽管是连续性开设语言技能课，但又是按照语言运用能力的层次要求逐级提高，程度逐步加深，从而严格地遵循了顺序性原则。

（四）语言理论知识的系统性

汉语言理论知识课的设置与技能课有所不同，它根据语言结构系统设立语音—文字—词汇—语法—修辞课程，每一门课程又按照这一学科的内在系统进行编排，在强调系统性的同时，兼顾外语学习特点，有针对性地解决语言学习中的难点、重点。这种课程编排大体上符合顺序性及整合性原则。

现在，我们将这一节做一个简要总结：汉语言专业的基础课程是汉语言技能课，按语言技能本质及掌握技能的过程特点设置课程，从大学一年级一直开到四年级。这类课以训练为主，讲授为辅，结合言语要素、有关文化内容及语言知识的展示与传授进行听说读写译各专项技能及综合技能训练，教学目的是提高学生运用语言的能力及语言文化的感知能力。汉语言理论知识课既有基础性，又体现专业特点，这类课程是按语言本体理论知识体系设置的课程，以讲授为主，练习为辅，教学目的则主要是让学生认识现代汉语，掌握基本的现代汉语系统知识。由于两类课型的目的、任务、性质、方法不同，课程组织原则也有所不同。

二、综合课与专项技能课

综合课与专项技能课的关系如何呢？

（一）设课依据

1. 言语技能的共性

听、说、读、写是人类运用语言必不可少的四项技能，这四项技能互相联结、互相影响。听、说是口语的运用，读、写是笔语的运用；听、读同是领会理解技能，是对信息的输入；说、写则同属于表达技能，是对信息的输出。听、说、读、写是相互依存相互对应的关系，缺少任何一方都不可能实现比较充足的言语交际功能。在人们运用语言时，除直接相关的感官处于最积极的状态外，其余器官也在活动，大脑处于兴奋状态。例如，当人们在进行写的活动时，不可能只是手在动。

听、说、读、写的共性还应从人的言语技能的形成过程来认识。没有输入就不可能输出，不经过听力训练，不可能发展说的能力，不经过认读就不可能写。反过来说，写不仅能检验听、读，而且可以促进听、读能力的提高。人类母语的形成，是先有听说能力，在听说能力的基础上形成读写能力，读写能力一旦形成，反过来又促进听说能力的继续发展。听、说、读、写能力就是在相辅相成、交互发展的过程中得到发展的。

对于学习外语的学生来说，目的语与母语的相互转换构成了一种新的言语活动——翻译。思想内容在两种语言上的转换是通过听、说、读、写言语技能完成的。因此，翻译与听、说、读、写四项技能是分不开的。

听、说、读、写、译等各项言语技能的共同核心是思维能力。说和写的过程，实际上是对客观事物在感知的基础上进行思维加工，形成对客观事物的认识，并把这种蕴含知识、思想、情感因素的内容表达出来的过程。而听和读也不是被动的，需要通过积极的思维活动来理解、消化、掌握信息。翻译则需要将两种语言体系在大脑中比较、分析、综合才能够完成。如图所示：

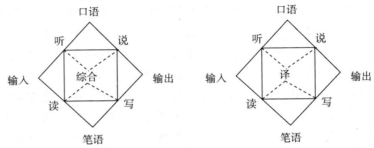

总之，听、说、读、写、译这五种技能对于汉语言专业的学生来讲，没有一种言语技能可以孤立存在。它们是互相联系、互相依存、互相渗透、互相补充、互相促进的关系。基于这种认识开设一门综合课，将各种技能综合起来进行训练，不仅可能，而且完全有必要。从语言教学的角度来看，最能体现言语技能共核关系的综合课，能将技能训练所必需的基础材料——语音、词汇、语法等，相对系统地提供出来。这就是为什么要设置一门综合课的理论依据。

2. 言语技能的个性

听、说、读、写、译这五项技能尽管存在着综合性、共性的关系，但毕竟有着质的区别，表现出诸多不同，比如形成的途径与规律不同，在对语言各要素的要求上也不尽相同。

听，主要是借助听觉器官感知外部的声音信息，属于听觉领会。读，主要是借助视觉器官感知外部的文字信息，属于视觉领会。两者都必须经过内部理解、编码的过程，但主要是接收、解码的过程。而接收、解码的感知器官与对象完全不同。说、写同是表达、编码的过程，两者的运动机理正好与听、读相反，而说、写所用的运动器官不同，前者表达出来的是声音，后者表达出来的是文字。译是对两种语言的转换，其不同点更为明显。

儿童学习母语，对听、说、读、写几项技能的学习有先后顺序。成人学习外语虽然已经具备了母语基础，智力已充分发展，可以同时开始学习几项技能，但由于几项技能形成的途径与规律不同，不先对目的语进行感知与理解，就不会具有对这种语言进行再现表达的能力。所以我们说第一步是领会式掌握，然后才能进行翻译训练。

各项言语技能对语言要素的要求不同，有的侧重于语音、语调、重音、节奏，有的侧重于文字，有的侧重于词汇，有的侧重于语法，有的则侧重于功能。

总而言之，根据五项技能的本质特征，采用不同的方法训练不同的技能，"对症下药"，起码可以分别做到以听的活动提高听力水平，以读的活动提高阅读水平，以说的活动提高说话能力，以写的活动提高写的能力。当然，方法必须有针对性。吕必松曾指出："是不是用不同的方法训练不同的言语技能，是个是非问题。"可见这个问题是重要的。杨惠元强调听、说、读、写四项技能在人的大脑机制中各有相应的部位专门负责，要提高某一专项技能，就要加强大脑机制中相应部位的活动，也就是使其得到充分的刺激。按技能设课教学既有利于各项技能得到均衡发展，又可以针对部分学生的特殊需要侧重于某种技能的训练，加强针对性，取得最佳的训练效果。汉语是有声调的语言，声调具有区分词义的作用。汉字是世界上独具特色的文字，它是表意性质的文字，因此汉语技能训练的针对性特点更为突出。

（二）两类课型的关系

综合课围绕语言基本要素与相关文化内容进行听、说、读、写综合性训练，培养学生综合运用汉语的能力，这门课有融合性的特点，处于主干、基础地位，是各专项技能课的纽带与核心。

专项技能课围绕某项技能所要求的语言要素与相关文化内容进行专项技能训练，以达到专项技能的提高。每门课突出一项或两项技能，使其向纵深发展。专项技能课在初级阶段既有相对的独立性，又受到综合课的制约，处于配合性位置上；而到了中高级阶段，该课程的独立性特点便凸显出来。

三、语言课与文化课

关于语言与文化，有许多中外学者进行过研究和解释。如果我们从汉语言专业课程编制的角度来看待两者的关系，采取这样的说法也许更合适：语言是文化的一部分，语言是文化的载体，文化是语言的底座。从这一角度来认识文化，下面的一些特性尤为重要：

（1）文化是人类所独有的，文化是社会遗产；

（2）文化是通过学习获得的；

（3）世界观是文化的核心；

（4）语言是文化的重要组成部分；

（5）文化是多元的、变化的、相互渗透的。

胡文仲、高一虹在阐述外语教学目的时强调其目的可分为三个层次，即微观层次——语言能力，中观层次——语言交际能力，宏观层次——社会文化能力。他们对社会文化能力做出这样的解释：运用已有的知识及技能有效地加工社会文化信息，使人格向更加整合、潜能发挥更充分的方向发展。

从知识角度来看，其构成如下：

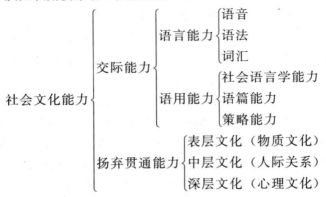

而从技能角度来看，其构成如下：

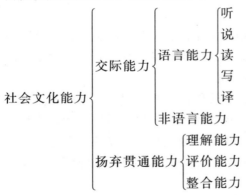

对于一个外语学习者来说，社会文化能力的三个部分是相对独立又互相联系、互相影响、互相补充的。如果只有语言能力而缺少另外两种能力，那么语言只是空空的形式外壳，人只是会说外语的工具；若只有语言和语用能力而缺乏扬弃贯通能力，那么学习者充其量可以算个完美的模仿者，最多能将目的语文化的语言及行为模仿得惟妙惟肖而已。只有完全具备了三种能力，学习者才能够通过文化学习使自己的人格主体变得更充实、更完整、更深刻、更富有创造性。

由于语言与文化的特殊关系，在语言技能与交际技能的培养中，文化因素起着极大的作用，文化渗透在语言运用的各个层面。一定规模的语言单位所包含的内容往往表现为某种文化的信息。而越往高的程度发展，语言的文化含量就越大。因此提高运用语言的能力，除了语言材料进一步丰富，掌握更多更复杂的语言形式，还要用文化含量高的内容进行充实。因此，语言教学与文化密不可分。

一个学生的社会文化能力的提高仅仅依靠语言课程、语言课程中的文化还远远不够，要想具备理解、评价、整合的能力，没有一定的知识结构作为基础是达不到目的的。本科教育要求学生在基础理论、基本知识、基本技能上达到一定的水平，形成较高的素质，必须专门开设知识理论课程。汉语言专业教育以汉语为目的语，中国文化理所当然是学生学习的目的语文化。那么中国的政治、经济、历史、地理、哲学、文学等基础理论、基本知识便成为这些课程的主要内容。

在我们阐述语言与文化课程的关系时，还应当考虑学生的情况。假如学生的汉语能力起点是零，但汉语以外的起点是在高中及高中以上水平，而学生学习中国文化知识要通过汉语来学习，我们在编排课程时就不得不考虑这些实际情况。

现在让我们总结一下语言课程与文化课程的关系：

（1）在语言课程中应注意与文化内容的逐步结合，在语言技能的训练过程中要有意识地加深学生对文化的理解，增强学生对文化差异的敏感性，在语言知识讲授中要体现文化要素对语言的影响。

（2）在文化课程中既要不断丰富学生的社会文化知识，又应注意学生的语言接受水平，在编排文化课及进行文化课的讲授时，既要参照这一学科的自身系统，又要从学生对于文化及语言的接受能力出发进行安排。

（3）语言课以语言教学为主，文化课以文化教学为主，语言与文化的融合，两者之间要掌握适当的度。教学时间是个定数，在语言专业中应体现语言教学的中心地位，但文化教学也是不可缺少的。因此，在不同教学阶段应逐步增加语言课的文化因素和文化知识课。

四、课堂课程与课堂之外的课程

课程是有明确目的、有组织的教学活动。当前正规学校的本科教育课程主要是通过课堂教学来实现的。但课程不以课堂教学为界限，课堂教学以外的有目的有组织的教学活动是课程的有机组成部分。

在汉语言专业课堂之外的课程有四类：

第一类是某一课程在课堂之外的教学活动。它是这门课课堂教学的延伸及补充。语言技能课、语言知识课、文化课都可以组织课堂以外的教学活动，语言技能课更突出。例如，口语课组织演讲比赛、朗诵会、辩论会，新闻报刊类课程组织学生去农村、工厂、商店进行考察，地理课让学生参观山水名胜，等等，这些有目的、有计划、有安排的教学活动，都是课堂教学的延伸和重要补充。而在这些非课堂的教学活动中，学生亲自参与的机会比在课堂上多得多。他们在社会实践中亲眼看见的场景比课本上的枯燥文字更具有说服力。这些社会实践活动弥补了课堂教学的不足，是整个课程计划的有机组成部分。

第二类是完全以课堂之外的形式组织的课程——社会实习。这种课程有它独特的价值，从教学目的、内容到环节都自成体系。我们应当把社会实习看作整体课程编制中的重要组成部分，它是实现宏观教育目标不可缺少的一环。社会实习安排在高年级的一个时段进行，让学生在校外的社会环境中进行参观、访问、座谈、讨论、考察、游览，让他们充分享受运用汉语进行交际的乐趣，并感受中国的文化、历史、经济、风俗，增强真情实感。

每个学生在实习之后均要写实习报告。社会实习与课堂教学的形式与效果明显不同。社会实习是学生直接参与的过程，更突出以学生为主体，学生的个体感受及参与的机会比在课堂上要多得多。社会实习的实践性更强，不仅是听、说、读、写、译的综合，也是思想、情感、知识与技能的综合。从某种意义上说，社会实习不仅是课堂教学综合性的延伸，也是对整体课堂教学效果的检验。

第三类是毕业论文。毕业论文的撰写、答辩设置在本科学习的最后阶段。它既是对学业的总结、提高，也是对学业的考核与检查。之所以将它列为课程，是因为毕业论文撰写、答辩的过程符合课程的基本要求，目的明确，计划性强，每一位学生均有专门教师指导，它同样是本科教学中不可或缺的环节，毕业论文合格，学生将取得一定的学分。

第四类课程即课外活动。它是对正式教学课程的补充，对学生的知识、能力、素质的全面提高大有好处，这种课堂之外的活动也应列入教学计划。有些教育学家把它称为"隐性课程"。课堂课程只是学生整个学习过程的一部分，课堂之外的课程为学生的全面发展提供了广阔的天地，这是教育工作者、课程设计者不应忽视的。我们曾经组织的"汉语俱乐部"活动，书法活动，京剧、歌舞、球赛等活动，都对学生的身心健康、知识发展大有益处。当前的问题是，人们对这一类活动缺乏认识，没有明确的目的与周密计划，因此投入不够。我们应当把它当作课程来对待，充分利用课堂之外的宝贵资源，将其纳入有效的教育系统中。

第五章   对外汉语教学大纲研究

教学大纲是教学的纲领性文件，是教学总体设计的体现，为教材编写、课堂教学及测试评估提供指导。

教学大纲有不同类型：有的着眼于分析，有的着眼于综合；有的以结构为纲，有的以功能为纲，有的以情境为纲，有的以任务为纲；有的着重关注教学结果，有的着重关注教学过程。

针对典型的教学类型和教学模式，国家教育部门需要颁布具有框架性、指导性的通用教学大纲；针对特定的具体教学项目，不同的教学单位需要制订具有规范性、可操作性的专用教学大纲。在教学中，我们往往既是大纲的使用者、执行者，又是大纲的制订者。

第一节   教学大纲的性质、类型和作用

一、教学大纲的性质

关于"教学大纲"，人们有不同的理解，它与"课程设计""教学方法"既相互联系又有区别。

一般来说，课程设计所指的范围比"大纲"更广泛，它指的是一个教育体系，是一个教学项目的教学目标和教学内容及其实施方案的总体设计，包括课程的性质、目标、资源配置、实施过程、评估和管理等方面的规定和描述。

教学大纲主要是指遵循一定的语言理论、语言学习理论和语言教学理论并根据特定学习需求和课程目标所制订的教学方案。从狭义上说，教学大纲主要是关于教学内容的规定和分级描述，是课程设计的一部分。从广义上说，教学大纲包括以下内容：关于教学对象、教学性质和教学总体目标的描述，关于学习者学习策略、交际策略、跨文化交际能力等方面培养目标的描述，关于听、说、读、写技能目标的分级描述，关于语法、词汇、文字、功能、

话题、文化教学目标的分级描述，教学途径，教学原则，教材编选建议，测试和评估方式，等等。在这个意义上，大纲接近课程设计，有些学者认为，课程设计和教学大纲没有区别。

根据人们对教学大纲的传统理解，教学大纲有别于教学方法。教学大纲描述的是事先设定的要实现的教学目标，而教学方法是实现这一目标的途径。教学大纲向我们指明了目的地，而教学方法就是到达目的地的路线图。

然而，正如一些学者所指出的那样，随着交际语言教学的发展，教学大纲与教学方法之间渐渐变得难以区分。与产品式大纲相对的过程式大纲的提出，意味着在大纲设计上趋于更广阔的视野——整合教学内容和教学方法，把大纲看作内容和方法的统一、目标和途径的统一。这种由单一追求结果（目标）到强调在过程中实现结果的转变是第二语言教学/外语教学的一个新发展。

二、大纲的类型

（一）立足于使用范围和适用对象的分类

教学大纲是依据学生的学习需求和课程目标而确定的。从大纲的使用范围和适用对象来看，教学大纲包括：

1. 通用大纲和专用大纲

通用大纲是针对某一教学类型的指导性、框架性大纲，它适用于该教学类型的所有教学对象。但是，如果进一步分析，这些教学对象内部其实还是有区别的，针对其中的特定教学对象的大纲就是专用大纲。通用和专用是相对而言的。比如，假如我们制订出一份"对日来华留学生汉语长期进修教学大纲"，它相对于"来华留学生汉语长期进修大纲"而言是专用的，而相对于某个教学单位的某个特定的对日来华留学生汉语教学项目而言是通用的。教学机构还需要根据这一特定教学项目进行需求分析，制订专门针对该项目的具有可操作性的教学大纲，这才是真正"专用"的。

2. 教学等级大纲和课程大纲

教学等级大纲是一个基本纲，对总体教学目标和教学内容做出规定，并进行分阶段描述。但是，在教学过程中，这些教学内容可能不是由一门课程来承担的，而是由听力、口语、阅读、写作等多种课程互相配合、互相补充来实现的，而且在不同的学习阶段，课程设置也会有所变化，这就需要由课程大纲来对各门课程的教学目标和教学内容进行具体描述。比如，对于基本纲中规定的中级词汇，就需要把它们恰当地分配到中级阅读课、中级听力课、中级口语课、中级写作课教学中去，不同的课程着重培养的语言技能不同，教学中选择词语的侧重点不同，要求也不同。

（二）立足于教学理念和教学法的分类

教学大纲必然反映了大纲制订者关于语言和语言学习本质的认识，它总是与一定的教学理念相联系。从教学理念和教学法的角度来看，大纲总体上可以分为：

1. 综合性大纲和分析性大纲

综合性大纲（Synthetic Syllabus），就是把语言分为语音、词汇、语法、意念、功能等部分，每个部分都由大大小小的单位组成，这些单位按照使用频率、难度等标准排序（但往往是凭一种直觉），在教学中作为语言点以离散的方式呈现给学习者，由学习者累积、逐步综合而构成语言系统，以用于交际的大纲。教学材料和教学过程是为了展示和训练大纲所规定的语言点。这里所谓的"综合"，是指由学习者自己最终综合形成语言系统，或者说把握整个语言系统，事实上，语言现象的教学恰恰是以离散的方式进行的。目前世界上的大部分第二语言或外语教学，还是采用综合性大纲（其中又以结构大纲为主）。

与之相对立的，是所谓的分析性大纲（Analytic Syllabus）。分析性大纲是把语言材料以"自然板块"（natural chunks）的形式展示给学习者的大纲，这里所谓的"分析"，是指假设学习者能潜意识地分析输入材料（语料），而输入材料恰恰是综合形式的，大的自然板块甚至可以是句子以上的单位。分析性大纲按照学习目的以及由目的决定的语言行为来组织大纲，因此强调自然的、基于内容的学习，认为语言习得过程有其自身的规律，教师的作用是帮助学习者发展其"内在大纲"，而不是强加给他们一个外在的大纲。

从这个意义上说，结构大纲和功能—意念大纲其实是同样的教学理念的产物，都是一种综合性大纲。它们都把语言分析为一个个部件/单位——结构单位或功能单位，认为当学习者掌握了这些单位之后，也就掌握了整个语言系统。结构大纲和功能—意念大纲的区别只在于，前者是把语言的结构项目抽象、概括出一个清单，后者则是把功能—意念项目抽象、概括出一个清单。而任务大纲是一种分析性大纲，它由一系列难度不同的任务构成，但对于其中涉及的语言要素等并不加以系统描述。

显然，单纯运用某个结构或单纯运用某个功能—意念项目，都是不可能完成一次交际活动的。教学的最终目标是培养学习者的语言交际能力。语言交际能力包含关于语言结构、意义、功能的各种知识，但远不止这些。语言交际能力涉及结构、意义、功能在实际语境中千差万别的、动态的、复杂的关系，这些关系是无法在一个大纲中充分描述的。所以，综合性大纲在描述教学目标方面的作用是有限的、不全面的。但是，结构大纲或者功能—意念大纲毕竟就语言的某一方面提供了具有概括性的全面系统的描述，对于我们系统地设计教学材料是有帮助的，对于学习者获得比较全面的语言知识和语言能力是有帮助的。事实上，在实际教学中，我们并不是孤立地教授某个结构或者功能，我们总是把结构和功能跟一定的情境结合起来。从这个意义上说，分析性大纲和综合性大纲并不对立，而是互补的。问题在于我们需要寻找特定的结构、功能、意念、情境的匹配关系，寻找这种匹配关系在任务中恰当的实现方式。

2. 产品式大纲和过程式大纲

从另外一个角度来看，我们可以把大纲分为产品式大纲（Product-Oriented Syllabus）和过程式大纲（Process-Oriented Syllabus）。产品式大纲对语言教学的目标进行比较详细的描述，但它只关注语言教学的最终结果，较少关注如何获得这一结果。所谓的"产品"包括：语言要素方面的目标，如语音、词汇、语法以及文字等；语言技能方面的目标，如听、说、读、写技能等；语言功能—意念方面的目标，如表示问候、询问数量等；文化意识方面的目标，如"了解中国人的日常交际礼仪"；学习能力、学习策略方面的要求，如"学会查字典""通过网络获取学习资源"等。

结构大纲、功能大纲、情境大纲等都是产品式大纲。结构大纲罗列了一系列语言结构，功能大纲罗列了一系列功能，情境大纲罗列了一系列典型情境及在典型情境下的典型话语，这些结构、功能或典型情境中的典型话语，都是作为教学的最终目标，也就是学习者要掌握的目标来描写的。

过程式大纲则对教学过程中的参与者及其关系、教学活动的内容和方式等进行详细的描述，它主要关注学习的过程和教学的程序，关注教学的方法，而不是着眼于让学习者最终掌握哪些语言点（词汇、结构等）。一般认为，任务大纲就是一个过程式大纲。确实，如果我们的教学目标是让学习者具有实施现实语言交际行为的能力，而我们的教学过程就是对这些真实交际行为的模拟和演练，那么，内容和方法基本上得到了统一，结果和过程也基本上得到了统一（尽管演练的方式和过程恐怕还得进一步设计）。这样的大纲，其实既是产品式大纲，也是过程式大纲。

但是，这样一个大纲的前提是学习者的学习目标非常有限，因而其需求分析也非常简单。这才有可能在课堂上充分演练这些任务，从而实现内容与方法的统一。如果学习目标比较广泛，那么具体的目标任务必然是无穷多的，是无法完全罗列的，在教学中也不可能把学习者的目标任务在课堂上全部演练一遍，顶多是演练典型的目标任务中的一部分或大部分，这样目标任务和教学任务就不是完全一致的。即使是产品式大纲，其罗列的任务也是不完整的，只是若干典型任务而已。过程式大纲更是与教学过程的多样性、灵活性相违背。

在大多数情况下，不同的教师在不同的场合针对不同的对象，为不同的教学目标选择的任务必然是有差异的。它不是一成不变的。甚至，它是由教师和学生一起协商决定的，它是随着教学对象、教学条件等的变化，教学过程的进行而随时调整的。因此，真正意义上的过程式大纲，必然具有专用性、动态性、可选性的特点。甚至，在一定程度上是"回溯性"的，是事后的总结，而不是事先的计划，因为它是在教学过程中由师生双方随时协商、随时调整的。

其实，过程式大纲与产品式大纲应该是相互补充的。过程式大纲并不排斥产品式大纲，而是为产品式大纲提供一个课堂实现的框架。反过来说，产品式大纲可以为过程式大纲提供一个目标参照。

三、大纲的作用

教学大纲是教学的纲领性文件。教学大纲为教材编写、课堂教学、教学管理和评估提供指导。

（一）教学大纲对教材编写的指导作用

教学大纲对于教材编写的指导作用体现在：一是对教材编写理念和组织结构的影响。比如，一本功能型的教材自然是遵循功能大纲的产物，而一本任务型教材自然需要一个任务大纲的指导。二是提供内容选择和难度等级方面的依据。比如，一本初级教材应该包括哪些语法项目、应该选择哪些词语，自然要参照相应的语法等级大纲、词汇等级大纲。

当然，教材在遵循教学大纲的前提下，必然需要一定的灵活变通。首先，教材编写者的教学理念不一定完全与教学大纲保持一致，可以有一定的倾向，有一定的折中。其次，教材所遵循的尽管是通用教学大纲，但教材往往更具针对性，在教学类型、教学对象、教学目标等方面更加明确，因此，教材需要对教学大纲中规定的教学内容在广度和深度上有所调整。最后，教材在课文主题选择上的局限性和内容的相对完整性决定了教材不可能完全遵循教学大纲所规定的词语、语法等级，难免有些"纲内"的内容会"漏网"，也难免有"超纲"的内容会"潜入"。当然，教材应该把这两方面的内容控制在最小范围内。

（二）教学大纲对课堂教学的指导作用

在通用教学大纲的指导下，就特定的教学项目而言，我们需要制订专门的教学大纲，以规范教学过程。教师对教学大纲应该有透彻的理解和全面的把握。不同层次的教学大纲为教师更自觉、更主动地使用教材提供指导，使教师能更好地理解教材、处理教材，更好地判断学生的学习情况。否则，教师的教学行为就难免在一定程度上陷入盲目、随意、低效的境地。

对于有经验的教师来说，一个有弹性的大纲是更受欢迎的，因为教师可以在大纲的范围内根据学生的情况灵活调整教学内容和教学目标。而对于大部分教师来说，他们可能更希望得到一个详细的教学清单，以便按部就班地遵照执行。

（三）教学大纲对教学管理和评估的指导作用

教学大纲为教学管理、教学评估提供了依据。通用大纲为同类型教学的课程设置、教学目标、教学容量、教学进度、测试确定了基本规范，为大规模教学质量评估提供了参照标准。各类专用教学大纲则进一步为各类教学项目做出了具体规定，保证了项目的质量和规范化管理。

同时，教学大纲对学习者的自我评估具有指导作用。学习者可以对照大纲，更好地确定自己的学习目标，监控自己的学习，对自己的学习进行自我评估。

第二节 第二语言教学大纲介绍与分析

根据大纲的基本结构单位的差别，我们可以把大纲分为语法大纲/结构大纲、情境大纲、功能—意念大纲、任务大纲等。这些不同的大纲代表了不同的教学理念和教学流派，大纲的更替也反映了第二语言教学理论的发展。

一、语法大纲

语法大纲（Grammatical Syllabus），也叫结构大纲（Structural Syllabus），是一种传统的语言教学大纲类型。它是一种综合性大纲，也是一种产品式大纲。语法大纲的基本特点是：以语法点或语法项目作为大纲的基本结构单位，按照语法结构的难易度排序。语法大纲以传统的语言学理论（主要是结构主义语言学）和语言学习理论为基础，即认为语言的核心是语法结构，一种语言的语法结构规则是有限的，掌握了一种语言的词汇和语法规则系统，就能理解各种各样的句子，就能按照规则说出不同的句子，满足语言运用的需要。学习者能够循序渐进地逐项掌握语法规则，并把这些语法规则综合成语法系统。语法大纲在语言教学历史上具有重大的意义，在目前的第二语言教学中仍有广泛的影响和重要的价值。

语法大纲有其自身的优点。首先，语法大纲指导下的教学有助于学习者系统地学习语法规则，而系统地进行学习相对于零散、杂乱地进行学习无疑具有更好的效果。其次，语法大纲指导下的教学对培养学习者具备系统的关于语言结构的基础知识、提高学习者语言表达的准确度具有重要意义。特别是在基础阶段，语法结构的系统学习，可以为学习者以后语言水平的进一步提高打下扎实的基础。语法大纲也存在一定的问题。首先，语言教学的实践证明，仅仅通过掌握语法结构规则并结合词语就能具备语言运用能力的观点是不全面的。许多在语法大纲及其相应的教材和教法下培养出来的学生，他们确实具有非常全面、扎实的语法知识，能够应对高难度的语法知识测试，但是实际的语言交际能力并不理想，在真实生活中，有时甚至不能顺利地完成最基本的交际活动。最后，语法结构在语言中不是孤立存在的，语法结构与交际活动的对应关系是复杂的，学习者并非像语法大纲所假设的那样，能够自动地把离散的语法项目综合成语法系统，并运用于交际活动中。再次，仅仅由语法结构的难易度来决定语言教学内容是不够的。况且，语法大纲中的语言结构难易度排序往往仅凭教师的教学经验来主观判断，并不能充分反映学习者的习得规律。

在汉语作为第二语言教学方面，《汉语水平等级标准与语法等级大纲》中的"语法等级大纲"就是一个典型的语法大纲。

二、情境大纲

情境大纲（Situational Syllabus）以学习者在真实语言交际中涉及的情境作为大纲的基本组织单位。情境大纲需要预测学习者可能会遇到的各种场景，如在饭店、在机场、在邮局、在学校、在火车站购票处等，把场景作为选择和呈现语言内容的基础，以教授典型情境下的典型话语。情境大纲的语言学理论出发点是，语言不是一个抽象的结构系统，而是一个社会性过程。语言的意义是由使用语言的环境所决定的，而语言形式的选择也会受到情境的制约，语境对于语言运用至关重要，离开了特定的语境就谈不上语言。情境大纲在相当长的时间里与语法大纲共存，并在 20 世纪 60 年代盛行一时。根据情境大纲编写的教材有 *Streamline English*、*Access to English* 等。

情境大纲强调口语实践，注重在一定的自然情境下学习词语和结构，重视教学内容的真实性和实用性，有"就事论事"的功效，有助于教师更有针对性地满足学习者的交际需求。相对于语法大纲而言，情境大纲更多地考虑了学习者的因素。如果说语法大纲只是关注如何合乎规则地使用语言的问题，那么情境大纲关注的是如何在特定的情境中恰当地使用语言的问题。

人们对情境大纲的批评主要有：第一，由于情境大纲以典型情境为基本组织单位，语言形式方面的教学必然是不系统的，从而增加了学习的难度。第二，什么样的情境是典型的，有哪些典型情境，选择哪些情境进入大纲，这些都是情境大纲遇到的难题。事实上，对于不同的学习者，典型情境必然是不同的。第三，情境大纲只是提供了特定情境下语言使用的范例，然而，同一情境下参与者不同、交际目的不同、文化背景不同，其语言使用的具体情况是大相径庭的，情境与语言的使用功能也不存在一一对应关系。在现实生活中，一旦遇到教材中没有呈现过的情境或教材所呈现的情境中没有涉及的交际活动，学习者是否能够举一反三地使用语言，是令人怀疑的。

当然，我们可以把情境大纲看作一种分析性大纲，即假设学习者可以通过对一个个情境活动的学习，在潜意识中概括、推导、掌握语言的结构形式系统，并发展出一般的语言能力。这是一个需要进一步研究和证明的问题。事实上，情境大纲也具有相当大的灵活性，让我们有可能以情境大纲为基础，把它与语法大纲、功能—意念大纲结合起来。在实际教学中，以情境大纲编写的教材对于二至八周的短期学习或以快速进入汉语社会生活为目的的学习是相当有效的。

三、功能—意念大纲

功能—意念大纲（Functional—Notional Syllabus），也叫意念—功能大纲。在英国功能语言学派理论、社会语言学理论以及人本主义心理学的影响下，有关语言功能的观念逐渐为语言教学界所关注。威尔金斯（D. A. Wilkins）1972 年初步提出功能—意念大纲的设想，1976 年正式出版《意念大纲》，为交际法的发展奠定了基础。1975 年，由范埃克（J. A. Van EK）主持，为欧洲文化委员会制订的《入门水平英语》（*Threshold Level English*）正式出版，标志着功能—意念大纲的问世。此后，范埃克与亚历山大（L. G. Alexander）主持研制了《英语初阶》（*Waystage English*），威尔金斯提出了"结构加功能"模式，布鲁姆非特（C. Brumfit）提出了"以结构为核心的功能螺旋上升"模式，阿伦（J. P. B. Allen）提出了"结构—功能—工具"模式。

功能—意念大纲对于交际教学法的产生和发展起到了巨大的推动作用。根据功能—意念大纲编写的教材，较有代表性的有 *Follow Me* 等。功能—意念大纲的倡导者认为，像情境大纲那样仅仅关注何时、何地使用语言是不够的，而更应该关注语言的本质，即交际——人们用语言来表达什么、满足什么样的交际目的。因此，就需要分析学习者的需求，以及学习者在不同环境中的不同交际类型，并由此确定语言教学的内容。相对于情境大纲，功能—意念大纲在语言使用的描述上具有更强的概括性。

所谓功能，就是人们使用语言的交际目的。《入门水平英语》把言语交际分为六个主要范畴：传递和寻求事实信息、表达和了解理性态度、表达和了解情感态度、表达和了解道德态度、让别人做事、社交活动。再把每个范畴加以细化，得到共 68 个功能项目的语言功能表。所谓意念，就是人们用语言表达的概念意义。《入门水平英语》把意念分为一般意念和具体意念。一般意念包括实体意念、性质和特征意念、关系意念。具体意念则是与话题相关的意念。这是一个具有普遍性的系统，至于具体到特定语言，需要列出与语言功能、一般意念、具体意念相对应的特定的语言形式，包括结构/句型和词语，这正是具体的教学内容。以英语为例：

expressing capability and incapability/表达能与不能	NP＋can＋VP
	NP＋cannot＋VP
	NP＋be able to＋VP
	NP＋be not able to＋VP
	NP＋be unable to＋VP

功能—意念大纲并不排斥语法结构教学的必要性，而是强调以交际为核心，语言形式是为一定的功能—意念表达服务的。功能—意念大纲明确以培养学习者的交际能力为教学目标，重视学习者的需求分析，强调教学内容的交际价值，强调语言材料的真实性，致力于把语言功能和语言结构结合起来，主张教学过程交际化，在教学内容和教学方法上带来了全面的革新。

功能—意念大纲的主要难点在于：第一，如何根据交际需求选择功能—意念项目。目前的选择往往是主观筛选的结果。第二，在交际中，功能—意念不是孤立地存在并运用的，而是相互组合的。对这种组合关系还缺乏清晰的描述。第三，功能—意念必须通过一定的语言形式来表达，功能—意念与语言形式不是简单的一一对应关系。如何实现功能—意念和结构的有机结合，如何建立功能—意念和语言表达形式的全面的匹配关系，还需要深入研究。第四，语言的功能和意念本身没有难度，功能—意念大纲的难度指的是表达相应的功能—意念的语言形式的复杂度。如何选择适合学习者水平的语言形式，同样是功能—意念大纲设计者的难题。

在汉语作为第二语言或外语教学方面，纯粹以功能—意念大纲为指导编写的教材极少，《说什么和怎么说？》（邱质朴，江苏人民出版社）是代表。而在功能—意念与汉语结构结合方面做得比较好的是《汉语入门》（Isabelle Rabut，Wu Yongyi & Liu Hong，2003）。

四、任务大纲

与以往的大纲不同，任务大纲（Task-Based Syllabus）是一种分析性大纲，也是过程式大纲。任务大纲不是依照语言教学内容的呈现和操练来组织的大纲，而是设计一系列特定的活动，通过这些活动来促使学习者使用语言的大纲，至于这些活动可能涉及哪些确切的语言特征，一般不予考虑。

任务大纲的理论基础是功能主义语言学、人本主义心理学和建构主义学习理论，但是，相对于功能—意念大纲，任务大纲更多地体现了语言习得理论的最新成果。任务大纲主张在以内容为核心的前提下兼顾语言形式，认为语言是在使用中逐步完善的，因此，在课堂上应该设计各种有意义的活动—任务，让学习者在运用语言的过程中学习语言的运用，在互动中实现语言的发展。任务型语言教学的研究始于 20 世纪 80 年代。当时，珀拉胡（N. S. Prabhu）在印度南部的班加罗尔（Bangalore）进行了一项强交际法的实验（the Bangalore Project），主张让学生"在用中学"，课堂教学活动用任务形式呈现。

这一教学实验，是把任务作为课堂设计单元的第一次尝试，并形成了任务型教学的雏形，引起了第二语言教学界的关注。随着研究的深入，任务型教学于 20 世纪 90 年代在理论上逐步成熟。

任务大纲把大纲的重心从产品转向了过程，明确地提出以任务为课堂教学中组织交际活动的基本单位，以任务贯穿教学过程的始终，更强调了语言的工具性，强调学习者需求分析和目标任务分析，强调以学习者为中心。任务大纲存在的主要问题有：第一，任务的定义问题。关于究竟什么是任务，各家的说法差别很大。第二，任务的难度问题。关于任务的难度，可以从许多不同的角度来判断，但是，就具体操作而言，如其中的认知难度，本身涉及的面很广，只能做主观性较强的粗略分析。第三，如何处理好任务型教学中的准确度、流利度、复杂度的平衡，语言活动的过程与结果的平衡，语言教学中的语言形式与表达内容的平衡，仍然是需要不断探索的问题。

在任务大纲设计上，存在两种类型：一种是基于目标任务分析的大纲设计，教学任务就是对目标任务的模拟，教学过程就是对现实交际行为的演练。这就实现了目标和途径的统一、产品和过程的统一。另外一种是把教学任务作为培养语言能力的手段，任务的根本价值在于促进互动，而互动是实现语言习得的关键。这时候，目标和途径仍然是分离的。任务只是途径，而不是最终目标。

五、折中大纲

没有一种大纲是十全十美的，但是每一种大纲都体现了对语言教与学的某些方面的深刻认识。也许，明智的做法是采用折中的大纲，结构、功能、情境、任务、技能，都应该纳入大纲设计的视野。事实上，目前的大部分教材尽管都以交际法为旗号，但事实上都尽量兼顾上述各方面因素。

所谓的折中大纲（Eclectic Syllabus/Mixed or Multi-Strand Syllabus），关键是要解决语言教学中的几个根本问题：输入和输出的统一、结构和功能的统一、形式和内容的统一、产品和过程的统一。但是，我们仍然需要思考一个问题：何者优先？对于这一问题的回答不能脱离特定的教学对象和教学目标，在实际的课程设计中，不可能也不应该片面地追求理想化的平衡，而往往会偏重于某一方面。比如，对长期进修教学来说，语法结构的系统性方面可能是更重要的；对短期速成教学来说，以功能—意念为纲兼顾结构可能是更合适的；对面向有限目标的语言教学来说，任务型教学可能更易见效。另一方面，不同的学习者由于其文化背景不同、个人的学习风格不同，有的适合强调结构系统性的教学，有的更适合突出功能—意念的教学，有的更愿意接受综合性大纲，有的更愿意接受分析性大纲。不同的国家、地区长期形成的教育理念、教学模式也是重要的影响因素。

第三节　汉语教学大纲介绍与分析

一、《汉语水平等级标准和等级大纲（试行）》《汉语水平等级标准与语法等级大纲》和《汉语水平词汇与汉字等级大纲》

1987年，中国对外汉语教学学会成立"汉语水平等级标准研究小组"，1988年，研究小组完成了"汉语水平的等级划分与描写""语法等级大纲""词汇等级大纲"三大部分工作（"功能—意念等级大纲""文化等级大纲"暂缺）。《汉语水平等级标准和等级大纲（试行）》于1988年由北京语言学院出版社出版，这是我国对外汉语教学历史上具有开创性的工作。

汉语水平等级标准的基本框架结构是三等五级，即初等水平（1—2级）、中等水平（3级）、高等水平（4—5级）。每个等级从话题内容、语言范围和言语能力三个方面进行描述，每个等级又从读、听、说、写、译（3级以上）五个方面确定具体的标准。

1996 年，国家汉办汉语水平考试部发布了《汉语水平等级标准与语法等级大纲》（高等教育出版社），其中的"语法等级大纲"与"汉语水平等级标准"相对应，将汉语语法 1168 个语法点/项分为四个等级：甲级语法 129 项，乙级语法 123 项，丙级语法 400 点，丁级语法 516 点。甲、乙级语法具有比较完整的系统性，对应初等水平标准的语法内容，丙级语法对应中等水平的语法内容，丁级语法对应高等水平的语法内容。

《汉语水平词汇与汉字等级大纲》由北京语言学院出版社于 1992 年正式出版。《汉语水平词汇与汉字等级大纲》是规范性的水平大纲，收录总词汇 8822 个，其中甲级词 1033 个，乙级词 2018 个，丙级词 2202 个，丁级词 3569 个。对汉字的选择和分级以词汇总量和分级为基础确定，共 2905 个，包括甲级字 800 个，乙级字 804 个，丙级字 590＋11 个，丁级字 670＋30 个（其中丙级和丁级的 41 个附录字为表示姓氏和地名的字）。

这一系列大纲的颁布标志着对外汉语教学向着标准化、规范化、科学化迈出了一大步。这些大纲为对外汉语教学的课程设计、教材编写、课堂教学、测试评估提供了重要依据，尤其是作为重要的参照物，对各种教材的编写和研究产生了巨大的影响。

二、《高等学校外国留学生汉语教学大纲》

国家汉办 1998 年至 1999 年组织专家编制了《高等学校外国留学生汉语教学大纲》，1999 年 7 月完成并通过专家鉴定，2002 年由北京语言文化大学出版社出版。它是针对来华进修学生汉语教学的特点制订的框架式的教学大纲，包括《高等学校外国留学生汉语教学大纲（长期进修）》和《高等学校外国留学生汉语教学大纲（短期强化）》两个文件。

对来华留学生进行的半年以上、三年以下的汉语作为第二语言的教学属于对外汉语长期进修教学。《高等学校外国留学生汉语教学大纲（长期进修）》明确了对外汉语长期进修教学的性质、特点和基本教学原则，并对长期进修教学的课程设置、学时安排、班次编排、教材编选和测试评估提出了建议。《高等学校外国留学生汉语教学大纲（长期进修）》的最大特点是提出了三等十级的长期进修教学等级结构，即初等四级、中等四级、高等两级，并对语音、语法、词汇、汉字等语言要素以及听、说、读、写等技能方面进行了描述。这一等级结构框架遵循"细化级次、循环深化"的精神，较好地体现了汉语长期进修教学的特点。《高等学校外国留学生汉语教学大纲（长期进修）》附有分级描述的《词汇表》《汉字表》《语法项目表》《功能项目表》。

汉语短期进修教学的周期一般为 8 周（160 学时）或 4 周（80 学时）。

《高等学校外国留学生汉语教学大纲（短期强化）》明确了汉语短期教学的性质、特点和教学原则，描述了汉语短期强化教学的总体教学目标和初、中、高分级目标，对课程设置、课时安排、教学实践活动等提出了具体建议。《高等学校外国留学生汉语教学大纲（短期强化）》的最大特点是参考了任务型教学理论，以交际任务为基本单位对各级教学内容进行描述。《高等学校外国留学生汉语教学大纲（短期强化）》附有《汉语交际任务项目表》。根据该表，初级交际任务共 26 项，覆盖基本交际类、生存类、社会生活类、个人信息类、综合信息类等方面。中级交际任务共 21 项，覆盖基本交际类、生存类、个人信息类、社会活动类、综合信息类等方面。高级交际任务共 20 项，覆盖基本交际类、社会信息类、文化信息类、媒体信息类等方面。从某种意义上说，《汉语交际任务项目表》是对外汉语教学界的第一个"任务大纲"。

三、《国际汉语教学通用课程大纲》

在由对外汉语教学向汉语国际教育转变的大形势下，国家汉办组织研制了《国际汉语教学通用课程大纲》（外语教学与研究出版社），并于 2008 年颁布。该大纲"旨在为汉语教学机构和教师在教学计划制订、学习者语言和能力评测以及教材编写等方面提供依据和参照标准"，总目标是"使学习者在学习汉语语言知识与技能的同时，进一步强化学习目的，培养自主学习与合作学习的能力，形成有效的学习策略，最终具备语言综合运用的能力"。这是一个通用大纲，它最大限度地兼顾小学、中学、大学及社会人士等不同的使用者，因此，使用者可以根据实际教学情况，参考、选择并增加所需要的相关内容，制订出个性化的教学大纲或教材编写纲目。

《国际汉语教学通用课程大纲》参照国家汉办制订的《国际汉语能力标准》将课程内容分为五个等级，对每个等级从"目标""语言知识（语音、字词、语法、功能、话题、语篇）""语言技能（综合技能、单项技能——听、说、读、写）""策略（情感策略、学习策略、交际策略、资源策略、跨学科策略）""文化意识（文化知识、文化理解、跨文化意识、国际视野）"五个方面进行描述，还提供了《汉语教学话题及内容建议表》《汉语教学话题及内容举例表》《中国文化题材及文化任务举例表》《汉语教学任务活动示范表》《常用汉语语法项目分级表》《汉语拼音声母、韵母与声调》《常用汉字 800 字表》《常用汉语 1500 高频词语表》等。

《国际汉语教学通用课程大纲》是一个面向世界汉语教学的具有纲领性、指导性的文件，具有重要的参考价值。它把培养学生的"语言综合运用能力"（而非"交际能力"）作为终极目标，并对其做出了清晰的定义：语言综合运用能力由语言知识、语言技能、策略、文化意识四方面内容组成。其中语言知识和语言技能是语言综合运用能力的基础；策略是提高效率、促进学习者自主学习和发展自我能力的重要条件；文化意识则是培养学习者具备国际视野和多元文化意识，更得体地运用语言的必备元素。

四、《汉语国际教育用音节汉字词汇等级划分》

作为国家语言文字的规范，《汉语国际教育用音节汉字词汇等级划分》（北京语言大学出版社）由中华人民共和国教育部、国家语言文字工作委员会于2010年10月19日发布，2011年2月1日起实施。《汉语国际教育用音节汉字词汇等级划分》给出了汉语国际教育用的音节表、汉字表、词汇表，体现了三维基准体系（汉语音节、汉字、词汇三要素并行）。该文件说明，"音节等级划分"适用于对汉字教学无要求的汉语国际教育、教学活动，尤其适用于用汉语音节进行的汉语口语和听说教学。包括一级音节608个，二级音节300个，三级音节163个，三级附录音节39个，共计1110个。"汉字等级划分"包括一级汉字900个，二级汉字900个，三级汉字900个，三级附录汉字300个，共计3000个。"词汇等级划分"包括一级词2245个，二级词3211个，三级词4175个，三级附录词1461个，共计11092个。

这一等级划分规范具有以下特点：倡导通俗化、大众化、普及化；设立"最低入门等级"；将汉语音节引入新标准；调整字词筛选顺序、比例与等级；创建三维基准新体系；探寻多维平衡理念和方法途径；运用现代科技手段，吸收常见常用结构；关注等级质量，与未来发展接轨。

第四节　教学大纲的制订与实施

一、通用教学大纲的制订

教学大纲由教学研究者和实践者共同制订。大纲的教学目标、教学原则、教学途径、教学内容，是依照特定的教学理论和学习理论，在对教学对象、教学类型、教学性质进行全面分析的基础上确定的。

教学内容及其安排是教学大纲的主体部分。一个针对某一教学类型的通用性教学大纲，教学内容的选择及其安排需要建立在以下基础之上：

一是目的语分析。通过对目的语大型语料库的分析，全面、准确地了解目的语的使用情况，并充分吸收现有的语言研究成果，为确定教学内容及其排序提供目的语使用者语言生活方面的客观依据。

二是学习分析。通过对中介语语料库的分析，全面、准确地了解学习者的学习难点、习得过程，为确定教学内容及其排序提供习得规律方面的依据。

三是学习者分析。通过对学习者的学习动机、目标情境的分析，为教学内容及其排序提供学习需求方面的依据。

在上述基础上，根据一定的教学理论和教学方法的指导，多维平衡，才有可能合理系统地确定教学内容及其安排。

二、专用课程大纲的制订

专用课程大纲的制订应该在以下两个大框架下进行：一是课程设计的总体框架的指导，二是相关通用教学大纲的指导。

1. 专用课程大纲的制订应接受课程设计总体框架的指导

就一个特定的教学项目而言，它首先要进行的是课程设计，分析学习者的学习需求、学习方式、已有基础，以及教学环境、教学条件，确定教学目标、教学原则、课程设置等。在课程设计的总框架下，明确特定课程的地位和目标、与其他课程的关系，从而明确该课程的教学内容、教学材料、教学途径、测试方式等。举个例子来讲：

中国某大学举办一个短期商务汉语项目，面向的学生为具有经济、商务专业背景的美国大学生，其汉语水平为中级以上，进修时间为六周。学生希望通过六周的进修，真实地了解中国当代社会和企业文化，学习与中国有关的商务知识，参加商务实践，同时进一步提高汉语的实际应用能力。由此，该项目确定的教学的基本原则为：课堂教学与社会实践相结合，专业知识教学、中国文化教学与汉语能力培养相结合。该项目包括以下几种课程：当代中国都市文化——高级汉语课程、商务案例分析、《孙子兵法》与商务战略、商务实践。在这样的课程总体设计框架下，其中的"当代中国都市文化——高级汉语课程"也确定了相应的教学原则、途径、内容。

2. 专用课程大纲的制订离不开通用大纲的指导

专用大纲在教学理念上与相应的教学类型的通用大纲往往是一致的，在教学内容和难度等级上也需要不同程度地参照通用大纲。在我们的常规教学中，在总体课程设计的框架下，系统的课程设置一般总是有相应的系统的教材配置，而该教材系列一般来说是基于特定的通用大纲编写的。这样，一门课程的教学大纲的内容，基本上就是所采用的教材的既定内容（有时会有一定的调整）。这样的教学大纲，其实就是一个通用大纲指导下的具体课程的教学计划。

3. 课程大纲的基本框架

课程大纲的基本框架包括：课程描述，如课程的性质和地位、教学目标和要求、教学原则和方法；内容描述，包括基本教学内容及其课时安排；教学材料，包括课本、其他教学资源等；评估方式。

三、教学大纲的实施

我们首先应该明确，无论是通用大纲还是专用大纲，都有其适用范围和条件，不能盲目照搬。特别是针对特定项目的专用大纲，教学对象、教学环境变了，教学大纲必然需要做出相应的调整。

通用大纲应该突出指导性和框架性，并在一定时期内力求稳定，否则就失去了一般指导意义。但是，即便是具有指导性、框架性的通用大纲，也需要不断修订，因为语言生活在变化，语言在发展，语言研究和语言教学研究的成果在不断丰富，语言教学的现实情况也在发生变化。而专用大纲应该突出规范性和可操作性。课程大纲应在课程开始之前向教师和学生公布。课程大纲一经公布，原则上师生应严格遵照执行，不能随意改动。当然，教学大纲必须是简明、概括的，在具体的教学内容和方法上，需要教师根据实际情况对教学材料进行恰当的处理。

教学大纲往往侧重于不同的角度，有的以结构为纲，有的以功能为纲，有的以情境为纲，有的以主题为纲，有的以任务为纲，等等，在实际教学中，需要教师有开阔的视野，综合平衡。有的大纲是产品式的，只是明确了教学内容，并没有体现教学过程。在实际教学中，我们需要进行课堂教学环节的设计，以实现大纲所规定的教学目标。有的大纲具有一定的过程式大纲的面貌，已经在一定程度上体现了教学过程，但是在实际教学中，我们仍然需要结合实际，细化教学环节设计，而且需要根据教学过程的具体进展和学生情况，逐步明确、适当调整我们的教学要求和教学设计。

第六章 教学模式

关于教学模式的研究，在教育学领域通常以美国学者乔伊斯等撰写的《教学模式》（*Models of Teaching*）为标志；在国内，"1995 年出版的《中国大百科全书·教育》还没有收入'教学模式'这个词条。这说明，'教学模式'在此之前在我国还没有作为一个科学的概念为人们所认识。自 20 世纪 80 年代中期以来，为了解决教学理论与教学实践相脱节的问题，对教学模式的研究开始成为国内教学论研究的一个'热点'"。对外汉语教学界直到 20 世纪末才逐渐开始重视汉语作为第二语言/外语教学模式的研究，不少专家学者在总结以往教学模式的同时，开始尝试教学模式的改革和创新。作为教学理论与教学实践的"中介"和"桥梁"，一个好的教学模式能对提高教学质量和教学效果产生重要的作用。

第一节 教学模式的含义

"模式"一词的解释是"某种事物的标准形式或使人可以照着做的标准样式"。所谓的"标准形式"或"标准样式"就是"可以作为典范的形式或样式"，即"范式"。从这个解释中我们可以得知，"模式"是可以学习模仿的，具有可复制性，而且可以推广，为他人所用，这些特点对我们后面讨论教学模式具有重要的意义。

什么是教学模式？乔伊斯等认为，"教学模式就是学习模式""一种教学模式就是一种学习环境。这种环境有多种用途，从安排学科、课程、单元、课题到设计教学资料，如教材、练习册、多媒体程序、计算机辅助学习程序等"。强调教学模式就是学习模式，是为了使教学模式的设计者和一线教师更加清楚地明白，研究和建构教学模式所要思考的是"怎样让学生学会更快、更有效地学习""在什么程度上可以使全体学生更有效地学习"。乔伊斯等实际上是把教学模式看成一种"教学设计"，设计的内容包括不同学科的课程安排、教学内容、教材选择、教学手段、课堂教学活动，涉及两个层面，即教学整体设计和课堂实际教学。

在我国教育学领域，关于什么是教学模式，尽管人们讨论了许多年，但仍然莫衷一是，主要是由于认识上的差异或强调的重点不同。有人认为教学模式是一种比较稳定的教学范式或范型，如："教学模式就是在一定的教学思想指导下，围绕着教学活动中的某一主题，形成相对稳定的、系统化和理论化的教学范型""所谓教学模式是指在一定教学理论的指导下，通过对教育教学实践经验的概括和总结所形成的一种指向特定教学目标的比较稳定的基本教学范型"。有人认为教学模式是一种教学结构或教学框架，如："教学模式是指在一定的教育思想、教学理论和学习理论指导下，在某种环境中展开的教学活动的稳定结构形式。这四个要素（指教师、学生、教材和媒体）在教学过程中不是彼此孤立、互不相关地简单组合在一起，而是彼此相互联系、相互作用，形成一个有机的整体。既然是有机的整体就必定具有稳定的结构形式，由教学过程中的四个要素所形成的稳定的结构形式，就被称为'教学模式'""教学模式实质上是一种教学结构，必须蕴含特定的教学理论或教学思想；要有利于达成教学目标，促进学生主动学习；能提供可参考的有一定操作性的教学活动结构或程序；具有与之相配套的基本教学方法"。也有人强调教学模式就是教学程序（实现教学目标的步骤和过程）或教学方法、教学策略，如："教学过程的模式，简称教学模式，它作为教学理论里一个特定的科学概念，指的是根据客观的教学规律和一定的教学指导思想而形成的、师生在教学过程中必须遵循的、比较稳固的教学程序及其实施方法的策略体系。它包括教学过程诸要素的科学组合方式、教学活动内容与步骤的时间序列构成及相关因素的效应策略""我们认为，教学模式是在一定思想理论指导下，为实现特定教学目标而设计的比较稳定的教学程序及其实施方法的策略体系""教学模式就是在一定教学思想指导下建立起来的比较稳定的教学活动的基本程序和方法"。还有人把教学模式视为更加宏观的方法论体系或策略思想，如："教学模式是在教学实践基础上建立起来的一整套设计和调控教学活动的方法论体系，它由教育（哲学）主题、功能目标、结构程序及操作要领构成""教学模式是在教学理论和教学实践的发展中形成的，用以组织和实践具体教学过程的相对系统的、稳定的一种策略思想"。

在上述关于教学模式的定义中，我们可以看出各种定义的侧重点和对教学模式的认识。叶丽新对教学模式的内涵做了以下归纳：

其一，教学模式蕴含着特定的教学思想；其二，教学模式提供参考性的教学活动结构或教学程序；其三，特定的教学模式需要具有与其相匹配的基本教学策略或方法。这个归纳可谓简单、明了、易懂，其背后也包含了教学设计。仔细揣摩上述各种定义的侧重点及各部分之间的关系是很有意思的，它可以加深我们对教学模式的理解和认识。

所谓的"结构"通常指"各个组成部分的搭配和排列"。关于组成教学模式的结构要素，有"四要素说""五要素说"和"六要素说"等。李如密认为理论基础、功能目标、实现条件、活动程序四个要素构成了一个完整的教学模式。"理论基础"就是教学理论或思想，"功能目标是人们对教学活动能在学习者身上产生'什么样的'和'有多大的'效用所做的预先估计"，"实现条件"是能使教学模式产生作用的因素，"活动程序"是操作步骤。李雁冰认为一个完整的教学模式主要由相互影响、相互作用的五个因素构成：指导思想、教学目标、策略（指完成目标的一系列途径、手段和方法体系）、程序（指完成教学目标的步骤和过程）、评价（指依照教学模式的评价方法和标准，对教学过程及结果进行评估）。郝志军、徐继存则认为，"任何教学模式都包含教学思想（或教学理论）、教学目标、操作程序、师生组合、条件和评价六个要素。这些要素各占有不同的地位，具有不同的功能，它们之间既有区别，又彼此联系，相互蕴含、相互制约，共同构成了一个完整的教学模式"。"四要素说""五要素说""六要素说"之间的差别在于是否把"师生"和"评估"的因素加入进来。我们认为，在构成教学模式的各个要素中，教学目标是纲，其他都是围绕着教学目标而设计和组合的，是如何有效地实现教学目标的途径和方式等。

汉语作为第二语言/外语教学界对教学模式的研究起步较晚，对教学模式的看法也不尽相同。比如，陈莉认为，"教学模式是教学法的具体体现，教学法是理论性的，而教学模式是描写性的，是把教学活动与教学过程用一系列概念、术语明确描述下来的一种相对固定的形式，它能使人们很快了解其教学方法和教学特点，可供其他教师参照模仿，使教师明确应该如何进行教学"。崔永华则认为，"教学模式指课程的设置方式和教学的基本方法。如现在国内通行的基础汉语教学模式可以称作'分技能教学模式'，这种教学模式根据技能项目设置课程，教材采用结构—功能法进行安排，课堂教学采取交际法和听说法结合的方式"。马箭飞把教学模式看成"具有典型意义的、标准化的教学或学习范式"，而"对外汉语教学的教学模式就是从汉语独特的语言特点和语言应用特点出发，结合第二语言教学的一般性理论和对外汉语教学理论，在汉语教学中形成或提出的教学（学习）范式。这种教学（学习）范式以一定的对外汉语教学或学习理论为依托，围绕特定的教学目标，提出课程教学的具体程式，并对教学组织和实施提出设计方案。它既是一种形而上理论的反射体，又具体落实到教学中的一招一式，是细化到课堂教学每个具体环节、具有清晰的可操作性的教学范式"。赵金铭指出，"所谓对外汉语教学模式，就是从汉语、汉字及汉语应用的特点出发，结合汉语作为第二语言教学理论，遵循大纲的要求，提出一个全面的教学规划和实施方案，使教学得到最优化的组合，产生最好的教学效果的模式。这是一种把汉语作为第二语言教学的特定的教学范式"。史有为则把教学模式视为教学程序或教学框架："我们认为，教学模式是指在支撑广义教学法的理论背景下由课程设计组织、教学程序和操作方法以及人际间关系（含教师间和师生间）所共同形成的一种总括性的教学程序或教学框架。教学模式具有整体性、系统基础上的程序性和简明性及可操作性等特点。"

从上面的引述中，我们可以看到"设计说""方法说""范式说""结构说""程序说"的不同解释；既涉及宏观的教学规划（包括课程设置）设计，又具体到课堂的教学安排、操作程序和步骤，乃至教学方法；突出汉语、汉字及汉语应用的特点。以往对传统的对外汉语教学模式的讨论，主要是围绕课程设置、教材配合、语言知识和技能之间的关系展开的，包括"语""文"之间的关系等，以及由此而形成的"范式"，这其实是在汉语教学的"设计"层面，在设计层面"搞定"后，也会涉及具体的课堂教学模式，而后者更是与我们的具体教学息息相关。

第二节　汉语作为第二语言教学模式的演变与发展

一、传统的对外汉语教学模式

我们追溯一下国内传统的对外汉语教学模式的演变。从 20 世纪 70 年代初（1973）到 80 年代中期（1986），中国的对外汉语教学采用的基本上都是"结构驱动的（以结构为纲的）综合教学模式"。这种教学模式的特点可以概括为"一套教材、一门课、四种技能综合训练""听说读写全面要求，突出听说，读写跟上"。所谓的"一套教材"是指（在最初阶段）只使用一套综合性的通用教材，不分什么听力、口语、阅读、写作教材；所谓的"一门课"是说不把四种技能分成四门课来上，而是一以贯之（"一门课"即"综合课"，也称"精读课"）。

课堂教学时，一位教师讲句型（语法），另一位教师讲课文（带操练），或一位教师讲句型、课文，另一位教师则负责操练/练习（各校做法略有不同）。依靠一套教材、一门课，把四种技能的全面训练综合承担起来。鲁健骥根据当时北京语言学院具体教学实际，把它概括为"复习—讲练—练习"模式。对一个班来说，就是一本书、两个教师、三门课（复习、讲练、练习）。三门课其实是四节课的运作，由两个教师分担，主讲教师上讲练课（二、三节），另一位教师上复习、练习课（一、四节）。而这里的三门课，其实只是一门课，复习、练习课都是为讲练课服务。这种模式后来逐渐演变成"讲练—练习"模式（两节两节配置）。

"突出听说，读写跟上"包括两个方面：一是在四种技能中，"听说"的地位应先于"读写"，即以听说带读写；二是在具体的每堂课教学中，学生可以不看书，先进行听说训练，再进行阅读或写作训练。教学目标是培养学生语言的准确性和技能的熟练性。这个模式并不注重考虑正确的语言形式和熟练的技能能否顺利完成各种交际任务。教学模式（课程、教材、技能之间的关系展示）如下图（图 6 - 1）。

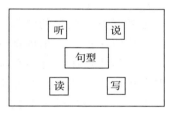

图 6 - 1

20 世纪 80 年代中期（1986 年前后）至今，中国的对外汉语教学采用的主要是"技能驱动的分技能教学模式"。跟前一种模式不同，这种模式首先考虑的是如何进行语言技能的训练，然后按照语言技能训练的要求组织和编排教学内容。其最初的形式可以概括为"一套三本（也有一套四本的）、三门课、四种技能分摊训练"。"一套三本"是指教材是一套有"共核"的三本书，包括读写、听力、说话三种单项专用教科书；"三门课"是读写、听力、说话课（按语言技能划分课型）；四种技能分摊在三门课中。这种教学模式可以说一直延续到今天，仍然占主导地位，尽管 21 世纪开始后出现了一些变化。教学模式见下图（图 6 - 2）。

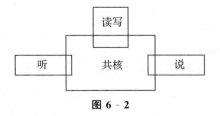

图 6 - 2

图 6 - 2 后来有了许多变式，但都是以"分"为主，即按语言技能分设课

程。由于三种教材和四项技能训练要相互配合和衔接（如词汇和语法点，哪些是共有的，哪些是独有的或可以扩展的），于是"共核"变得尤其重要，最后"精读课"或称"综合课"被确定为核心，"精读课的教学内容被假定为整个单元的共核"。按语言技能划分课型、设置课程的主要理由是：第一，不同的语言技能要通过不同的方法来训练。听、说、读、写是四种不同的语言技能，习得方法也不同。过去的精读课虽然要求对听、说、读、写进行全面训练，但在实际教学中不是同时训练四种技能。第二，精读课的训练方式实际上是口语和书面语不分。这种教学模式把语言交际技能的培养设定为自己的教学目标。

吴勇毅、徐子亮曾从交际双方在实际交际过程中的角色（既是信息的发出者也是信息的接收者）来讨论技能的不可分割性，并对这种教学模式提出过不同的看法。崔永华也认为，这种教学模式有三个方面的不足：

一是这种模式不利于学习者对语言项目的掌握。教学设计者希望每个单元都以精读课的内容为共核，其他课程在对精读课的内容进行复练和巩固的基础上，发展分技能。但是迄今为止，还没有出现能够很好地体现共核的教材。特别是现在，除了个别学校固定使用完整的系列教材，多数学校都是多种教材搭配使用，各课型包含的内容差异越来越大，已背离了模式设计者的初衷。二是按技能分课型未必是学习语言技能的最佳途径。三是现行模式的最大弱点是它对近些年来语言学、教育学、心理学，包括对外汉语研究的新成果反映甚微。

二、汉语作为第二语言/外语教学模式的发展

进入 21 世纪以来，汉语作为第二语言/外语教学模式有了新的发展。有的教学模式比较成熟，已经在推广使用；有的还在摸索尝试之中；还有的只是提出了理论框架，期待实践检验。这当中有几个模式值得我们关注。

（一）词汇集中强化教学模式

陈贤纯认为，目前的汉语教学中初级阶段的语音教学基本上是成功的，而最成功的是句型教学，但句型阶段以后的路子走错了。基本句型以后的教学重点应该转移到词汇上去，而词汇量不足是学生在汉语交际时遇到的最大困难。目前"以课文为核心的方法不可能迅速扩大词汇量""精读课的错误在于它太倾向于把语言知识作为陈述性知识来传授"。他主张取消精读课，把中级阶段的教学任务确定为词语的集中强化教学，目标定在两万词语（初、中级阶段的两个学年），把这两万词语按照语义场进行分类，分三个循环进行集中强化，按词语的出现频率分配到一至三个循环里。每一个循环里，一个语义场（250 个词语）为一课，一课学一个星期，共二十周。

教师在教学过程中要通过各种手段来强化学生的词汇记忆，比如，学生强化记忆时要听录音，教师要利用构词法以及对比、联想、连接等方法帮助学生记忆，再通过语境强化等方式来巩固学生的记忆，等等。其设计如下表（表 6 - 1）。

按照这个设计，教材编写要先做词表再选课文，课文必须重现词表上的词语，而且要多次重现。这跟目前教材编写的做法"整个儿颠倒了"（其实这是非常难操作的）。这个模式被称为"词汇集中强化教学模式"，《汉语强化教程》体现了这一思路，它是一个以强调语言要素（词汇）学习为核心的模式。

表 6 - 1

初级阶段	语音句型强化	教学时间：一个学期（约 2000 词语）	
		总目标 18000 词语	
		第一循环	目标：5000 词语 教学时间：一个学期
			第一课　第一个语义场　目标：250 词 教学步骤： 1. 强记词表：再认—练习—回忆—练习（包括默写） 2. 进入语境：单句听读信息，在语境中训练—再认—提取 3. 表达：运用说写信息，在语境中练习—回忆—提取 4. 总结：再次做词表，再认与回忆、练习
			第二课　第二个语义场　目标：250 词，教学步骤同上
			第三课　第三个语义场　目标：250 词，教学步骤同上
		第二循环	目标：6000 词语 教学时间：一个学期
		第三循环	目标：7000 词语 教学时间：一个学期
高级阶段		各种专门目的的训练（略）	

（二）"口笔语分科，精泛读并举"模式

鲁健骥针对分技能教学模式的不足，提出了一个改进模式，称为"口笔语分科，精泛读并举"。所谓"口笔语分科"是把综合技能课分为"口语"和"笔语"两门课，进行重新设计，"口语课以功能为纲，包括外国学生在中国生活的主要话题，可考虑有两个循环：第一个循环用一个学期的时间，解决最基本的日常会话；第二学期上升一个循环。口语课还承担语音教学、口语句式、交际文化项目的教学任务。第一年口语课始终都是通过对话体的课文进行教学，因此应该进行语篇中对话规律的训练，如开头、结尾、话轮交替、打断、插话、转换话题等。当然也要包括得体性的训练。笔语课则侧重于汉语书面语的教学，大致可以说，在语言技能上，是对读写能力的训练，特别是读的能力；在语言知识上，则以语法为重点，进行词法、句法、语义、语用的教学。强调'字'的教学，包括汉字的书写和认读，要尽量使学生掌握汉字的规律，理解汉字的理据；在语法的范围里，'字'的教学则体现在语素教学之中。课文的形式和内容都从口语的'共核'开始，逐步发展到书面语，再到带有较多文言成分的现代文的阅读。在写作方面，在大学一年级应以应用文为主，以后发展到说明文和论述文，直至论文的写作。即使在初级阶段，也应该有语篇的教学，这一阶段主要是有意识地教授衔接与连贯规则。与以上两门课配合的课有听力课（和现在的模式一样，听力训练仍要占据突出的地位），第二学期再加上泛读课。'精泛读并举'是从第二学期开始的。笔语课发展为精读，语法开始第二个循环，要增加语篇、语体、风格、修辞等方面的训练。泛读要落实，要先编出泛读材料再开课。到了中级，还要加上报刊阅读、文言文阅读、快速阅读等课程，同时要根据教学对象的情况开设语言学特别是汉语语言学基础课程、文学课程等，语言课要和这些知识课配合，为其打好语言基础"。这个改进了的分技能模式，突出了"泛读"的作用，强调"话语"（discourse，口语）和"篇章"（text，笔语）规律的教学，"字"的教学有所加强。

另外，杨惠元提出要改革以精读课/综合课为主的教学模式，其思路是"从听入手，在一年内给学生输入一万个汉语词汇，解决学生的日常交际问题，使其达到'最低职业技能'水平"。设计的课程配比是 3∶2∶1，即每天"听力课三节：语音课两节：会话课一节（第 1 周）""听力课三节：汉字课两节：会话课一节（第 2 至 10 周）""听力课三节：读写课两节：会话课一节（第 11 周以后）"。这是一种立足于语言输入、强调听力技能训练的做法。

（三）"语文分开，语文分进"模式

传统的对外汉语教学模式在处理口语与书面语的关系上，虽有过多种尝试，但"语文一体""语文并进"最终成为主流。张朋朋对"语文一体""语文并进"的解释是："语文一体"是指在教材编写上语言材料用文字来书写。"语文并进"是指在教学方式上一边教"语言"，一边教"文字"，"语"和"文"同步进行。这种教学模式不区分"汉语"和"汉字"，认为"汉字"包含在"汉语"之中。而他认为"语"和"文"是相对独立的，"语言能力"和"文字能力"是相对独立的，"语言单位"和"文字单位"是相对独立的。因此，依据不同的教学理念，他提出了"语文分开，语文分进"的教学模式。所谓"语文分开"，是指在教材编写上把"语言"和"文字"分开，编写专门教语言的教材和专门教文字的教材。而"语文分进"是指"语言教学"和"文字教学"分开进行，分别使用不同的教学方法教授各自的内容。跟不少中外学者的意见一致，张朋朋强调，汉语（"语"）和中文教学（"文"）不适合采用"语文一体"的方式，原因是汉字不是拼音文字，使用"语文一体"的教材，非拼音的汉字起不到英文的作用。"语文一体"的结果使"汉语"和"汉字"教学相互阻碍，既不利于"语"的教学，又不利于"文"的教学。

"语文分开，语文分进"模式在课程设置上，首先是分为"汉语课"（培养语言听说能力）和"中文课"（培养文字读写能力）；时间分配上，初期"汉语课"时间多、"中文课"时间少，后期逐渐过渡到"汉语课"时间少、"中文课"时间多。"中文课"又分"写字课"（字形教学）和"识字课"（阅读写作教学），先教写字，后教识字。在教材编写上，"汉语课"的教材用汉语拼音书写，以拼音辅助发音，按照由听到说、先听后说的步骤，大量进行听说"句子"的练习，培养听说能力，配套的教材是《口语速成》。"写字课"主要是"字形教学"，教汉字的结构和构件的组合系统，使学生获得分析和摹写汉字字形的能力，配套的教材有《常用汉字部首》《部首三字经》。"识字课"主要是进行阅读和写作教学，对于识字教学，张朋朋认为应借鉴中国传统的行之有效的识字教学法，让学生多识字，在识字的基础上讲"构词法"，通过"以字构词"的方式快速提高学生的中文阅读能力，《集中识字》是其配套教材。

在阅读的基础上进行写作教学，从抄写句子到抄写课文，逐渐过渡到写文章。由于"语""文"松绑，可以使其学习相互促进。"先语后文""语文分离"的尝试在国内外已有不少实践，设计的模式和做法也各有不同，尤其是在欧美，尽管争议仍然很大。这种思路的教学模式大致可概括如下图（图6-3）。

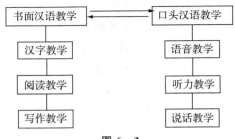

图 6 - 3

（四）"基于任务"的教学模式

近年来，另一种"基于任务"的教学模式已成为汉语教学界不少学者探索的热点。马箭飞构建了一个以"交际任务"为基础的汉语短期教学新模式。在研制交际任务大纲的基础上，他提出了课程设计："此类教学模式的课程应为一个以不同类别、不同等级的交际任务为主课，以语音、汉字、语法等为辅课，以各种文化知识讲座为补充而组成的课程体系。"这是一个三大块课程的组合。另外，他还提出了主课的课堂教学设计。其他一些学者也在尝试建立不同的"基于任务"的教学模式。吴勇毅提出，在教材编写和课堂教学时，不再像以往那样，分成课文和练习两大板块，而是以任务统领全课的活动，形成一个任务链，"课文"已不是传统意义上的（学习）"样板"（model），而是任务链中的一环，"学生在执行或完成这些任务的过程中接触语言、学习语言和使用语言"。汉语是完成任务的工具，可以采用听、说、读、写等不同的方式去完成任务。这类任务类似真实世界（学习、生活、工作）的活动，是学生在学校或进入社会很可能要做的事，材料也完全是真实的（如来自生活、报刊、广播、影视等），有多种语言技能的参与。它以集体/小组活动为主，也有个人独立完成的事情。活动中有信息差（information gap）、意见差（opinion gap）和推理差（reasoning gap），任务完成后有一个结果（outcome）。

除了上述这些教学模式，国内汉语教学界值得注意的还有"汉语语感培养教学模式"等。

（五）美国的 AP 中文模式

这是一个汉语作为外语的教学模式，教学对象是美国的高中学生。美国的 AP 中文可以概括为"一二三四五"，即：一个大学先修课程项目（An Advanced Placement Program）；两项内容——AP 中文语言与文化课程（AP Chinese Language and Culture Course）、AP 中文语言与文化考试（AP Chinese Language and Culture Exam）；三种交际/沟通模式（Three

Communicative Modes)——人际交流模式（Interpersonal Mode）、理解诠释模式（Interpretive Mode）、表达演示模式（Presentational Mode）；四项语言技能（Four Language Skills）——听、说、读、写；五大教学目标（Five Goals）——交际/沟通（Communication）、文化（Cultures）、贯连（Connections）、比较（Comparisons）、社区（Communities），简称5C。曾妙芬把5C诠释为：学生必须具备运用中文沟通的能力、认识中国多元文化、贯连其他科目、比较语言文化之特性并将其应用于国内及国际多元化社会中。5C中，"交际/沟通"是核心，而人际交流、理解诠释和表达演示又是核心中的核心，"交际/沟通"是通过这三种交际模式来实现的。AP中文不是把听、说、读、写按不同技能分成不同的课型来分别培养，而是综合的。但跟以往不同，它们是在第一个C下，被三种交际模式重新组合了：听、读（理解诠释模式），说、写（表达演示模式），听、说、读、写（人际交流模式）。

教学模式见下图（图6-4）。

图6-4（引自 NAEP）

AP中文是一种新的汉语作为外语的教学模式，是为高中学生学习汉语而设计的。它是交际法/交际语言教学理论的一种具体运用。跟 AP 中文教学相匹配的还有 AP 中文考试。

影响汉语作为第二语言/外语教学模式形成的因素很多，如汉语自身的特点（句法、词汇、汉字等）、教学的环境（汉语作为二语还是作为外语等）、教学的对象（孩子、成人等）、教学的目标、教学的时间等，而更重要的是语言观和语言学习观，在不同的语言观和语言学习观下会形成不同的教学模式。而我们评价一种语言教学模式的优劣，不仅要看它能否实现具体的教学目标，能否培养学习者的汉语能力和汉语交际能力，而且要看它能否提高学习者的学习能力，让他们掌握学习方法，使他们成为终身的汉语学习者。

第三节　汉语课堂教学模式

　　汉语作为第二语言/外语教学模式主要涉及汉语教学的设计层面，而课堂教学模式更多涉及操作层面。课堂教学模式展现了一个完整的教学过程及教学结构，包括可供实施的教学程序和步骤、教学方法和策略以及教学活动的组织等，它要考虑如何处理师生之间的关系，如何处理教学活动与教材之间的关系，如何配置教学资源，等等。它是一种具体的"标准形式"，具有程序化的特点，是大家可以照着做的。本节我们介绍几种课堂教学模式（课堂教学模式和教材编写模式有很大的关联性），但不是面面俱到。这些模式有的比较传统，但容易上手操作；有的比较新颖，但需要教师去细心体会和把握。

一、综合课教学模式

　　3P 或 PPP 模式是目前第二语言/外语教学也是汉语教学采用最多、最普遍的课堂教学模式。所谓的 3P 是指 Presentation（展示）、Practice（练习）、Production（表达/产出）。它是一个课堂教学的结构，包括教学的内容、方式和程序（阶段）。Willis 等把 3P 的过程概述为：展示——教师突出展示某个特定的语言形式，为了体现其意义，展示的时候在一定程度上是结合语境的。教师鼓励学生在教师的严格控制下说出该语言形式，直至比较熟练。练习——教师开始放松控制，通过让学生互相提问，或者利用图片，来引导学生说出相应的语言形式。表达——当教师确信学生可以说出该形式以后，教学便进入表达阶段，或叫自由阶段。这一阶段常常采用角色扮演、讨论、解决问题等活动形式，而这些活动往往都是需要采用该语言形式的。这一阶段很重要的一点是学生不再置于教师的严格控制之下。这一阶段的焦点在于语言运用，教师鼓励学生在一定语境中进行意义协商，该语境要求使用相应的语言形式。

　　展示阶段是从形式到意义，即先给出语言形式，但最好结合一定的语境进行展示，不要孤零零地给出一个句型；展示后进行的是机械练习，如替换练习等。此时教师要严格控制，尽可能不让学生出错，学生对语言形式的掌握要尽可能做到熟练，最高境界是能脱口而出。在机械练习的基础上，教师开始减少控制，可以给出一些特定的、规定的语境"逼"学生说出（使用）所学的语言形式，练习多为半机械的。在自由阶段，教学活动的形式大都是集体的，这样容易使"交际真实化"；在活动中有信息差、意见差和推理差等，才会有所谓的意义协商和比较真实的语言运用。由于这个阶段的语言活动大都是以意义为中心的交流和互动，学生会不会使用所学的语言形式并不受控制（别忘了，表达同一意思的语言形式可以是多样的），因此教师对活动内容和语境的选择一定要考虑能确保学生使用所学的语言形式，以防其"天马行空"。

显然这个模式是以教师为核心的，教师控制着整个教学过程，因此对教师来说比较容易上手操作。"教师教—学生练—学生用"三个阶段非常清晰明了。3P 模式可用于一个语法点/语言点的教学，也可以作为整个综合课的教学模式，因为综合课的任务之一就是句型、语法点、语言点的教学。综合课教材的编写，大都由课文、生词、语法、注释、练习几个部分组成，教学环节可以是"生词—语法—课文—练习"，也可以是"生词—课文—语法—练习"。吴中伟等把综合课的"展示—练习—表达"（大 3P）的教学过程大致概括如下：

A. 生词教学：展示生词—练习生词

B. 语法教学：展示语法—练习语法—表达

C. 课文教学：展示课文—练习课文—表达

D. 练习甲：单项练习

E. 练习乙：综合练习

其中 A、B、C 大致是展示阶段，D 是练习阶段，E 是表达阶段，但在每个阶段内部又可以包含 3P（小 3P）。他们举了一个"情态补语"（语法）教学的例子：

A. 展示

a. 结合课文，或者结合语境导出情态补语句（如"他跑得很快""他来得很早""他骑自行车骑得很快"等）。

b. 让学生把课文里含有情态补语的句子找出来。

c. 概括情态补语的三种格式。

d. 讲解情态补语的意义。

e. 强调在使用情态补语时需要注意的几点。

B. 练习

a. 完成句子，如：他说汉语说得_____。/他跳舞跳得_____。

b. 连词成句。

c. 看图说话，要求对图片中的行为做出评价或描述。

d. 改错，如：他每天睡觉得很晚。

练习的方式可以是多种多样的。

C. 表达

如：请用情态补语句描述你的一个朋友。

3P 基本上是一个以语言形式为核心的课堂教学模式，在课堂教学中，教师的注意力主要集中在学生对语言形式的掌握上，而非表达的意义和内容上，为此吴中伟等提出可以在"展示"和"表达"阶段引入任务以加强活动的真实性和交际性，改进 3P 模式。

另一种与 PPP 模式相对的是 PACE 模式，即 Presentation（展示）、Attention（注意）、Co-construction（共建）、Extension（扩展）。这是一个先让学生通过情境关注意义/内容，再到形式构建的模式。

二、听力课教学模式

（一）听后理解

通常听力课采用的教学模式都是"听后理解"，也就是说教师先通过录音或朗读等方式展示语言材料，语言材料可以是句子、对话、短文等，然后学生根据自己听后的理解完成不同的练习，包括判断正误、选择正确的答案、填空、回答问题等。如：

（1）我想去办个信用卡，今天下午你有时间吗？陪我去一趟银行？（录音）

他打算下午去银行。（√）

（《新汉语水平考试模拟试题集》（四级），北京语言大学出版社，2010）

（2）从我看到她的第一眼，我就坠入爱河了。问：通过这句话，我们可以知道什么？（录音）

A. 他掉到河里了

B. 他爱上别人了（√）

C. 他很喜欢游泳

D. 他教了一个人

［《HSK（初、中等）真题及分析》，北京语言大学出版社，2006］

一般来说，展示语言材料可以放一两遍录音，等学生做好练习，可再放一遍让学生核对一下答案（考试时情况不同）。"听后理解"的目的是帮助学生逐步提高对语言材料（词语、句式、句子和段落意义）的理解能力，最终形成语感，也"训练或培养学生的预测、选择、联想、猜测、推断等理解能力"。采用这种模式教学，有时学生会因为某个词语不懂或缺乏背景知识和语境支撑而在听的过程中"卡壳"，无法对输入的信息根据自己的"已知"在大脑中进行有效的分析、整合、匹配、推测等，进而完成解码，于是有学者就提出在听力教学中应该注意引导学生利用、调用大脑中已有的旧知（已理解的、先理解的）去帮助理解所听材料（未理解的）。学生在听之前先建立起与当下语料相关的背景知识，会有助于克服听力障碍。

（二）理解后听

与"听后理解"相对的是"理解后听"的教学模式，即教师先给学生展示、讲解一段新语料（重点在"形式—意义"的匹配），让学生在理解语料意义的基础上，仔细听辨此种"形式—意义"的匹配是通过怎样一种声学层次上的定式传递的。换句话说，就是让学生头脑中已建立起的"形式—意义"的匹配再和汉语的语音匹配起来，建立起学生关于汉语的声音感应和定式。课堂上学生的主要活动方式是"理解—听—内化—形成定式"，通过这种方式逐步提高学生的听力水平。"理解后听"的教学分成四个步骤：

1. 展示、观察、理解

教师通过多媒体技术或板书向学生展示语料及语料的结构形式，使学生观察、理解所展示的语料和结构形式，体会这些形式是如何传达某种意义的，此时学生的注意力集中于语言形式和意义的匹配上。

2. 听觉输入

此阶段主要引导学生听辨某种意义是如何在语流中运用和表达的，注意声调、语调、重音、停顿、语气等声学层次上的因素。

3. 反复操练

学生有机会反复操练他们在前一阶段所观察到的和所理解的语言形式。对此可进行正常语速输入/非正常语速输入、标准音输入/非标准音输入、男音输入/女音输入、老人音输入/儿童音输入、杂音相伴输入/无杂音相伴输入等。这一阶段学生将进一步体会在不同的语调、语速以及杂音相伴的情况下如何通过语段范式来理解规约意义，充分发挥学生的认知主体作用。

4. 语段框架负载新信息，边听边理解

在这个阶段，向学生输入已掌握的语言形式所负载的新信息，使学生有机会对所掌握的语言形式和节奏感加以证实和运用。如框架"_____对_____着迷，_____从_____的时候，就开始_____了"可以负载的新信息如下："我对唱歌很着迷，我从小学的时候，就开始唱歌了""李先生对喝酒很着迷，他从大学的时候，就开始喝啤酒了"，让学生进行听辨。

采用这种"理解后听"的教学模式，从训练的角度来看可能比较有效，但在某种程度上与真实的交际过程不够吻合，这是我们要注意的。

三、口语课教学模式

语音训练是口语课最基本的任务，它"不仅要让学生掌握词语的声、韵、调，还要掌握音变、轻重音、儿化及韵律，否则语言生硬，或洋腔洋调"（孙雁雁）。针对汉语学习者在语流中容易出错的情况，孙雁雁提出基于多媒体初级口语课堂的教学模式：把多媒体引入口语课堂，在传统方法的基础上，配合虚拟场景，把不同音质、音长、音强、音高的发音都在情景句中充分展示给学生，使学生视觉与听觉共用，扩大学生句子发音学习范围，帮助学生理解不同音高、音长、音强所包含的不同意义，最后由学生自己的发音器官将不同的句子表达出来。其教学步骤举例如下：

（1）给出所要学习的句子的发音，如"在右边的第四个房间"。首次给出的读音没有任何主观感情，也没有任何句重音。

（2）等学生大都能准确地说出后，开始进入不同场景进行不同句重音、不同语速的练习。先将场景设在居住区，借助 Flash 交代主人公小王及其邻居们，然后向小王的邻居们打听小王的住址。第一个邻居正急匆匆地走着，似乎有急事，他的回答很快，每个字都像快速落下的雨滴；第二个邻居是楼长，他对每个住户的情况都了如指掌，而且他觉得回答这样的问题是他分内的责任，因此他答得清楚、干脆，"右""四"这两个字发音加重；第三个邻居是个退休老人，刚提着鸟笼悠闲地走出家门，他的回答很有耐心、很清楚，"右""四"这两个字发音加重，尾音拖长；第四个邻居刚搬来没多久，还不是很确定，但很热心，他边想边说，速度较慢，除"右""四"这两个字发音加重外，句尾音上扬。

（3）同一个句子，给出四种不同的发音，并经过一定量的师生互动集体操练后，再通过设备给学生提供单独消化的机会。学生可以随时自己录音并与课件发音进行对照，也可以替代录音中的不同邻居进行模拟会话练习。在这一过程中教师要对学生的发音进行监听，并在与学生的一对一互动中及时个别纠正。

（4）进行课堂分组实际操练，使学生在互动中自如地控制发音器官，自如地选择相应的句子发音。在以上师生集体互动、师生一对一互动、生生互动等多种互动过程中，学生不是在机械地模仿练习，而是通过不同的场景理解不同的句子发音并将自己融入其中，替换场景中的不同角色进行虚拟的交际，在有意义的一次次虚拟交际中掌握不同句子的发音，从而逐渐获得汉语的语音感觉，最终达到在语境中正确自如发音的目的。

这个任务类似真实世界的活动，是学生离开学校进入社会很可能要做的事（或是作为求职应聘者，或是作为招聘录用单位），材料也完全是真实的，来自报纸，有多种语言技能的参与，但主要是口头交际和表达。它以集体/小组活动为主，也可以有个人独立完成的事情。活动中有信息差、意见差和推理差，任务完成后有一个结果（outcome），即要做出一个录用决定。

四、以"交际任务"为基础的短期教学的课堂模式

马箭飞在编写交际任务大纲的基础上，提出了以交际任务为基础的课堂教学模式，下面以交际任务项目"了解或说明某旅行安排"为例，介绍这一模式的操作步骤。

（1）准备活动

明确任务目标——了解旅行安排

猜测该项任务可能涉及的范围——旅行线路、价格、景点、时间等

激活自己与该项任务有关的经验——曾参加过的一次旅行

（2）概括性活动

提出或找出大意——该旅行安排的基本内容

厘清程序——旅行安排涉及的各项内容的顺序

提出或找出各程序的结论或小结性论述——旅行安排中各项内容的大意

（3）细节性活动

确定专项信息——该旅行经过的每个地点

信息分类与组合——旅行中吃、住、行等的具体价格

产生结果——完成一份旅行计划表

（4）语言性活动

找出语体特征——广播旅行广告或旅行布告

句法特征——将来发生的动作行为的表示方法

词汇特征——表示饭店设施的类义词、表示景点的形容词等

（5）结尾活动

做决定——参加旅行或放弃旅行

对提出的问题进行讨论或辩论——旅行价格过高

表演与复述——复述该旅行安排的主要内容

扩展到其他任务——向朋友推销该旅行，说服朋友参加

对任务的进一步探索——讨论旅行的好处

马箭飞强调，根据交际活动或交际任务类型的不同，完成课堂交际活动的步骤也是不同的，进行课堂活动时不要强求一致。

五、远程教学模式

现代科学技术的发展，尤其是通信技术的突飞猛进，使我们可以打破时空的限制，超越时空进行远距离汉语教学。郑艳群、黄荣荣介绍了日本早稻田大学开发的"Tutorial 汉语远程教学模式"（Tutorial Chinese Distance Instruction，简称"TCDI 模式"），它是一种结合传统课堂的远距离课堂教学模式。

这个模式的课堂形态一般是一名教师加上 4—5 名学生，进行小班化"异地、同步、实时"的口语教学。师生分处两地，如教师在北京，学生在日本，通过网络及视频设备——因特网以及网络可视交流系统实施教学。课后，师生在网上交流、互动（如学生提交作业、提问，教师批阅作业、解答问题，等等），网站内部设立的电子公告栏（BBS）和 e-mail 也是师生交流的园地。参加课程的学生一般有一定的发音和词汇量的基础。上课时，教师与学生在屏幕上可以实时地看到对方的影像并自由地交谈。

TCDI 是口语强化课程，对教学的要求是：教师必须是以汉语为母语的人，而且课堂上只能使用汉语；上课时不能依赖教材，教师要用启发、推想和引导等教学方法完成语言交际任务；以完成交际任务为主，不计较语音、语法等小问题。

TCDI 模式以培养和提高学习者的汉语口语交际能力为主要教学目标，使用以话题为纲编写的教材《Tutorial 汉语课本》，课本按照社会生活（交际任务）分为 22 个主话题（教学内容），每个话题一课，包括自我介绍、兴趣爱好、打工、气候、风俗文化、居住、穿着、旅游、购物、饮食、大学生活、暑假的回忆、我的理想、体育运动、出事、手机、养宠物、医疗卫生、政治、经济、国际关系、新闻与媒体。上课前，教师必须将每课的主话题预先进行细化，设置出适合学习者水平的、匹配教学时间和进度的子话题。比如，话题"饮食"，教师在实际教学中设置并使用了四个子话题和一个交际任务：

（1）你一般会在什么地方吃饭？

（2）比较食堂、餐馆和在家吃饭的不同。

（3）中国菜和日本菜有什么不同？

（4）在你们国家的饭桌上有什么讲究？

（5）交际任务：使用给定的关键词表演一次请客吃饭（附近，点，请客，正宗，喝，结账，服务员，饮料，菜单）。四个子话题逐个递推，难度也逐渐加大，而学习者会顺着教师所设置的"梯子"，一步一步地深化自己的汉语表达。由于是小班，教师可以结合话题充分进行个别化教学；又由于是在类似于面对面课堂的环境中进行教学，练习方式也可以多种多样，如看图说话、看图听话并复述、话题接龙、话题表演、连词成段、自由讨论、分组对话等。TCDI 模式将传统课堂教学与远程教学的特点融为一体。由于 TCDI 是远程教学，它容易使师生产生"由物理上的距离感导致的心理距离感，由技术原因导致的反应延迟感"，这些都对教师组织、掌控远距离课堂的能力、临场应变的能力、创设语言环境的能力等提出了很高的要求，而网络环境、教学（媒体）设备又是实施教学所必需的外部保障条件。

六、合作教学模式

合作学习理论于 20 世纪 70 年代初起源于美国，提倡学生之间的相互交流与合作，有助于在学生之间建立一种互助合作的人际关系，从而促进学生学习，提高学习效率。它是一种教学理论和策略体系，也是一种学习方式，在改善课堂教学气氛、提高学生的学业成绩、促进学生非智力品质的发展等方面成效显著。

（1）合作学习模式是实现对外汉语课堂语言互通的有效途径。以 2015 年义乌工商学院的留学生为例，春秋两个学期留学生的国别总数分别超过六十个。留学生的语言背景包括阿拉伯语、土库曼斯坦语、法语、西班牙语、俄语等多种语言。据调查统计，这些留学生中，英语基础扎实的留学生仅占三成，其余的留学生尤其是阿拉伯国家、中亚国家的留学生，其英语基础几乎为零。在零起点的教学中，教师不可避免地需要使用英语这一媒介语对汉语知识点进行解释，学院现有的对外汉语教师所掌握的第二外语仍以英语为主。合作学习模式的应用，可以有效地解决不同语言背景的留学生之间的沟通问题，实现课堂教学的语言互通。

（2）合作学习模式是提高留学生学习积极性、增加课堂信息交流量、丰富课堂教学内容的重要方式，对发展对外汉语教学相关理论有一定的学术意义。在汉语作为第二语言的教学中，以最快、最优的方案帮助留学生掌握汉语，是对外汉语教学的必然要求。

（3）合作学习模式是规避对外汉语课堂文化冲突、促进多元文化交融、加强留学生的跨文化交流的有力尝试。在来华留学生的汉语课堂中，每个人都带着自己的文化符号参与其中。合作学习模式的应用，给留学生创造了更多的沟通机会。

（4）合作学习模式是增进教师与留学生、留学生与留学生之间感情的有效途径。加强与任课教师的合作，有助于协调各课型的进度，提高难点、重点的复现率，帮助留学生更好地掌握知识点。加强留学生之间的合作，有助于增进留学生之间的感情，便于高校与留学生建立长久联系机制，充分发挥校友的作用，稳固"以老带新"的招生方法，扩大学校影响力。

（5）合作学习模式是加强高校与地方联系、提升高校服务地方的水平的有效方式。组织留学生走进市场、展会、农村、社区等，通过加强高校与地方的联系，并增设校外实践基地，增进学生对地方的了解。

第四节　教学模式的构建与选用

教学模式的构建大致可以通过两条途径（或者说两种方式）来实现：归纳和演绎。通过演绎的途径形成教学模式，就是先依据某种教育教学理论或学习理论提出假设，进行推演，设计/构建出教学模式，提出操作程序和教学策略，然后经过反复实验（即教学实践）去证实其有效性和合理性，并根据实验的结果去进一步完善所构建的模式，乃至修正其理论。在建构主义（Constructivism）学习理论（人与周围环境进行互动及相互作用，不断同化、顺应使其认知结构和能力获得发展）和教学理论基础上构建起来的教学模式——"以学生为中心，在整个教学过程中由教师起组织者、指导者、帮助者和促进者的作用，利用情境、协作、会话等学习环境要素充分发挥学生的主动性、积极性和首创精神，最终达到使学生有效地实现对当前所学知识的意义建构的目的"，就是通过演绎途径建立起来的，如支架式教学（Scaffolding Instruction）、抛锚式教学（Anchored Instruction）等。通过归纳的途径形成教学模式，就是以教学实践为基础，从成熟的教学经验中总结、提炼而成的教学程式，也有人称之为"套路"，若进一步提升则可能形成教学理论。我们以任务型语言教学为例。之前我们已经介绍过，任务型语言教学始于英籍印度语言学家珀拉胡在印度班加罗尔地区所进行的教改实验。尽管珀拉胡的教改实验源于交际教学思想，但它以任务为核心形成的独特的教学模式是在教学实践中逐步构建起来的，是另一种教学路子（approach）。吴勇毅认为，尽管我们可以把任务型语言教学视为交际语言教学的一种，但事实上，两者存在许多差异。他还具体阐述了两者的不同之处。魏永红从语言学基础（系统功能语言学）、学习论基础（皮亚杰的认知发展论、布鲁纳的发现学习论、奥苏贝尔的意义学习论、社会建构主义学习理论）、教学论基础（活动理论）三个方面阐释了任务型语言教学的理论基础，这可视为对这一教学模式的概括和理论提升。

要构建一个完整的教学模式就必须弄清楚其基本的结构要素有哪些，这些要素彼此之间的相互关系如何，不管你是采用"四要素说""五要素说"还是"六要素说"。需要强调的是，教学模式的构建是为了更有效地实现教学目标，达到教学目的，因此在构建方式上要有自己的创造性，也就是说它有没有实现教学目标的独特途径，这也是一个教学模式能否确立并且区别于其他教学模式的关键。另外，侧重点各异，构建的教学模式也会不同，教学理论不同、教学目标不同、教学对象不同、教学类型不同、教学范围不同、教学时间不同，都是可能导致教学模式不同的潜在的影响因素。

一个教学模式无论以何种方式、通过何种途径形成，最终必然要在课堂上加以实施，在实施过程中（教学过程），教师、学生、教学内容（教材）、媒体手段和教学环境之间会依据模式的设计产生不同形式的互动（不同的教学模式有不同的特点），在互动和相互作用中实现教学目标。

吴勇毅指出，要形成一种汉语作为第二语言或者汉语作为外语的教学模式，必然会涉及以下五个问题：设定什么教学目标/学习目标来培养何种能力（语言能力、交际能力、跨文化交际能力）？在教学中，如何处理语言和文化的关系？在教学中，怎么解决语言和文字的关系？在教学中，如何解决语言知识传授和语言技能训练的矛盾，包括知识传授的核心和技能训练的重点？在教学中，怎么解决课型设置与技能训练的配合问题？我们认为还应该增加一点，即采用什么样的教学程序和策略进行教学？无论是教学模式的改革还是创新，都必然会在上述问题中寻求突破点。

对于大多数一线教师，尤其是那些刚入门的新手来说，自己构建一个教学模式也许不太现实，或许时机还不太成熟，那么更重要的就是选择和运用已有的教学模式。郝志军、徐继存从教育学的角度建议，我们应该根据教学目标选择或运用教学模式，根据教学内容的性质选择或运用教学模式，根据学生的年龄特征和知识、智力水平选择或运用教学模式，根据教师自身特点来选择教学模式，根据教学的物质条件选择或运用教学模式。从汉语作为第二语言/外语教学的角度来看，我们认为还应增加一点，即根据学习者的母语和文化背景来选择教学模式。邱军讨论了汉语教学环境与教学模式的关联性以及环境对教学模式的制约作用，把教学环境分为四种类型，对我们选择教学模式具有很高的参考价值（图 6 - 5）：

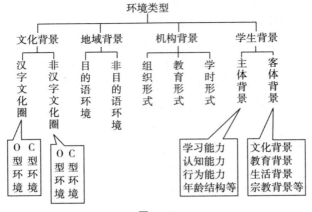

图 6‑5

教学模式具有程式化的特点，如有相对固定的操作程序等，它容易使教师的教学都按照一个"套路"走，可以起到规范教学的作用。但与此同时，它又"企图把教师的思想和行为统摄在一定的程式里，这容易使教学模式限制教师的视野，扼杀创造精神"。刻板地固守某种教学模式，而不根据教学环境的变化加以变通，就会把教学框死，让教学失去活力和创造性，使得原本千变万化、生机勃勃的课堂变得枯燥乏味。这里就有一个所谓程序化与反程序化的问题，反程序化的核心是教师应该根据课堂教学的实际情况，不墨守成规，灵活并且创造性地运用既定的教学模式，在运用过程中充分发挥自己的主观能动性，根据自身的特点，形成运用同一模式的不同风格，同时能发现模式中的不足，尽量弥补。

第七章 课堂教学的基本方法

第一节 课堂教学的准备

课堂教学是班级教学的基本形式。课堂教学的效果和质量直接影响班级学习者知识和技能水平的提高，而要充分发挥课堂教学的作用，教师认真和周详地进行备课相当关键。备课首先要分析教学任务，确定学习者从起点达到目标要走的路程和途径，然后才能考虑完成教学任务所需要设计的有效教学技术，以及所需要采取的方法、措施等。

确定教学任务，我们先要了解和掌握以下一些情况。

一、对学习者先前学习过的知识的了解

学习者学习新知识和新技能有个起点的问题。教学起点低于学习者的水平，会使学习者厌烦而失去兴趣；教学起点高于学习者的水平，会使学习者畏难而失去信心。实际上即使同一班级、同一水平的学习者也会有某些层次上的差距，教学取个折中点，还是很必要的。因而了解学习者先前学过的知识是教师备课的第一步。

对外汉语教学要了解的内容应包括：

（一）一般的文化程度和文化常识

学习者的文化程度不同，他们所具备的文化知识也就不一样，这跟学习外语关系甚大。任何一种语言都包含许多文化因素，学习者的文化知识丰富，理解和接受他国文化也比较容易；文化知识少，理解和接受包含在外语中的文化因素也比较困难。这一点，对外汉语教师千万不要忽视。

（二）目的语语言基础知识

零起点的学习者的目的语知识是一张白纸，教师可以随意描画。对目的语有一点或一定基础的学习者，教师则要从语音（拼读上的熟练情况和声调的准确度）、文字（书写的量、能辨认的量、会默写的量）、词语（词语的

量）、语法（哪些语法点）等方面入手仔细摸底。

（三）目的语听、说、读、写四种技能的掌握程度

由于个体差异，学习者在听、说、读、写四种技能上的发展是不平衡的。有的听说能力高于读写能力，有的读写能力高于听说能力，当然也有全面发展的。教学放在哪个起点，是偏中间略高，还是偏中间略低，这对于担任不同课型的教师来说，尤为重要。

二、对学习者理解能力和接受能力的把握

一项新的教学内容，学习者自己能看懂多少，教师要讲多少，练习要安排多少，总共需要花多少时间，采用何种教法，其中的比例、容量以及时间的分配，等等，都必须建立在对学习者理解能力和接受能力的把握上。因而，对外汉语教师在下列三个方面要多加注意，以便把握好学习者的理解和接受能力。

（一）学习者的概括能力

阅读课文能否概括出内容大意，最能说明学习者理解能力的高低。如果根本读不懂，当然也谈不上概括；如果概括不当，也反映出理解上还有问题。而且这与学习者加工信息的认知风格密切相关。具有场独立性的学习者，归纳、综合的概括能力强，希望教师讲重点；具有场依存性的学习者，概括能力较弱，希望教师系统讲述。这就需要教师根据班级大多数学习者的特点和能力来安排教学内容、讲练比例，以及选择教学方法。

（二）学习者的推理能力

学习者的阅读理解能力跟原有的知识和经验的预期作用是分不开的，这种预期就是推理能力；学习者的听力理解和说话能力跟词语和语法的熟练应用，即在与原先学习情境相似的情境中运用的水平迁移和在新的情境中运用的纵向迁移也是分不开的，这种迁移应用也是一种推理能力。所以推理能力的高低能反映出学习者的外语水平的高低。而且这与学习者的认知加工方式有关。沉思型的学习者习惯于对问题深思熟虑，从已知、旧知推导出新知、未知的能力较强；冲动型的学习者常常是灵机一动，冲口而出，想当然的成分居多，其听说能力较强，推理能力较弱。教师要把握好这两类学习者的特点，因材施教，扬长避短。

（三）学习者同化新知的能力

学习者接受新内容，实际上是把新内容接纳进已有的知识结构中去，这个过程就是同化过程。如果新内容跟已有的知识结构不相容，无法同化，就要改变、调整原有的知识结构，以适应新知识，这个过程就叫顺应过程。课

堂教学实际上就是促使学习者不断地进行同化和顺应新知的过程。而且这与学习者的认知加工方式有关。具有容忍倾向的学习者，求知欲旺盛，能较快地把新内容融进自己的知识结构，吸收和同化新知识的能力强；具有排他倾向的学习者则反之，他们极难改变原有的知识结构，接受和同化新内容需要较长的过程。教师要顾及后一类学习者，改进教法，努力提高他们同化和顺应新知识的能力。

三、对学习材料的地位和价值的分析

教学任务有两种：一种是整个学期的，一般是一本教材总的教学任务；一种是分课的，一般是以一篇课文为单位的教学任务。教师明确一个学期的教学任务，就是胸有全局，可以从宏观方面把握教学；教师明确一篇课文的教学任务，就是心中有数，可以从微观方面贯彻和落实知识或者培养和训练技能。教师备课当然要先了解和分析整本教材的知识系统和技能系统，才能对每一篇课文在整本教材中的地位和价值做出评估，从而确定每篇课文乃至每一堂课具体的教学任务。

对每一篇学习材料的地位和价值的分析，可以着眼于以下几点：

（一）确认本课学习材料是后续知识的基础

学习者对于有些知识内容的学习和吸收必须以先导知识作为铺垫和基石，否则一步越几级或囫囵吞枣是难以消化的。例如，主谓谓语句这样的语法知识，一定得先让学习者了解主语和谓语的概念和搭配原则，才能使其学习和领会主谓结构做谓语这一汉语的特殊语法现象，逆序而上学习者是无法接受的。因此，确认本课学习材料是某种后续知识的基础，教师就能有意识地把握和强调跟后续知识有关的概念和规则。

（二）确认本课学习材料是培养某种技能的必要条件

有些技能的培养必须先掌握有关方面的知识，就像学习驾车先要懂得汽车的驱动、刹车和掌握方向等基础知识，不学习、不具备这方面的知识是很难培养出某种技能的。例如，汉语拼音和声调的知识就是培养朗读的必要条件。因而，明确本课学习材料是培养某种技能的必要条件，对教学任务的确定有着重要的意义。

（三）确认本课学习材料是交际会话中必须具备的文化知识

文化有知识性的和交际性的。知识文化有助于阅读理解，内容的涉及面比较广；交际文化有助于交际会话，内容大多为习俗性的，有一定限度。对初学汉语的外国学习者来说，后者显得更为重要。例如"问候"是常用的一种会话功能，但汉语中的问候，表达方式多种多样，可以问家庭、问健康、

问学业、问工作、问生活，有时甚至明知故问（如"买菜去呀!""上班去呀!"），这些都是外国学习者学习问候语时所必须具备的交际文化知识。因而，明确本课学习材料中的交际文化知识，有利于教学任务的确定。

（四）确认本课学习材料是知识向能力转化的关键

知识有陈述性和程序性之分。陈述性知识只是作为一种描述世界是什么的知识储存于记忆库中，而程序性知识由陈述性知识通过程序化的训练而转化为熟练的技能技巧。一般来说，课文的内容和生词、语法等都是陈述性知识，但是许多语法规则可以揭示一定的生成规则，如果学习者能熟练掌握这种规则，就能把词语组织进去，推导出句子。可见，把知识转化为能力的学习材料是至为重要的教学内容，在确定教学任务时不要轻易放过。

（五）确认本课的学习材料与其他课的材料是并列的知识内容或并列的功能—意念

课文中，有的知识内容或功能—意念跟其他课文中的知识内容和功能—意念没有先后之分、轻重之别，是并列的。但并列不是说不重要，有时候可能是同等重要。它们具有同样的地位和价值，教师在备课时也应该置于考虑之列。

四、对学习材料的分解

不同课型的学习材料因目的、任务不同而有自己的特点。同样是一篇课文，口语教材一般以表达功能为线索，用对话的方式体现；听力教材一般从单音到多音、从词语到句子、从句子到句群、从段落到篇章，以不断加深听力难度为主线，配上记述体或会话体的语言材料；精读课是学习者接收新内容的主要渠道，其教材从生词、语言点、词语例解、注释直至练习，都有独到的构思和巧妙的安排。因而，对外汉语教师在备课、分析教学任务时，除了对整本教材有通盘的了解，还要对每一课具体的学习材料进行仔细的分解，以确定本篇课文的教学要求。

（一）学习材料的结构

学习材料的结构包括整本教材的体例和本篇课文的构成。整本教材的体例，主要体现在教材的各个部分（如生词、课文、语言点、注释、练习等）的有机组合及其编排的顺序上，这是教师选定教材后首先要做的准备工作。一篇课文的构成是教师在讲授一篇课文前对学习材料所做的具体分析。这种分析主要针对以下几个方面：

（1）生词在课文中出现的情况（哪个义项，何种词性）和复现率；

（2）语言点在课文中的体现和落实情况（是个例还是展示比较充分）；

（3）注释部分的内容——文化的、习俗的、句型的、科技的、经济的等；

（4）词语例释所做的词语辨析情况（是同义的、反义的，还是有一个词素相同；是本课中出现的，还是扩展出去的，等等）；

（5）练习落实课文、生词、语言点、功能点的情况（形式、复现率、题量等）。

掌握学习材料的结构，容易确定本课的教学任务和要求，对如何使用教材和提高可懂度，以及草拟教案有直接的帮助。

（二）学习材料的重点

一篇课文的内容及其附属部分（生词、注释等）相当丰富，但教学不能蜻蜓点水似的面面俱到。有的内容，学习者可能已经学过；有的内容，学习者自己能看懂和理解；有的内容，教师稍做点拨学习者就能领悟；而有的内容是学习者所生疏的，理解较为艰难；有的知识要花一定时间的训练才能转化为技能，等等。如果教师对这些内容的教学平均使用力量，那很可能吃力不讨好，而且也许会造成对于学习者应该掌握的学习材料由于时间不充分而匆匆带过的情况。因而，教学重点的确定是进行有效教学的一个相当重要的因素。确定学习材料重点的准则是：

（1）既是课文所安排的语言点，又是学习者以前没接触过的新内容；

（2）出现频率比较高的词语；

（3）学习者不易辨别又常用的同义词，或有一个词素相同的词语；

（4）某种表达功能常用的句式或句子；

（5）课文所表达的有关中国文化习俗或价值观念的内容。

这五个准则供教师确定教学重点时参考，但不是五个方面都要齐备，可以选择其中的一个或两个方面。

（三）学习材料的难点

学习材料的重点并不是难点，当然学习的难点，也不一定是学习材料的重点。教师在教学过程中常会出乎意料地发现学习者学习中所遇到的难点，很可能需要临时改变教学计划，腾出时间来解决学习者的难点。事先预料或估计教学的难点，使教学有计划地进行，还是非常有必要的。确定学习材料难点的准则是：

（1）妨碍和影响理解课文内容的文化知识；

（2）妨碍和影响理解课文内容的疑难句子；

（3）语言点中极易受母语干扰的部分；

（4）学习者说话和写作中经常性出错或者故意回避的部分（主要是词语和句式）；

（5）汉语所特有的又很难转化为技能的部分（如"把"字句等）。

每一堂课要解决的难点不能太多，以一两个为宜。如果学习材料的难点过于集中，则要设法在每一堂课中去展示和解决。

五、提高教材可懂度

备课和确定本课教学任务，除了了解和掌握以上四个要点，还有一件相当重要的准备工作要做，那就是提高教材的可懂度。对外汉语教材只是一种书面材料，它大多是用汉语来解释和阐述的，部分教材有英译或日译内容。有的内容学习者能看懂和理解，有的内容学习者可能很难弄懂。教师的教学艺术就在于把书面的材料转化成系列性的教学活动，促使学习者去学习和消化教材内容。这一环节做得好不好，充不充分，直接影响教学的质量好坏和效率高低，有经验的对外汉语教师花在这方面的时间比较多，因而他们把时间和精力都用在刀刃上，深入浅出，事半功倍。提高教材可懂度的技术一般有：

（一）分段和归纳

对于一篇较长的课文，经过分段并归纳段落大意，最后总结出全篇的中心思想，学习者差不多就能把握和理解全文的基本内容。教师备课就要考虑如何引导学习者分段，怎样启发学习者讨论并归纳段落大意和中心思想。

（二）难词难句的解释

难词难句妨碍学习者理解课文内容，教学中必须扫除这种障碍。难词之所以难，是因为在学习者的母语中没有相对应的词，或者蕴含着独特的文化内涵（如成语典故），或者用法比较特别（如"突然"有形容词用法，不同于"忽然"）等；难句之所以难，是因为句子过长、内部关系比较复杂，或者包含的文化内容过于艰深，或者其中的思维方式、价值观念让学习者难以理解，等等。对于难词，可以采用直观法、讲成语故事、造例句、利用课文情境来让学习者体会等方法揭示词语的内涵，说明词语的用法；对于难句，可以采用语法层次分析、厘清其中的意义关系、联系上下文等方法去揭示句子所包含的文化内涵和深层意思。

（三）语法规则的举例

语法是课文内容的重要组成部分，一般放在生词表之后专门进行介绍和阐述。其内容有语法规则的定义、例句和需要注意的地方等。限于篇幅，举的例句较少，且都属于比较典型的句子。而在实际生活中语法规则的使用是没有那么典型和简单的，情况要比例句复杂得多。为了让学习者真正能体会、掌握和使用某一条语法规则，教师可以多补充一些例句。所补充的例句尽可能涵盖多种情况，例如教"被"字句，可以举带出施事的例句（如"窗玻璃被孩子敲碎了"）、省略施事的例句（如"窗玻璃被敲碎了"）、复杂例句（如"窗玻璃被孩子用石块敲碎了"）、变式例句（如"窗玻璃被孩子敲碎了两块"）等，从中归纳出"被"字句使用中的诸种格式。这样，学习者不仅容易懂，而且转化为应用技能时，头脑里就有好几个"被"字句的格式供选择。

（四）问题设计

带着问题学，是教学中最常用且效果较佳的一种方式。因为问题中往往包含或渗透着学习该项内容的目的性和重点、难点，学习者的注意力容易集中；而系列性的问题常常是打开知识大门的一串钥匙，如果学习者在学习中能给几个连贯性的问题找到答案，也就掌握了新的知识内容。因此，问题的设计也是提高教材可懂度的技术之一，一般阅读课运用较多。所设计的问题可以是引导性的（如"事情是在什么样的背景下发生的?"），可以是启发性的（如"做这件事所具备的条件有哪些?"），可以是思考性的（如"这件事告诉我们什么?"），也可以是系列性的（即由若干个连贯的问题呈阶梯形进行组合）。教学内容用问题来串联，不仅教学显得有条理，而且能避免教师一言堂、满堂灌的现象。

（五）练习的设计和补充

练习是巩固和消化知识内容必不可少的途径。教材的每一篇课文后都附有编者精心设计的练习题，通过练习，传达编者的意图，体现教材的重点，复现知识内容，训练技能技巧。它们是教学的指南，又是知识转化为能力的枢纽。对外汉语教师要充分重视练习的作用，除了选择和利用教材原有的练习，还应针对学习者的实际情况，设计和补充一些新的练习，以便贯彻和落实新知识和新内容。练习的形式多种多样，诸如拼读、词语搭配、词语扩展、填空、是非、选择、复述、问答、组词成句、造句、改错等。总结起来可分为三大类：第一是理解类，即有助于理解课文内容的练习；第二是消化类，即有助于记忆所学知识的练习；第三是应用类，即有助于知识转化为能力的练习。练习题设计得好，能起到可懂、可记、可转化的作用，可以成为学习者的良师益友。

（六）利用图表和心理图式

认知实践告诉我们，直观性的东西比文字记载更易接受。教学上所说的直观，一种是图表式（包括电视、录像等）的教具，一种是储存于学习者头脑中的经验模式。前者属于外界刺激，后者属于内部唤醒。它们的作用是把文字性的东西形象化地展现，然后反过来让学习者用形象的线索去理解文字，这样就提高了教材的可懂度。图表是对外汉语教学用得较为普遍的直观工具，一般有路线图表、方位图表、结构图表、段落层次图表、亲属图表、人物关系图表、情节图表、景物图表等。图表的有效性已被教学实践所证实。心理图式实际上是存在于学习者头脑中的一种认知结构，是通过不断实践而积累起来的具有等级层次的经验系统，例如，上课图式就由进入（学习者进教室、学习者找座位、学习者坐下）—准备（学习者拿出书和笔、上课铃声响、教师进教室、学习者起立敬礼）—授课（教师检查作业、教师讲授新课、学习者记笔记、教师布置作业）—下课（下课铃声响、教师宣布下课、学习者自由活动）等大事件中套小事件组合而成。教师有意识地唤醒学习者头脑中跟教材有关的图式，学习者就比较容易接受和理解教材（尤其是听力教材）所涉及的内容。当然，由于图式是存在于学习者意识中的东西，而且因人而异，教师较难调动和驾驭，但它确实在学习者理解教材的过程中起着潜在的预期作用。这方面的研究和挖掘，成为提高教材可懂度的良好方法。

（七）情境的设计和创造

语言的信息传递和交际一般总在一定的情境（包括语境）下展开。语言展示情境，情境又促进对语言的理解。在某种情境（环境）下学习外语，或所学习的外语材料包含一定的情境，学习者则容易理解和记忆。这是因为在学习者的头脑中同时进行着语义和情节双重编码的缘故。出现语义，学习者马上会联想到有关情节；出现情节，学习者马上会联系到有关语言。对外汉语教师不仅要充分利用学习材料中的情境来进行教学，还需要设计和创造情境来进行训练，这在听力和会话课中显得格外重要。语言知识的学习不仅是记忆和贮存，更要转化为应用能力。而情境的设计和创造就为语言的应用创造了条件：设计和创造跟原先相仿的新情境来训练应用原先学习的语言知识，这是水平迁移；设计和创造跟原先不同的新情境来训练应用原先学习的语言知识，这是纵向迁移。两种迁移的方法交替使用，就有可能让学习者把学过的语言知识转化为熟练的技能。情境的设计和创造要贯彻现实性原则（即符合学习者的知识水平）和实用性原则（即符合现实生活的需要）。在课堂上可以准备必要的图片、道具、录像或录音等有声可视材料来创造语境，在课外则要善于选择或捕捉典型事例，让学习者在实践中体会和感受。

第二节　教案的撰写

一、教案的构成要素

一份完整的教案，一般依照下列要素的次序撰写：

1. 课文的教学目的、要求（分课时教学目的、要求）

2. 教学的重点和难点

3. 本课运用的教学方法（如归纳、演绎、串讲、讲练、练讲、听说、问答、对话、复习、做练习等）

4. 课时

5. 教学过程

（1）复习旧课（提问、检查等）。

（2）导入新课（以旧引新、文化背景介绍等）。

（3）讲解新课，一般由下列步骤组成（步骤的先后顺序应视实际情况来安排和组合）：

　　a. 朗读（个别朗读、齐声朗读、跟读、分角色朗读、默读等）；

　　b. 词语解释（选择生词表中难理解的词语补充释义）；

　　c. 课文学习——分段、难句解释、提问和回答（提问的问题和回答的要点）；

　　d. 语法点的讲授、操练和小结；

　　e. 解释有关的文化内容。

（4）巩固新课（课堂练习、复述或小结）。

（5）布置作业。

二、教案撰写的注意事项

（一）教学目的、要求的撰写

教学目的、要求，要陈述学习者的学习结果（即本课学习的终点），力求明确、具体，可以观察和测量；要反映学习结果的层次性，即理解、记忆和运用三个层次。例如，课文中的生词，哪些作为重点词语（多数为动词、形容词、代词、副词或介词）要求掌握和应用，哪些作为一般词语（大多为名词）要求理解即可。再如，课文中的语法，哪些知识只要理解即可（如语法、术语），哪些知识需要记忆（如词语的重叠方式、副词的种类、补语的类别等），哪些知识要转化为应用能力（如句型、句式等）。在撰写教学目的、要求时要有明确而具体的体现，不要含糊、笼统。

（二）五大环节的安排

复习旧课、导入新课、讲解新课、巩固新课和布置作业是教学过程中的五大环节。每个环节需要花多少时间应大致确定。一般来说，上新课总需要安排五大环节；而上练习课、复习课等，就不一定非有这些环节不可，可以灵活运用。

（三）教学步骤的组织

朗读、词语解释、分段、难句解释、提问和回答、归纳段落大意和中心思想、语法点讲授、操练和小结、解释有关文化内容等是讲解新课的教学步骤。这些步骤的先后顺序不是千篇一律的，要依据语言信息（即知识）→智慧、技能（即理解和运用概念和规则以及推理的能力）→认知策略（即学习者个体对自己的学习方法和过程进行调控的能力）等认知心理过程来安排和组合。例如课文的生词，如果学习者根据自己的知识水平、理解能力和学习策略可在课文阅读过程中学习和领会，教师就不必专门安排词语解释的步骤；如果课文的一些语法现象妨碍学习者对课文的理解，教师讲解语法点的步骤则应安排在上新课之前。再如，新课文的前几个段落包含大量的文化内容，那么文化背景介绍这个步骤就应提前在分段时进行，等等。

（四）例句的编拟

语法规则举例是提高教材可懂度的技术之一。无论使用例一规法还是规一例法，除了利用书上的例句，一般均需补充一些典型的例句、一般的例句、复杂的例句和变式例句等。这些例句都要事先拟就，并落实在教案中，尽可能避免临时匆匆忙忙地构思和编拟例句。不然的话，会由于例句的质量较差，达不到应有的教学效果。

（五）问题的设计

提问和回答是课堂教学的基本方式。但提问绝不是教师在教学中经常说的"为什么呢？"这样随口发问的问题，而是有计划地周密设计的。

所拟的问题应尽可能有连贯性、启发性，并给学习者发挥创造性的机会和余地。上课准备提问的问题连同参考答案（至少是要点）都要写进教案。

（六）文化内容的确定

背景导入和文化内容的讲解也是提高课文可懂度的重要一环。讲解过于简单，无助于学习者理解；讲解过于烦琐，则会喧宾夺主。因而，讲什么内容，怎么讲，都必须考虑成熟，所讲的重点和关键语句都需要写进教案，以防临场过多发挥。

（七）作业的布置

关于布置作业，教师要注明教材中的哪几道题；如果另行补充，则要附上练习题。

（八）执教记录

教案执行完毕，教师可以写一点教学笔记，记录执教心得和学习者反馈的情况，积累教学和科研的资料。

三、教案的修改和变更

从教案写完到执行可能有一段时间，原先的授课计划和想法可能已不符合或不完全符合学习者的实际，因此在教案实施之前要再次考虑学习者学习情况的变化而做相应的修改和变更。对于教师来说，课前的局部修改和课内的临时变更都是常有的事，这也是一些老教师虽然年年教同一本教材却年年重新备课、重新写教案、修改教案的原因。

修改和变更的原因主要在于：

（1）教学目的、要求的拟定是否适当？

（2）原先确定的重点和难点是否符合学习者的实际？

（3）原先拟采用的教学方法是否需要改换？

（4）教学步骤的先后顺序是否要重新安排？

（5）词语解释、例句、问题和练习的再次补充。

第三节　组织教学

教师备课是对教材内容如何落实到学习者的思索和考虑，教案撰写是把头脑里酝酿的东西付诸书面的行为，组织教学则是把已确定的教案付诸实施的过程。它们是同一件事的三个互相关联的侧面，只是从不同角度来剖析和加工而已。从广义上说，一切课堂的教学活动都属于组织教学这个范畴。而这里说的组织教学，仅就新内容的落实而言，即教师在执教过程中组织和开展一系列的教学活动，主要是新内容的导入、展开、转换和结束，以及提问和改错等，将新内容进行分解、组合、归纳，从而使学习者易于感知、接纳、加工、记忆和应用。

一、教学内容的导入、展开、转换和结束

新的教学内容比较单一，组织教学也比较简单；新内容如果比较丰富、复杂，教师就要考虑组织较多的教学活动来引导学习者联想、思索、咀嚼和体会。

（一）教学内容的导入

人们在认知世界时，心理上有没有准备，感知和接收信息的效果是不同的。新的教学内容，在学习者毫无思想准备的情况下突然让他们接触，会让他们一时反应不过来，他们势必要有一个适应的过程，然后才能进入接收状态。为了缩短这个适应过程，就要进行新内容的导入，激活学习者的知识结构和认知机制，让他们处于一种亢奋状态，调动和集中注意力迎接新的知识内容。

教学内容的导入，从内容来分类包括：

（1）文化导入。从跟新内容有关的文化背景，如时代特征、社会风俗、人物关系、地理位置、自然环境、历史沿革、经济体制、组织结构等入手，为学习者提供想象新内容的空间和场景，吸引他们的注意力，为其理解和接纳新内容做铺垫。

（2）旧知导入。新内容、新知识之所以能被学习者接纳，就因为学习者原先的知识结构可以同化或顺应新的知识内容。利用旧知（包括文化的、历史的、地理的、政治的、经济的、自然的、动植物的、语言的等）导入新内容，就是充分调动和激活个体的旧知，发挥其预期作用，从而使学习者能够最大限度地接收和加工新的信息。

（3）情境导入。新内容如果与情境一起出现，可以促使学习者进行多方位的编码，易于接纳和记忆。有的新内容本身就具有情境，则情境导入可起强化和补充作用，学习者对新内容中的情境会有一种亲切感和情趣感；新内容本身如果没有什么情境，则情境导入可使新内容情境化和感性化，激发学习者的学习兴趣。导入的情境有真实情境、现实情境、历史情境、想象情境等，它们能起到预期作用（利用情境经验加深对阅读和听力的理解）、交际作用（利用情境开展口语会话）、联想作用（利用情境促进写作内容的想象和构思）。

（4）图片导入。图片（包括电视、录像、多媒体）导入实际上也是一种情境导入。所不同的是，情境导入主要由教师描述，学习者通过听觉接收语言，然后把语言转换成形象的图式；图片导入可直接由视觉形象展现，更生动、更形象。图片有人物图片、风景图片、示意图片、表格图片、连环图片等，它们通过视觉形象唤醒学习者头脑中已有的跟图片类似的经验图式。这种图式与情境一样也能起预期、交际、联想的作用，从而促使学习者进入理解、吸收和应用新知识的最佳状态。

（5）教具导入。展示跟新内容有关的实物，具有直观作用，也能引起学习者的想象和对比，有助于其理解新内容。上课用的教具一般是服装、佩饰、小摆设、彩色纸、餐具、文具、玩具、工具、文娱用品、体育用品、模型等便于携带的小巧的实物。教师可以上课开始时出示，也可在课中出示，特别是很难讲清楚的词语，展示一下实物，学习者就能一目了然。而用实物启发造句练习，效果也很理想，例如，出示大大小小、高高低低、深深浅浅、长长短短等实物造比较句（如甲比乙大，甲比乙高一点，甲比乙深一些，甲比乙长 2 厘米，等等），既生动活泼，又符合生活实际。

（6）随机导入。利用周围发生的事即兴联系或引出新内容，效果也较好，这就是随机导入。因为周围发生的事，如节庆、生日、天气、旅游、参观活动、文体活动、特别新闻等，是学习者所熟知的，又比较新鲜，容易跟内容挂钩、联系，所以有助于学习者理解和吸收新的知识内容。

教学内容的导入，从方法来分类包括：

（1）提问。通过提问的方式来导入内容比较有节奏，学习者印象也较深刻。

（2）回忆。回忆旧的知识和内容，容易调动学习者头脑中的知识结构。

（3）复述。复述前一堂课的内容，有利于课程继续进行。

（4）讲述。导入的内容比较复杂，一般采用讲述的方式。

（5）对比。先提出旧内容、旧知识以及母语的情况，以期引发学习者与新内容、新知识以及目的语进行对比。

（6）游戏。智力游戏如词语连接、组词连句等也可引出新的知识内容。

（7）练习。通过练习发现问题，从而引出新知。

文化导入、旧知导入、情境导入、图片导入、教具导入、随机导入，都可灵活选用上述七种方式来进行内容的导入。

（二）教学内容的展开和转换

教学内容的展开指用分解和合并的方法进行语言材料的教和学。分解是把整体的材料拆分成一个个部件来分析，如段落的分解、句群的分解、句子的分解等；合并是把一个个小的部件整合成较大的部分，如归纳段落大意、归纳句子类型、归纳词语结构等。分解和合并的交替，推动着教学的进程。一篇课文有几个段落，就可相应地安排几个"分解—合并"的教学活动。

教学内容的转换指从一个内容转移到另一个内容的教学活动。一篇课文可能包含几个语言材料，也可能包含性质不同的其他材料，如语法、词语例解等。上一内容展开完毕，就得过渡到下一内容，这中间就需要转换。转换的基本方式有两个：一是重新导入，然后进行下一个材料的分解和合并；二是自然过渡或人为过渡。对于内容相近的材料，教师只要简单地提示一二句，就可自然地转移到下个内容或话题；对于内容相关而不同类的材料，教师则要组织话语或问题，人为地把学习者的注意力引向下面的内容或话题。教学内容的展开和转换的具体做法如下：

（1）理解类的材料。一般通过提问、回答、复述等方式让学习者由浅入深、由表及里、有层次地学习理解课文内容。例如，听力课放一遍语言材料后进行问答，就可测试学习者对材料的理解程度，如能基本复述出材料的大意或内容，则显示学习者的听力理解水平较高。精读课、泛读课采用问答、复述的频率更高，因为这些方式最能展示学习的焦点和重心，吸引学习者的注意力，促进学习者层层深入地思考。

（2）记忆类的材料。一般通过讲—练、练—讲、边讲边练等教学模式让学习者消化并巩固学习内容。例如词语例解、语法等内容，就可运用讲—练（即从规则到例句的演绎法）、练—讲（即从例句到规则的归纳法）、边讲边练（即分段或分层演绎）等模式复现所学内容，让进入学习者短时记忆中的知识转入长时记忆。而课文的讲解运用这些教学模式，可使词语、句子、语法规则等带上情境色彩，学习者感知、接收时可进行情节和语义的双重编码加工，更易于记忆。

（3）应用类的材料。一般通过练习和应用的方式将知识转化为能力。记忆、贮存的材料只是陈述性知识，要使其中的一部分知识转化成熟练的技能，必须经过大量的练习和应用，这样才能使其成为程序性知识。因而练习的重点就是把语言规则分解为系列性的产生公式，并在应用中熟练地依靠产生公式的推导造出合理的语句。例如，口语课包含功能性话语（即带有某种色彩、语气和要求的话语）、应对性话语（回答对方的表态性话语）和叙述性话语（即述说和介绍观点、意见和情况的话语），这些话语的搭配组合就构成了对话体，对话体的教学不仅要求学习者理解，更要学习者能构建这样的语句，这就需要在大量的练习和应用中培养和掌握。

（三）教学内容的结束

新内容教授完毕，教师可采用多种形式以示结束。常用的结束形式有：

（1）小结形式。小结和强调所教的知识内容。

（2）思考形式。提出或留下问题启发学习者思考和回忆。

（3）归纳形式。让学习者概括全篇课文的中心意思。

（4）复述形式。让学习者复述课文内容或情节。

（5）朗读形式。让学习者有感情地朗读全文。

（6）讨论形式。让学习者联系社会和本国实际展开讨论。

二、提问和改错

（一）提问

提问是语篇理解的主要方式。提不提问题、何时提问题、提什么问题，对学习者理解语篇的引导和理解效果是不相同的。语篇理解中设计的一系列问题一般是讲解课文的纲目。问题一般有：

（1）提示性问题（带着问题阅读）。提示性问题为学习者提供理解课文内容的背景和文化习俗知识，并能控制理解和检索的范围，吸引学习者的注意力，启发他们进行思考。

（2）复述性问题（阅读以后回忆）。复述性问题能加深学习者对课文内容以及课文中出现的语言现象的记忆，提高从思想到语言表达的转换能力。

（3）剥笋性问题（边阅读边思考）。剥笋性问题逐层揭示、提供理解课文的线索，以使学习者掌握事件的脉络和情节，以及人物焦点的外显和隐去、场面的转换等，从而让其比较深入地理解课文内容。

（4）归纳性问题（阅读以后思考）。归纳性问题训练学习者运用汉语对事物进行概括的能力，并理解包含在课文中的文化含义和价值观念。

（二）改错

改错是纠正学习者表达中出现的偏误的有效方法。外国学习者学习汉语，在相当长的一段时期内，他们用来表达的都是中介语。也就是说，在他们说的汉语中，有些是正确的、合理的语句，有些是略带语病的语句，有些是存在明显错误的语句。学习者的中介语是一个过渡性的语言系统，虽然在一定的时间里有其稳定性，但它终究发生着"渐变"，慢慢地向地道的、正确的目的语靠拢。而促成"渐变"的因素，除了耳濡目染、潜移默化，还要归功于教师的改错。

既然学习者在表达中出现的偏误有不同的原因和情况，教师纠错也得区分错误的性质而分别对待：

（1）大错误，有错必改。所谓的大错误，指明显不符合汉语语法规则的错句，如成分残缺、语序颠倒、搭配严重不当等偏误。对此，教师应有错必改，并指出错误缘由。

（2）小错误，适当提醒。所谓的小错误主要指用词不当，如大词小用或小词大用、轻词重用或重词轻用、褒词贬用或贬词褒用等。对此，教师应着重提醒，并讲清该词语的感情色彩，能过得去的可迁就，严重用错的则要加以纠正。否则，学习者感到一开口、一下笔都是错句，会丧失用汉语表达的信心。

（3）一时失误（或笔误），可让学习者自己修正或做相应的改正。这样做可提高学习者学习汉语的积极性和自信心。

一般来说，对学习者口头上的偏误，纠正可以从宽；对书面上的偏误，纠正可适当从紧。同时，应保护和鼓励学习者大胆使用新词和新语法规则的积极性。

第四节　文化导入与跨文化意识的培养

人们用本族语表达的内容，总渗透着或包含着本族人的文化意识和文化习俗。因而学习外语不仅要掌握该语言的形式（语音、词语、句子等），还需要了解该语言形式所包含的交际文化和该语言形式所表述的知识文化（意识、习俗、价值观念等）。形式和内容是相互依存、相辅相成的，舍弃文化内容而只学语言形式是很难学好一门外语的。对外汉语教学的根本任务是让外国学习者学会汉语的结构形式，同时需要导入有关的文化知识和培养学习者的跨文化意识。外国学习者只有在一定程度上了解中国的文化意识和具备中国的文化修养，阅读和听力理解才能深入、透彻，口头和书面表达才能确切、得体。

一、文化导入

无论是阅读课、听力课还是口语课，所包含的内容总有其一定的文化内涵。要揭示其中的意义，就要进行文化导入。也就是说，必须将新内容放置在一个具有中国色彩的大的文化环境或文化背景之中，才能使外国学习者领悟、理解其中的文化意义和文化习俗。

（一）文化导入的意义

教授新内容之前进行文化导入，主要是提供或布置一个中国的文化环境或文化背景，让学习者循着这种环境或背景线索来理解并吸收新的知识和内容。因而，对外汉语教学在导入新课环节中比较注重文化导入。文化导入的基本意义和作用是使学习者理解课文、理解思维和了解民俗。

（1）理解课文。有了文化导入，新教学内容中有关情节的安排和开展、人物的思维和活动、作者的构思和点评等都有了文化背景作为依托和根据，学习者就不会感到突兀、离奇和不可思议，理解就不会是肤浅的，而是比较深刻的、透彻的。而且由于有一定的情节，所导入的文化知识随着情节一起输入学习者的头脑中，融入和充实学习者的文化知识结构。以后有类似的情节刺激，学习者就能激活相关的文化背景，进而去理解和吸收有关的教学内容。

（2）理解思维。一般来说，对于概念、判断、推理等思维形式和比较、分析、综合等思维过程，母语和目的语都是差不多的。但在思维内容上有着很大的差别。同样一件事，不同民族由于在不同环境不同条件下，从不同角度来观察，就会形成不同的概念，其判断和推理也因政治经济观念、价值观念、道德伦理观念、家庭宗法观念等的不同而带上民族的烙印。有了文化导入，外国学习者就能从中国人所习惯的思维观点、思维方式和思维角度出发来审视和理解新内容。

（3）了解民俗。民俗是一个民族的精神生活、物质生活、社会生活、家庭生活等习惯和历史沿革经过长期的积淀而形成的，例如，节庆、婚丧、生育、祝福、娱乐、饮食、服饰等，它们往往带有一些特殊的文化内涵和意义。有了文化导入，学习者了解中国的民间习俗，就能比较具体地而不是朦胧地理解新教学内容。

（二）文化导入的内容

文化是个大概念，其内容范围相当广，不过教学中所导入的文化内容还是有一定限度的，大致可分为知识文化、交际文化和习俗文化三类。

（1）知识文化。一般是课文内容所涉及的有关中国各方面的知识文化，如历史、地理、建筑、园林、住房、服饰、装潢、旅游、饮食、绘画、音乐、舞蹈、教育、卫生、文字、哲学等，有一定的广度，但不要求有多少深度，只是普通的常识而已。

（2）交际文化。这是渗透在交际会话中具有某种深意或情感的文化，一般包含在问候、称呼、感谢、盛邀、强劝、婉拒、赞扬、批评、发誓等套话或习惯用语之中。揭示并掌握其中的特殊含义和特殊作用，有助于学习者开展正常的思想交流活动。

（3）习俗文化。主要指人们在节庆、婚姻、丧葬、生日、生育、开业等事件中的饮食习俗和活动习俗。这对于外国学习者理解课文内容和处理日常生活相当有益和有用。

（三）文化导入的原则

文化导入要恰到好处，内容要适量，真正发挥其对学习理解的作用。为此，下列的一些原则是应该重视和遵循的。

（1）文化导入必须与课文内容密切相关。文化导入的目的是帮助学习者理解课文内容，因而对即将导入的文化内容必须进行筛选，对于那些听起来很精彩而跟课文关系不大的内容要进行取舍，把真正对学习者有帮助的内容凸显出来。

（2）摆正主次位置。文化导入虽然有助于理解课文内容，但它毕竟处在次要的、从属的位置，学习课文内容才是主要的任务。因而对于文化导入的内容和时间都要严格控制。

（3）文化导入应该是有机的，而不是外加的。教学中导入新课的内容和方式是多种多样的，不能因有这个导入环节而非要塞进一些文化内容不可。首先要看有没有必要导入一些文化内容，其次要考虑所导入的内容跟课文是不是有机联系的，切忌信口开河，任意外加。

（4）文化导入的内容比较丰富，不宜过于集中，可以分散进行。有些知识文化，如朝代变更、唐代诗人等，史实和材料较多，可以分散到其他有关课文中进行，不宜过分集中。

（四）文化导入的方法

文化导入不一定都是教师讲述，可以利用录像、图片、参观活动等展示文化内容，营造文化氛围。

二、跨文化意识的培养

外国学习者学习汉语，最感到困惑和棘手的是深藏在语言形式里面的文化内涵和文化意识，因为仅仅从语言形式表层很难揣摩其中所蕴含的深意。常常有这样的情况，很平常的一个句子，中国人说的意思跟外国学习者所理解的意思不完全一样，甚至南辕北辙，这是因为外国学习者是用他们本族人的文化观念和意识来理解中国人说的话，当然无法体会其中的微妙。因此，学习汉语跟学习其他外语一样，除了掌握语言形式，还需要学习和了解中国人的思想、理念以及思维习惯，也就是所谓的跨文化意识的培养。

（一）跨文化意识的内容和培养的意义

跨文化意识大多体现在交际文化之中，例如：

（1）问候和打招呼。相同的是彼此见面问好，不同的是中国人喜欢用"吃"（如"吃了吗？"）来打招呼，还经常用问家庭、问身体、问工作、问学习等来代替问候，甚至用明知故问（如"上班去？"）的方式表示关心。这里没有邀人吃饭或打听个人隐私的意思。

（2）打听。打听行情、打听营业或办公时间、打听路径等，是大家共同的习惯；中国人还喜欢打听对方的工资、年龄、婚姻、子女等情况，这些正是外国人所不愿公开的隐私，却是中国人的一种热情和关切的表现。外国学习者如果没有这种意识，会觉得尴尬和窘迫。

（3）答谢。回答他人的致谢，说"不用谢""没关系""不要紧"等，这是中外相同的。但中国人还有一些特别的说法：或说"小事一桩，不值一提""这是举手之劳，何足挂齿"，表示"很容易办的事，不用谢"；或说"你这就见外了"，表示相互关系亲密，感谢反而显得生分、疏远；或说"这是我应该做的"，表示"做这件事是自己职责范围内的事，不必谢我"，等等。这都是答谢的一些方式，无非显示自己的谦逊而已。外国学习者没有这种意识，因此常常纳闷："这是重要的事，为什么说是小事呢？""为什么我感谢你反而是见外了呢？""为什么我的事是你应该做的呢？"百思不得其解。

（4）请客送礼。请客送礼，人之常情，中外概莫能外。但中国人要特别表示一番，请客时明明是一桌子好酒好菜，总是说"菜不好，请多包涵""没啥菜，不好意思"；送礼时明明是很贵重的礼物，总是说"一点点小意思""东西不好，拿不出手"。外国学习者对此常感到困惑："这么多的菜，这么好的菜，为什么还嫌差而少呢？""既然礼品质量差，怎么能送人呢？"用他们本族人的意识是无法理解和体会中国人的谦逊习惯的。

（5）借口暗示。用脸部表情、眼神、手势或语言来暗示或提醒他人，这种特殊的表达方式也是人们所共有的，而中国人已把暗示方式融进话语。访客时，主人觉得时间太晚，会说："就在这儿吃饭吧！"暗示谈话到此结束。外国学习者如果信以为真留下来吃饭，那就闹笑话了。

（6）拒绝。用"不同意""不行"等话语明确表示拒绝，这也是中外相同的。然而中国人有时碍于情面，不明确表态，只说"可以研究研究""再考虑考虑"，吞吞吐吐、模棱两可，其实这是搪塞、敷衍的话，可以说是"拒绝"的代名词。缺乏中国文化意识的外国学习者可能以为真的在"研究"和"考虑"，在那儿傻等呢！

（7）批评。西方人喜欢直截了当地指出别人的缺点，中国人虽然有时也用这种方式，但往往觉得过于严重。为了照顾他人的脸面，常常先肯定他人的优点和成绩，然后用"但是"转到缺点上去；或者干脆用"希望"的形式委婉地暗示对方的缺点。这也会让缺乏中国文化意识的外国学习者犯糊涂：此人谈的究竟是优点还是缺点？

跨文化意识的内容较多，以上纯属举例性质。教学时，可以参考和利用中国广播电视出版社发行的录像带《中国人常常这样说》（华东师范大学吴仁甫、徐子亮监制）。

跨文化意识的培养，其意义不仅是加强对汉语及其包含的中国文化意识的了解，提高阅读和听力理解的能力，而且能提高翻译水平。

（二）跨文化意识培养的方法
培养跨文化意识必须课堂与课外相结合、知识与应用相结合。

（1）课堂与课外相结合。课堂教学是跨文化意识培养的主要渠道。每堂课的文化导入、课文所介绍的或所包含的文化内容、练习中所涉及的文化意识等，都在有意识地对外国学习者进行熏陶，改变他们头脑中固有的文化知识结构，培养和强化他们的跨文化意识。但课堂教学受教材和时间的限制，其触须不可能伸及每个文化角落，许多跨文化意识的内容需要在课外的活动中补足。参观、访问、旅游、交中国朋友、看电影、看戏剧、购物、乘公交车、做客等活动的言谈和交际之中都包含丰富的中国人的文化意识和文化理念，外国学习者身处其间，耳濡目染、潜移默化，自能领会其中的奥妙。这虽然是一种目的性不强的偶然学习，但其丰富性和深刻性不亚于课堂的有意学习。两者有机结合，就能相得益彰。

（2）知识与应用相结合。外国学习者的跨文化意识通过课堂教学感知和学习较多的文化知识而得以培养和发展。除此之外，教师还可提供书面的、声像的材料让外国学习者通过自学来增加和强化中国的文化意识内容。不过，这都是知识性内容，对于提高外国学习者的阅读理解和听力理解水平有一定帮助，而在运用跨文化意识来进行交际方面还需要有一个锻炼和实践的过程。跨文化意识不像语法规则那样可以经过训练转变成系列性的产生公式，从而推导出众多的句子，它是依附于语句的、无形的潜意识，只有在应用话语的过程中才能得以体现。因为外国学习者在学习跨文化知识时是连同情境和语句一起进行编码、贮存的，所以在调动和应用这类语句时，同时激活了有关的情境和文化意识，将它们提取并渗入一定的话语之中，就能自然地应用这类跨文化意识来表达和交流自己的思想感情。

第五节　课堂教学与课外实践

课堂教学与课外实践是对外汉语教学的两大支柱。没有课堂教学，让外国学习者完全像小孩习得语言那样在自然的语言环境中由词到词组到句子，自己慢慢琢磨和积累，收效甚微。没有课外实践，让外国学习者封闭在课堂中去感知和模仿语言，只习惯和适应教师的语音语调，不接触甚至脱离外界语言环境，那么外国学习者在听说方面与社会的接轨能力很差。因此，对外汉语教师既要精心设计和实施课堂教学，也要全力安排和组织好课外实践。

一、课内和课外的关系

课外实践活动实际上是课堂教学活动的延伸，是课堂教学的有机组成部分。它起着课堂教学无法起到的作用。如果把课外实践看作一种应景措施或者一种调节活动，那就小看或低估了它的价值。因此，课堂教学和课外实践的关系应该是：

（一）小环境与大环境的关系

语言环境是学好语言的关键。小孩之所以能习得语言，是因为他们生活在某种语言环境之中；成人之所以能习得外语，也是因为有一定的语言环境熏陶。当然，在国内的语言环境中和在目的语环境中学习外语的效果是不可同日而语的。对外汉语教学是在汉语环境中的汉语文化的教学，自应充分发挥其培养语感、实施交际的作用。虽然学校的课堂教学本身就是一种语言环境，教师还可模拟、创造一定的情境，但相对于课外实践来说仍然是一种有限的小的语言环境。课外实践的天地异常广阔，又具体入微。外国学习者既可在这样的大语言环境中接触各种社会活动，跟各种人物打交道，又能深入体会交际语言中的精微，从而积累更多活的语言。

（二）有意学习与无意学习的关系

课堂教学是一种有意学习，它有目的、有计划地根据教学任务和设计的方案一步步地实施和落实，学习者花的时间较少，学习的内容比较集中，且都能从感性材料上升为理论知识，最后成为规律性的东西贮存进长时记忆中。课外实践是一种无意学习（即偶然学习），它只有笼统的指导思想，没有明确的学习项目或内容。学习者花的时间较多，学的东西比较杂，且大多为感性的经验性语言材料，缺少规律的指导，但是它的丰富性和生动性远非课堂教学所能比拟。因而，无意学习的东西一旦为有意学习的语言知识所同化，或者依附于有意学习中所学到的语言规律，则学习者的阅读理解能力和听说水平就会随之而不断提高。

（三）小循环与大循环的关系

课堂教学是学习者吸收知识的主要渠道，当然也有一定的技能训练和应用性练习，形成以下循环：

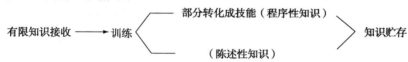

但这只是课堂教学内部的小循环，仅限于当堂或一课教学所涉及的知识和技能的转换。而课外实践是在大的活动舞台中应用知识，它既利用学习者在课堂教学中所接收和吸收的知识去应用于语言实践，又不受教材知识内容的局限，也就是说，语言实践所用到的语言形式和知识内容往往超出所学的语言知识范围。因而课外实践在将学习者在课堂教学中所学到的知识熟练化和自动化的同时，从中吸收一部分活的知识，整个过程是：

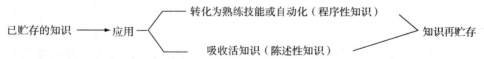

这是个大循环。课堂教学的小循环是课外实践大循环的基础。没有小循环，大循环转动不起来；没有大循环，知识转化为能力的机会就少，转化的速度就慢，而且学习者的语言知识难以扩展和深化。

二、课外实践与课堂教学的配合和方法

课外实践与课堂教学的配合有两种：

（一）直接性配合

课外实践的活动和内容按照课堂教学的内容来组织和安排。这种课外实践可以是相同场景的应用，即把原先课堂中学到的某种场景下出现的语言知

识，置于相同或类似的场景下应用。这是知识的水平迁移。由于学用一致、学用结合，这部分知识通过应用和再现，有的永久贮存于长时记忆中，有的迅速转化成熟练的技能。这种课外实践也可以是不同场景的应用，即把课堂中学到的语言知识，置于不同场景下应用。这是知识的纵向迁移。它比水平迁移前进或者说深入了一步，使语言知识离开原先的场景而进行活用，这可以说是真正掌握语言知识和语言技能的表现。

（二）间接性配合

它并不按照课堂教学的内容来组织和安排活动，而是把以前学到的语言知识综合起来在交际中应用。这是更高级的课外实践和纵向迁移，也是对外汉语教学所追求的最终目标。人们学习课文内容，能记忆的只是某些语言形式和情节，追溯和回忆时，不可能是原词原句原话（除非背诵）的再现，而客观世界是那么丰富多彩，社交活动是那么五花八门，势必要求学习者把以前学到的知识（词语和句式），通过相应的匹配从记忆库中提取出来，加以综合应用。

课外实践的内容和方法多种多样，下列一些类别可供参考和选用：

（1）饮食类：喝咖啡、饮茶、请客吃饭、点菜、买单等；

（2）购物类：买衣服、买自行车、买水果等；

（3）乘车类：乘出租车、乘公交车等；

（4）访问类：做客、拜访、探病人等；

（5）参观类：展览会、博物馆、商业街、乡村等；

（6）闲谈类：天气、朋友、家庭、工作等；

（7）道贺类：生日、结婚、开业、新春等；

（8）旅游类：登山、划船、乘缆车、逛街等；

（9）竞赛类：游泳、球赛、田径等；

（10）文艺类：电影、舞蹈、音乐、话剧、京剧等。

课堂教学是对外汉语教学的主要形式，为了贯彻"以学习者为中心，以教师为指导"的教学原则，保证课堂教学的顺利进行，教师要做好课堂教学的准备，不仅要对学习者先前学习过的知识有所了解，对学习者的理解能力和接受能力有所把握，还要对学习材料进行一番研究、分析和处理，提高和增强教材的可懂度，最后形成教案。

教案的撰写除了要拟定教学目的、要求和教学的重点与难点等，还要根据学习材料的具体内容安排好教学环节和教学步骤，并组织好教学内容的导入、展开、转换和结束，考虑文化导入与跨文化意识的培养，处理好课堂教学与课外实践的配合，等等，以便充分发挥课堂教学的作用。

第八章　对外汉语教学模式研究

第一节　汉语教学模式化研究概述

一、教学模式及其含义

教学的模式化研究也可以称为对教学模式的研究，属于教学法的中观研究领域。

教学模式一般是指具有典型意义的、标准化的教学或学习范式。国外学术界较有影响的观点认为，教学模式是构成课程、选择教材、指导教学活动的一种计划或范型。但国内学者一般把教学模式理解为开展教学活动的一整套方法论体系，是在一定教学思想或教学理论指导下建立起来的、较为稳定的教学活动框架和活动程序。可以肯定地说，教学模式既是教学理论的具体化，也是对教学经验的一种系统概括，既可以直接从丰富的教学实践中通过理论概括形成，也可以在一定的理论指导下提出一种假设，经过多次实验后形成。

一般来说，一个完整的教学模式应该包含下列五个基本要素。

1. 理论基础。指教学模式建立所依据的教学理论或教学思想，即教学模式建立的理论依据，是反映教学模式内在特征的一个因素。

2. 教学目标。指教学模式所能达到的教学效果，是教学活动在学习者身上产生的效果的预先估计和设定，这是教学模式构成的一个核心因素，对其他因素有制约作用。

3. 操作程序。指教学活动在时间上展开的逻辑步骤以及每个步骤的主要做法等。任何教学模式都具有一套独特的操作程序和步骤，及与之对应的教学活动的基本阶段及其逻辑顺序。教学模式中的操作程序是相对稳定的，但不是一成不变的。

4. 实现条件（手段和策略）。指促使教学模式发挥效力的各种条件，如教师，学生，教学内容、手段、时间、空间等的最优化方案。

5．评价。指评价的方法、标准等。每种教学模式一般都有适合自己特点的评价方法和标准。

从以上的构成要素我们可以看出，教学模式与我们所熟知的教学类型、教学设计等概念在内容上有一定的交叉重叠。教学设计和教学模式是从不同角度、不同功能划分出来的两个概念，教学设计既可以针对某个教学类型，也可以针对具体的教学模式，甚至可以针对专门的课程或课型；教学类型与教学模式是不同范畴、不同层次的两个概念，前者是从教育学、教育管理学角度划分出来的概念，较为宏观、固定，后者则是在课程教学论层次的概念，较为具体、微观，某个教学类型在整体或局部上可以包含多个教学模式，而典型的教学模式有时也可以以个体代替一般，扩大为一种类型。

教学模式有不同的类型。国外的一些学者根据教学模式的理论根源，把教学模式分为社会型教学模式、信息加工型教学模式、个人型教学模式、行为系统型教学模式等，其中许多教学模式，如皮亚杰的认知发展模式、加涅的累积学习模式、斯金纳的程序教学模式等，都对第二语言教学产生过直接的作用或重大的影响。第二语言教学史实质上也就是语言教学模式的发展史，从较早的直接法、情境教学法、视听法，到影响巨大的交际语言教学法，再到新兴的自然法、暗示法等，或者教学法本身就是一种教学模式，或者教学法由先后多个教学模式组成。

以影响最大、流派众多的交际语言教学法为例，从 20 世纪 70 年代诞生开始到 20 世纪末，在功能语言学理论和社会语言学理论的影响下，交际语言教学法先后形成并发展出多种教学模式，如结构—功能模式、功能—意念模式、互动模式、任务模式、自发模式等，教学模式的创新与发展成为第二语言教学理论和实践发展的核心部分。

二、对外汉语教学模式分析

所谓的对外汉语教学模式，就是从汉语独特的语言特点和语言应用特点出发，结合第二语言教学的一般性理论和对外汉语教学理论，在汉语教学中形成或提出的教学（学习）范式。

这种教学（学习）范式以一定的对外汉语教学或学习理论为依托，围绕特定的教学目标，提出课程教学的具体程式，并对教学的组织和实施提出设计方案。它既是一种形而上理论的反射体，又具体落实到教学中的一招一式，是细化到课堂教学每个具体环节、具有清晰的可操作性的教学范式，例如法国巴黎东方文化语言学院白乐桑教授提出的 "Chinese Recycled" 教学模式。

它以字本位理论为基础，假设外国人通过汉字和汉语语素教学可以掌握汉语，采用"有别于使用拼音文字的语言教学路子"教授汉语。这种教学模式以汉字为形式目标，以初级阶段的口语表达能力为实际目标，通过对 200、400、900 三组具有不同使用频率、重现率、组合能力的汉字的"滚雪球"方式的教学，实现其教学目标。因此，我们也可以把这种教学模式看作从汉语的特殊性出发来阐释直接法大师帕默早期提出的"Snowball"教学法的教学模式。当然，也许由于文献信息的局限，也许由于该模式还只是停留在理论应用的假设阶段，我们对于这样一种教学模式在具体教学中的应用程序还无法了解，而这是一种新的教学模式最需要阐明的一个环节。

一个好的或者说成熟的教学模式自然需要经过规模性的、反复的教学实验验证后形成。无论是从理论假设出发的设计模式，还是根据教学经验升华的经验模式，实验环节是必不可少的一环。例如对外汉语教学界已经操作多年并达成共识的"基础阶段句型教学模式"，就是根据早期的"听说法"的理论，把汉语语言组合规则形式化为 200 个左右的基本句式，并假设通过这些句式的教学可以让学生获得汉语基本的规则并具备初步的汉语能力。句型教学模式从 20 世纪 60 年代引进至今，经过多次的改进和演化，在教学内容、句型的梳理、句型教学的程式等方面逐渐规范、成熟，句型教学模式也得到了广泛的应用，成为基础阶段汉语教学的一个主流模式。由陈贤纯提出并设计的"词语集中强化教学模式"是初中级汉语教学阶段的一个教学模式，该模式借鉴了认知心理学和语言习得理论的一些研究成果，主张在中级汉语教学阶段，以词汇教学为重点，把词汇按照语义场进行分类，并使每个词进入相应的语义网络，以多个循环的方式强化记忆，达到扩大词汇量的教学目标，进而完成语言综合运用能力的培养。这一模式改变了传统的课程设计方式，取消了精读课，而以词汇课程为主干进行教学，通过在大量的短文、对话中重现词汇，培养学习者的理解和表达能力。该模式从 1998 年提出设计思路后，历经 4 年，进行了三次完整、反复的实验，拟在后续的第四次实验后推出，这样的一种教学模式无疑会为我们的教学提供严谨的范式。

由于对外汉语教学理论研究和教学实践的时间局限，其大多数的教学模式基本处于尚未完全定型的探索阶段，与第二语言教学较成熟的教学模式相比，模式的框架和程序还不完整，典型意义还不够突出，示范作用和影响也不够广泛。此外，由于大多数教学模式以借鉴和转化国外第二语言的教学模式为主，或者同时受多种语言教学理论的影响，自然具有多种教学模式的痕迹，而较少反映汉语规律或汉语教学的规律。例如，大多数教学模式尚未形成自己独特的评价标准和方法，缺乏自我监控的系统性；许多模式对教学组织和教学实施中的操作程序描写不细，缺乏可操作性，让使用者不知所为，降低了教学模式的效用；许多模式还只是局限在课程的重新组合和教学管理等非教学内在因素上，缺乏理论根基；一些模式停留在理论假设阶段或者经验操作阶段，等等。虽然，从教学模式研究和建设的角度来看，我们还不成熟，但对外汉语教学法理论研究和教学实践中仍有不少具有特色、富有新意的教学模式或雏形，例如：

1. 分技能教学模式

这是基础汉语教学阶段的一种教学模式，受听说法、功能法、交际法等多种教学模式的影响。该模式认同交际技能的培养是语言教学的根本目的，认为分技能教学是语言教学的最佳途径，因而主张以汉语交际技能为培养目标，以汉语综合课为教学的核心内容，按照语言技能项目分别设置课程。

2. 语文分开、集中识字教学模式

这是初级阶段针对欧美学生学习汉语的一种教学模式。该模式受传统的识字教学方法的启发，结合了汉字以及汉字学习的特点。在教学程序和教学安排上，该模式主张把口语教学和汉字教学分开，先语后文；把汉字教学中的写字教学和识字教学分开，先写后识。

3. 实况视听教学模式

这是中高级教学阶段培养学生新闻视听能力的一种教学模式。该模式借鉴了交际教学法和话语分析的一些主张，提出让学生视听实况材料，培养学生接收真实信息并直接用于实际生活需要的技能。

4. 汉语交际任务教学模式

这是短期汉语教学的一种教学模式。该模式借鉴了交际教学法中的任务式大纲模式，以提高学习者的汉语交际能力为目标，以功能—意念大纲为基础，从汉语语言交际的实际需要出发，把语言交际内容归纳为一系列交际任务项目，并按语料难易和繁简程度分级。该模式主张以交际任务为教学组织单位，让学生通过大量的交际性操练掌握相应层级和数量的汉语交际任务项目，提高学生的汉语交际能力。

此外，以图片为基础的汉语教学模式、以挖掘潜能为基础的汉语速成教学模式、以语言微技能训练为重点的听说技能训练模式等都是对外汉语教学实践中具有一定典型意义的教学范式或模式设计。

实际上，对外汉语教学实践隐含着大量的教学模式雏形，这些雏形具备了模式的部分特征并且具有一定的示范意义和明显的应用价值，需要我们去挖掘、开发、梳理。因此，我们有理由进行相关课题的分析研究。

三、进行汉语教学模式化研究的意义

进行汉语教学模式化的研究不仅是教学实践发展的需要，也是教学法理论系统化、完整化的需要；不仅是提高教学质量的需要，也是向海外广泛推广和普及汉语教学的需要。

（一）连接基础研究和教学实践，形成系统一体化研究

我们对汉语教学的研究，习惯于采取以分析思维为主导的研究方法，割裂基础研究和教学应用研究，重视对教学各部分进行分别、细致的研究，而忽视对各部分关系或者基础与应用的一体化研究。教学模式的研究可以帮助我们从整体上以系统论的视角去综合地认识和探讨教学过程内外部因素之间的关系及其多样化的表现形态，有利于我们形成一体化的系统研究，从而促进对外汉语教学的整体研究水平。

（二）建立自己的品牌、输出规则

教学模式作为一种具有典型示范意义的教学范式，同时具有一种品牌效应。我国作为汉语的母语国，在推广和普及汉语教学工作中必须建立自己的有说服力的品牌，必须具有国际意识，即国际领先和模式输出意识。近几年来，汉语教学的外来模式越来越多，对我们自身的汉语教学的冲击也逐渐显现。这种冲击从交流和学习的角度来看是大有益处的，但作为汉语教学的母语国，我国应当责无旁贷地占领这一教学领域的制高点，在汉语教学国际化进程中，掌握制定规则、输出规则的主动权，不能再像其他领域那样被动地接受别人的规则。创建新的具有品牌意义的教学模式是我们能够继续领导世界汉语教学潮流的一项重要举措。

（三）缩小与国际第二语言教学法研究水平的差距

第二语言教学实践的发展史实际上就是语言教学模式的发展史，对外汉语教学在教学法上的每一次变革也主要是受到国外相关的教学模式的影响而发生的。现行的对外汉语教学法与英语作为第二语言教学法的显性差距也主要体现在教学模式的欠缺和不成熟上。创建好的教学模式对优秀品牌教材的编写、优秀教师的培养、品牌课程的形成都有推动作用。

（四）实现教学创新

教学改革与创新是当今任何一种教育项目、教学形式都面临的重大课题，而我们的汉语教学由于受到多种条件的制约，教学法研究和应用水平相对落后，缺乏创新。通过对汉语教学的模式化研究，我们可以形成对外汉语教学学术研究和实践应用的新的增长点，不拘一格、大胆创新，形成教学法的不同流派，以适应更广泛的社会和学习需求。

（五）形成规范化、科学化教学体系，提高教学效率

语言教学是涉及多个主体、多项因素的系统工程。没有一定的规范，教学质量和效果很难得到保证。而教学模式是语言教学观念、理论、原则、方法、技巧等的集中体现，是对具体教学实践活动的一个"标准"规范，创建科学高效的教学模式对提高教学效率和教学质量、促进对外汉语教学水平的整体提高起着关键作用。

（六）教学的最优化解决方案

教学模式必须具有典型示范意义和广泛应用价值，是针对当前的各方面条件提出的一种解决当前任务的最优化方案。随着理论研究的深入和教学实践的发展，教学模式也将不断推陈出新、改进完善，从而受到使用者的认同。

汉语教学的模式化研究是一个迟到的课题，也是一个极有意义的课题。回顾国际第二语言教学的发展历程，正是其对第二语言教学的模式化研究造就和吸引了无数著名学者。对外汉语教学虽然还只是一个年轻的学科，有许多亟须解决的课题，但从教学模式化角度对本体理论、教学理论、学习理论进行系统研究有特殊的意义，这种研究必将推动对外汉语教学事业的发展。

第二节　语文分开，集中识字

集中识字法是我国传统的识字教学法，因为这种方法是根据汉字的特点创造出来的，符合识字教学的规律，所以我国儿童采用这种方法可以在短期内认识大量汉字，快速提高书面阅读的能力。

对外国人能不能运用集中识字的方法呢？我们认为是可以的，因为"学习的主体虽有儿童和成人之分，母语有汉语和外语之分，但只要是人，其学习汉字时的感知、记忆、联想和思维过程都有着共同的规律，相似处大于差异处"，所以如果我们在课程的总体设计和教材的编写上考虑到外国人学习汉语的特点，对他们进行集中识字教学，也同样会获得成功。

最近几年，为了解决外国人汉字难学的问题，更准确地说，为寻找一种既有利于他们学习口语，又可以减轻他们学习汉字的难度，快速提高他们的阅读能力的方法，我们把传统的集中识字的方法引入对外汉语教学中。通过不断摸索和实验，我们在口语教学和汉字教学两个方面都取得了较好的教学效果。下面将我们的总体设计和集中识字的具体做法及教学效果做一个介绍。

一、总体设计

我们的总体设计可以概括为两个"分开"和两个"先后"。

口语教学　→	口语课（使用汉语拼音）
汉字教学　→	写字课　｜　识字课

第一是"语文分开"，即把口语教学和汉字教学分开。具体做法是，口语课作为独立的课型，只进行口头交际的听说训练，整个基础汉语教学阶段的口语教学都借助汉语拼音来进行。汉字教学另设课型，另编教材。

第二是"识写分开"，即把汉字教学中的写字教学和识字教学分开。具体做法是，分设课型，分编教材。写字教学的目的是使学生了解汉字的构造规律，使学生掌握书写汉字的基本技能。教学重点放在教独体字和构成汉字的偏旁部首上，步骤是先教独体字，再教合体字，按照汉字结构的规律，先易后难，循序渐进地进行。识字教学的目的是使学生建立汉字形、音、义之间的联系，重在对汉字的认读。识字教学采用集中识字的方法，以便快速提高学生的阅读能力。

两个"先后"，一个是"先进行口语教学，后进行识字教学"。也就是说，在学生具有一定的口头交际能力之后再进行识字教学。具体地说，我们是在初级口语教学进行了一半（大约120学时）以后才开始进行集中识字教学。

另一个是"先进行写字教学，后进行识字教学"。也就是说，在学生了解了汉字的构造规律以及掌握了书写汉字的基本技能后再进行集中识字教学。

在教学初期我们只开两门课，一门是口语课，一门是写字课。在课时安排上我们将大量时间用于口语教学，少量时间用于汉字教学。

二、总体设计的意图

（一）为什么要"语文分开"？

我们认为，除了汉字本身的特点，造成外国人汉语难学问题的主要原因是在基础汉语教学阶段采用"语文一体"的教学模式。

"语文一体"的模式适合教使用拼音文字的语言。英语、法语等拉丁语系的语言，其文字是拼音文字，在教材编写上采用"语文一体"的做法是很自然的。因为文字可以辅助发音，会发音又有利于记忆和书写词汇，所以"语文同步"，听、说、读、写并进，对"语"和"文"两方面的教学可以起到相互促进的作用。而汉字不是拼音文字，采用这种模式来进行汉语教学，效果就截然不同了，"语"和"文"双方起的不是促进作用，而是阻碍作用。

拿口语教学来说，口语的内容用汉字来书写，因为汉字字形不表示音素的组合，学生认读困难，所以必然要拖口语教学的后腿，使口语教学不可能进行得很快、很顺利（其实汉语是"非形态语"，对于初学者来说，口语比"形态语"要容易学得多）。拿汉字教学来说，"语文一体"的教材必然形成"文从语"的教学模式，即汉字教学服从于口语教学，也就是说，学什么话，教什么字。汉字的形体构造是一个有规律的、可进行分析的系统。汉字的基本笔画构成少量的独体字和偏旁（部件），由这些独体字和偏旁（部件）构成大量的合体字。汉字书写教学适合采用先教独体字和偏旁（部件）再教合体字这种由易到难、由简单到复杂、循序渐进的方法，而"文从语"的结果，使汉字出现的顺序不可能按照汉字书写教学的系统性来进行，这样必然导致汉字的书写教学杂乱无章，正如许嘉瑞先生所说的"这种方法使得本来就很难学的汉字显示不出它的规律性来"，从而使汉字书写教学难上加难。

从培养学生的书面阅读能力来说，"文从语"的做法，在教材的编写上要从口语教学的要求和原则来考虑。口语中能独立运用的最小的造句单位是"词"，所以教材中也自然要以"词"作为教学的基本单位，不可能以"字"作为教学的基本单位。在教"中国"一词时，必然只介绍"中国"这一词义，而不会介绍"中"和"国"两个字的字义。这种方法考虑的是"识词量"，而不是"识字量"。学生学了一定数量的词汇，但所学的汉字数量是不多的，而决定一个人汉语书面阅读能力的是"识词量"还是"识字量"？我们认为是"识字量"。因为"词"是由"字"构成的，有限的汉字构成了无限的词，知道字音可以读出词音，知道字义便于理解词义，"字"学得越多，会念的"词"就越多，了解的"词义"也就越多。也就是说，"识字量"决定了"识词量"，所以，我国语文教学历来是以"识字量"多少作为衡量一个人书面阅读能力强弱的标准。因此，要想快速提高学生的阅读能力，就要想办法提高学生的"识字量"，让学生多识字，快识字。而"文从语"的做法从识字教学的角度来看，学生识的字不仅量少，而且速度慢，不可能快速提高学生的阅读能力。

总之，无论从汉语的口语教学还是从汉字的书写教学和识字教学方面来分析，采用"语文一体"的模式对汉语教学来说，都不能算是一种最好的方法。正如从事多年汉语教学的专家李培元和任远先生在第一届国际汉语教学讨论会上所说的："'语文并进'的教学安排，必然形成一个'语文一体'的教学体系。这种教学体系不仅不能按汉字的结构规律产出汉字，而且由于汉字难学，听说训练会受到很大影响。"

"语文分开"，借助拼音来教口语，使口语教学可以不受汉字的阻碍，从而可以快速提高学生的口语听说能力（有人已经这样做了，如美国耶鲁大学出版的基础汉语教材就有"拼音本"，北京外交人员语言文化中心编写的《容易学》也是用拼音来教口语）。另外，"语文分开"更利于汉字教学，因为这样做，既可以按照汉字结构的系统性来进行汉字书写教学，又可以进行集中识字教学。也就是说，只有把"语"和"文"分开了，才有可能把汉字教学化难为易，才有可能快速提高学生的阅读能力。打个比方来说，采用"语文一体"的做法像是把一个人的两条腿绑了起来，哪条腿也迈不开，"语文分开"等于是松了绑，结果两条腿都可以迈大步，走得也就快了。

（二）为什么要"先进行口语教学，后进行识字教学"？

中国孩子采用集中识字的方法能在短期内认识大量的汉字，一个重要原因就是他们在识字前已具有一定的口语能力。我国20世纪30年代的著名心理学家艾伟通过实验研究儿童识字问题时就发现："掌握字音的难易程度也与该字（词）在口语中出现的机会多少有关，对于口语中说过的字（词），其感知和发音就比较容易。"也就是说，学生的口语水平越高，识字就会越容易、越快，具有了较强的口语能力会对识字起到促进作用。其实，我国扫盲工作的经验也证明了这一点，我国的文盲能在短期内摘掉文盲的帽子，其中一个重要原因就是他们已经具备了口语能力。最初我们用日本学生做集中识字实验是和口语教学同时开始的。结果日本学生一天识25个字也是不容易的。这次实验后，我们认识到："识字课应该晚一点儿开，先让他们学一段口语，等他们具备了一定的口语能力后再进行集中识字，这样可以降低他们识字的难度。"后来，我们和瑞士苏黎世大学合作进行的集中识字教学实验，就是在他们用拼音课本教了三个多月口语（每周12学时口语课，1学时写字课）后进行的，效果就好多了。在20天中，每天只用一学时教识字，结果瑞士学生识了633个汉字，平均每天识30多个字，比日本学生识的字还要多。如果先对日本学生进行口语教学，后进行识字教学，他们识字的速度会比欧美学生还要快。

（三）为什么要"识写分开"？

我们认为，写字教学的目的和内容与识字教学是不同的，两者很难统一。写字教学重在字形教学，是为了让学生了解汉字的构造规律，教学应该是按照汉字形体构造的系统性来安排的，适合采用先教独体字和偏旁（部件）再教合体字这种由易到难、由简单到复杂、循序渐进的方法。而识字教学重在字音教学，重在对汉字的认读，识字教学要在短期内让学生认识大量的汉字，由识字过渡到阅读，所以识字课本中汉字出现的顺序不可能照顾到字形结构的系统性。"识写分开"的另一个目的是分散难点。

汉字的"书写"比"认读"难得多。如果"识写不分",在识字教学的同时进行写字教学,那么,写字教学一定会拖识字教学的后腿。为此,我们把"识写"分开,编写了两种课本,一本是写字课本,一本是识字课本。

日本学生比较特殊,他们已经具有了汉字的书写能力,所以可以不进行写字教学,只进行识字教学。

(四)为什么要"先进行写字教学,后进行识字教学"?

前面已经讲了,识字教学适合安排在口语教学之后,那么写字教学安排在识字教学之前还是之后呢?我们认为安排在识字教学之前为好。首先,通过写字教学使学生了解汉字字形的构造规律并具备了分析和书写汉字的能力后再进行识字教学,这样对识字教学会起到一定的促进作用。其次,如果把写字教学放在识字教学之后就太晚了,所以安排在教学初期较好。最后,写字课由浅入深,循序渐进,有规律地进行,学生们不仅不会感到困难,而且会被汉字文化的魅力所吸引,从而对汉语产生浓厚的学习兴趣。

三、集中识字教学

(一)编写教材

在编写识字课本前,我们思考了这样几个问题:

1. 集中识多少字?
2. 集中识哪些字?
3. 每天识多少字?
4. 怎样进行集中识字?
5. 怎样由识字过渡到阅读短文?

我们把初级汉语教学阶段的识字量确定为 1000 个,而且这些汉字应该是最常用的、使用率最高的。我们把每天的识字量确定为 25 个。

为什么确定 1000 个最常用字呢?原因有两点:第一,我们调查发现,一般的基础汉语教材都不超过 1000 个汉字;第二,《常用字和常用词》中所统计的 1000 个最常用字的覆盖率达到近 80%。所以,让学生识 1000 个最常用字基本上就达到了基础汉语教学的要求。

为什么确定每天让学生识 25 个汉字呢?这个数字是通过实验确定的。另外,每天用一个学时让学生识 25 个字,40 天识 1000 字,这个速度是相当快的。

对于怎样进行集中识字,具体地说,怎样才能让学生一天识 25 个汉字,我们在编写识字课本时是这样考虑和设计的,我们认为,因为汉字字形不表音,所以要想记住字音、字调,就必须进行多次反复的认读练习。另外,如果每天把 25 个汉字孤立地教给学生，学生很难记住。因此，要想让学生在尽可能少的时间里记住较多的汉字，教材上就要满足两点：一是要连字成句；二是句子的含字量要大，但句子要短小，这样既好读，又使学生在最短的时间里可以达到最多的重复认读的次数。为了做到这两点，我们把 25 个左右的汉字编成一个句子，而且句子中尽量不重复或少重复用字，使句子既含有 25 个新汉字，又短小、上口。如第一句：

他一九八七年三月二十六号下午差五分四点半到北京。

这个句子由 23 个汉字组成，10 个数字都出现了，而且没有一个重复汉字，念一遍只用十几秒钟。如果学生把这个句子念下来，就认识了 23 个汉字。第二句：

王先生是位非常有经验的老师，在这儿教我们学习现代汉语。

第二句用了 25 个汉字，也没有一个重复汉字。

我们共编写了 50 个这样的短句，一课一句。每课分为三部分，第一部分是用拼音和翻译介绍短句中的字音、字义和词音、词义。第二部分是用汉字书写的短句。第三部分是用本课新学的汉字与学过的汉字进行组词。如第一课的组词：

一九九四年　一九九五年　一九九六年　一九九七年

十一　十二　十三　十四　十五　十六　二十

一月　二月　三月　四月　五月　六月　七月　八月　九月　十月

十一月　十二月

一号　二号　三号　四号　五号　六号　十五号　二十号

一点　三点　四点　五点　六点　七点　八点　九点

六点半　差十分四点　半年　一年半　三年　五年

第一课的组词把年、月份和小时的表达法都给出来了。每课组词基本上都是常用词。编写组词的目的是：利用汉字的构词性让学生在识字的基础上来扩大识词量。

为了使学生由集中识字过渡到阅读短文，我们在 50 课中，每隔五课插入一篇短文，短文用前面学生所学过的字词写成，字数在 500 到 800 字之间。

（二）具体教法

教学进度设计为一天一课（每天教一个短句、25 个左右新汉字）。在实际教学中，开始学生会觉得较容易，所以教师可以快一点儿，然后逐渐放慢速度。第一天可以教三课，第二天、第三天、第四天每天可以教两课，从第五天以后每天教一课。也就是说，前五天可以让学生识 250 个汉字。

每课的教法是，在课堂上，从单字开始，由字音、字义到词音、词义，最后到朗读短句。课堂上可以让学生念，也可以教师领读。最后教师留作业，让学生课下跟着录音反复朗读新学的短句。第二天上课首先是教师复习和检查学生对所学过的短句的认读。所谓复习，就是学生对已经学过的短句从第一句开始进行朗读，以防止遗忘。因为短句不长，念一遍只用十几秒，所以用几分钟就可以把学过的短句复习完。复习的方法是学生个人单念和集体齐声朗读相结合。复习之后检查前一天新学的短句，方法是让学生一个一个念，教师进行正音、正调。我们认为，对汉字认读的次数越多，学生识字的能力就越强。我们编写的句子短小，含字量大，尽量不重复用字，为的就是在课堂上能让学生多重复认读，因此，课堂教学的原则就是尽可能增加学生反复认读短句的次数。

在学生能把新学的短句念下来以后，让学生念组词部分的词。这部分词重在让学生认读。对于词义，有的词他们在口语中已经学过，在这儿只是和汉字对上号，如常常、经常、现在、上午、明年等；有的词他们根据字义可以推断出词义，如中餐、西餐、中学、小学、鞋店、古人、古代等；有的词教师通过简单的讲解可以使学生理解，如祖国、字母、作家；有些不容易理解的词教师可以让学生查阅词典。在让学生认读这部分词时，教师可以让学生进行一定的口语练习。

对于每学习五课后所插入的一篇短文，教师主要是让学生朗读。

对于短文中学生不懂的词或句子，教师进行必要的讲解和说明，方法像一般的短文教学一样。

我们的教法可以归纳为：短句天天念，学新不忘旧，以句带词，以词带字，以字组词，识字和阅读相结合。

（三）教学效果

不论是日本学生还是欧美学生都可以在不影响口语学习的情况下，用 35 天学完 40 句，识 1000 个字，平均每天识近 30 个字。我们使用"语文一体"的教材，让学生 100 天识 800 个字，平均每天识 8 个字，也就是说，集中识字的方法在速度上要快三倍多。另外，用集中识字的方法，学生识字量大，吸收新词语的能力强，所以他们的阅读能力提高得就快。识字教学五天后我们教的第一篇短文《四世同堂》就是 500 多字，第二篇《中国见闻》600 多字，第三篇《访冰心》800 多字。由此可见，集中识字教学达到了快速提高学生阅读能力的目的。

集中识字教学的另一个优点是阅读的内容更能满足外国成年大学生的需要。因为过去用"语文一体"的教材，阅读课文往往是和口语的内容配合，所以内容浅显、乏味。而和集中识字所配合的阅读短文，不仅文体上可以使用书面语的词汇和句式，而且内容可以较富有文化内涵和文学色彩，从而达到了阅读教学的真正目的。

实验证明，采用两个"分开"和两个"先后"这样一种总体设计，确实使我们在"语"和"文"两个方面都取得更好的教学效果。

首先是口语教学，由于不受汉字的阻碍，学生们不仅学起来容易，而且速度快，掌握的词汇量比使用"语文一体"的教材要大得多。

汉字书写教学由于按照汉字形体结构的系统性来进行，降低了学生们学写汉字的难度，增加了他们的学习兴趣，受到了他们的欢迎。通过这样的教学，学生们学到的不仅是对一些汉字的书写，而且具备了一种分析和记忆汉字的能力，这为他们以后的学习打下了一个坚实的基础。

识字教学由于采用集中识字的方法，虽然用的时间少，但学生的识字量大，从而达到了快速提高他们阅读能力的目的。我们的体会是：要想从根本上解决外国人汉语难学的问题，前提是要有一个合理的符合汉语和汉字特点的总体设计。

第三节 词汇集中强化教学模式

多年来，对外汉语教学事业有了很大的发展，成绩是显著的。但是我们对语言习得过程缺乏了解，以至于除了语音阶段和句型阶段，我们的教学从总体上说仍然处于误区，效率比较低，主要是词汇量问题没有解决，所以学生的交际能力提高不上去。

一、语言习得的心理过程

近年来科学界对人脑认知过程的研究有了重大进展，因此一门新兴的学科——认知心理学兴起。语言习得是人类认知的一部分，很多科学家对此做了大量的研究，他们的研究成果已经足以使外语教学（包括对外汉语教学）产生一场革命。

（一）习得与学习的区别

克拉申的习得与学习假设对语言认知研究产生了巨大的影响。现在外语教学界差不多人人都在谈论习得。克拉申认为习得是儿童获得第一语言的途径，是下意识的、隐性的，而学习是有意识的，是正规地从语言学方面来理解语言，就像现在我们的课堂教学那样。他经过研究得出结论：要获得一种语言，习得是首要的，而学习是辅助性的。而且他认为学到的语言知识不可能转化为习得，也不能用来自然表达思想。克拉申的另一个重要理论是他的输入假设：我们是通过可懂输入习得语言的，注意力集中在信息上，而不是集中在语言的形式上。实际上克拉申已经否定了我们现在外语教学的很多做法。

因为我们的外语教学既是让学生进行有意识的学习，又使其把注意力过分集中在语言的形式上，所以对于克拉申的理论，我们多数人有一种复杂的感想：既觉得它有道理，又觉得它有些片面，但是对它的得失对错又说不太清楚。我们每个人都有体会，语言确实有很多东西是习得的，学语言跟学数理化不一样。但是如果不像现在这样学，那又该怎样学？

克拉申的语言习得理论中有一个很重要的假设是，人类头脑中有一个语言习得装置，当可理解的语言信息输入大脑以后，这个语言习得装置就会自动地习得语言。虽然他对这个语言习得装置的内部结构没有做任何说明，但是我们可以从乔姆斯基的理论中找到解释。乔姆斯基认为语言是生成的，因为人脑中存在着普遍语法，世界上所有语言都有某些共同的原则，这些原则是遗传的，是人类头脑中固有的。婴儿生下来头脑中就有一些语言参数，这些参数的值处于待定状态。婴儿生活在某种语言环境之中，某种语言不断输入，这时参数值就得到确定，形成特定语言的语法。这样，乔姆斯基对人类为什么能够习得语言做出了解释。

虽然第二语言习得与第一语言习得有很多不同之处，但我们没有足够的证据认为这两者在本质上是不同的，因此我们没有理由认为第二语言可以通过学习的方法获得。这样，我们要研究的是怎样用习得的途径进行对外汉语教学。

（二）知识的分类

我们可以对知识做各种分类，这没有什么惊人之处。但是认知心理学家对知识的分类非同小可，他们将知识分为两类：一类是陈述性知识，另一类是程序性知识。

陈述性知识是关于某一件事是事实的知识。比如我们知道三角形是有三条边的封闭的平面图形，这就是陈述性知识，我们能够回答"三角形是什么"这样的问题。陈述性知识在记忆中的储存形式是命题，表示陈述性知识的基本手段也是命题。程序性知识是关于怎样做一件事的知识，例如，我们能够将大大小小的三角形从其他各种图形中分出来，这就是程序性知识。能够分出三角形的人并不一定能够回答"什么是三角形"。

表示程序性知识的基本手段是产生式。

当陈述性知识被激活的时候，信息会再现。当程序性知识被激活时，结果不是简单的信息再现，而是信息的转换。我们可以看出，陈述性知识是定义性的，而程序性知识是操作性的。因此陈述性知识是知其所以然的知识，而程序性知识只要知其然，不一定要知其所以然。

什么是产生式？产生式可以用条件—操作规则来体现。如果存在某种条件，那么操作就可以按照规则产生。一个产生式有两个分句，首先是表示条件的 if（如果）分句，然后是表示操作的 then（那么）分句。例如：

　　if（如果）图形是平面的

　　而且图形是三条边的

　　而且图形是封闭的

　　then（那么）就把图形归类为三角形

因此程序性知识有两个方面：一个方面是形式识别程序，这就是 if（如果）分句的内容，这是识别与区分刺激物的能力。另一个方面是操作—次序程序，这是 then（那么）分句的内容，是执行一系列操作的能力。所以学习程序性知识首先要学会辨认形式，然后要学会执行一系列的操作。

区分陈述性知识与程序性知识对于外语教学和对外汉语教学非常重要，因为这两种知识的获得过程非常不同。

陈述性知识的获得是新的命题与记忆中原有的相关命题建立联系然后储存在命题网络中的过程，所以获得陈述性知识相当于创造意义。学习一个复杂的理论问题，需要对理论进行分解，使理论中的新命题与学习者的已知信息逐一建立联系。建立起联系就是建立起意义，就对理论产生理解。如果不能建立联系，那么就不能获得意义，这时候就需要教师进行分析讲解，帮助学生在新命题与已知命题之间建立联系。联系建立起来的时候就是知识获得的时候，学生就会说：懂了。学习陈述性知识是懂不懂的问题，学习陈述性知识时教师的讲解是必要的。

程序性知识并不是以命题的形式储存和表达的，而是以产生式的方式存在。学会一个产生式，必须学会辨认形式并且学会一系列操作。学会辨认形式可以通过经验，而不通过教师的讲解。例如，儿童在上学以前就能够习得数以千计的词，这些词主要靠他们自己在经验中概括和区别获得。但是适当地指出形式之间的区别特征对于学习是有利的。形式识别程序完成以后就为操作—次序程序做好了准备。学习操作首先得用陈述性的形式来表示操作的一系列次序，然后按次序一一操作。操作—次序程序的完成是一个缓慢的过程，而且常常会遇到挫折。这与陈述性知识的获得过程有根本的区别。学习陈述性知识只要懂了就算会了，学习程序性知识懂了并没有会。学习程序性知识主要的方法是练习操作。

对外汉语教学中的知识是什么知识？当然是既有陈述性知识又有程序性知识。学生应该着重学习什么知识？那要看学汉语的目的。要是为了研究汉语，那当然以学习陈述性知识为主。如西方的一些汉学家，他们掌握了很多汉语知识，但他们不能用汉语交际，那些知识都是陈述性知识。当然这样的情况很少，多数人学汉语是要把汉语当作交际工具。用来交际的汉语知识是技能性的，是程序性知识。我们把语言技能分为听、说、读、写四种，技能就是一系列操作—次序程序。

汉语的表达方法，包括语法、词汇等，都是既有陈述性知识又有程序性知识。比如语法，写在书上的语法都是陈述性知识，讲解已经归纳出来的语法知识就是讲解陈述性知识，而存在于人们头脑中用来指导交际的语言规则是程序性知识，跟写在书上的语法是两回事，即使把书上写的语法都背下来装在脑子里，那也还是陈述性知识，可以用来应付考试，也可以用来做研究，但是不能用来交际。因为程序性的语法规则是从反复操练中获得的。所以反复操练是语言习得的首要条件。

陈述性知识作为研究的对象，无论语音、词汇、语法还是文化都有很多人在研究，已经发表了无数的论文和专著。而程序性知识是潜在的，我们意识不到它的存在，无法进行研究。如果研究，那么研究出来的成果是陈述性知识。心理学和生理学研究表明，人的大脑两个半球的分工是不同的，根据研究我们可以推测，学习陈述性知识是大脑左半球的功能，学习程序性知识是大脑右半球的功能。大脑右半球的程序性知识是无法表达的，如果要表达就得通过左半球去寻找适当的词语，一旦表达出来就成了陈述性知识，而不是程序性知识本身。所以即使你听懂了这样的表达，仍然学不会程序性知识。例如，一个人要学骑自行车，别人告诉他怎样骑自行车，他虽然听明白了，但只要一上车，他照样摔跟头。只有自己不断地练才能学会。研究表明，对于词语和语义的记忆是在大脑的左半球，对于技能的记忆是在大脑的右半球。如果用学习陈述性知识的方法学习语言，那么学来学去知识都在大脑的左半球，不可能在右半球形成交际的技能。

程序性知识是动态的，是信息的转换。听、说、读、写四项技能的运用都是转换。说、写是从意义转换到表层形式，听、读是从表层形式转换到意义。转换是对环境的表现，所以程序性知识与环境相联系。用汉语交际也需要一定的陈述性知识，但通常层次的汉语运用不需要有陈述性知识的深度，只需要一些基本的知识，这些知识反映在练习操作之前的形式辨别与操作步骤的说明上。

认知心理学对知识的这种划分与克拉申的习得理论是一致的，用学习的方法只能获得陈述性知识，要获得程序性知识必须用习得的方法。

虽然我们能够分清这两类知识的差别，可是在教学中我们常常搞错，在应该按程序性知识教学时，却大讲陈述性知识，而且自以为这样才能使学生学得扎实，因此讲解太多。尤其是具备较多陈述性知识的教师，很想把自己的知识传授给学生。陈述性知识靠传授，程序性知识靠练习。初中级阶段的学生需要的是练习，所以教师传授的方法就导致教学进入误区。更大的问题是，现在的教材是按学习陈述性知识的思路编写的，所以无论任课教师如何努力想用习得的方法来教学，总体上却无法跳出这个误区。因此，改革必须从总体设计和教材着手。

（三）语言习得的两种心理机制

1. 生成机制

语言是生成的，人们并不需要学习实际存在的每一句话，而是可以通过规则来造句。这一点是人所共知的常识，即使行为主义心理学和结构主义语言学也承认这一点，否则教授语法结构就没有意义。听说法的替换练习就是一种语言生成练习，但这种在意识指引下的组词造句不是现代意义的语言生成。现代生成语法理论的要点是人的语言能力具有一种生物学的规定性，是先天的。人脑中存在着一种无意识的语言规则，在语言环境的影响下，语言会根据这种无意识的规则生成。学龄前儿童没有学过任何语法规则，但他们到五六岁时已经能够说很地道的母语。一个成年人滔滔不绝地讲话，他的脑子里根本没有用意识指引造句的过程。显然语言是在无意识的生成机制下产生的，可见生成机制在语言习得过程中起着重要的作用。当然人们在意识指引下也可以组词造句，但不可能具备较好的语言交际能力，这样的组词造句属于另一种认知系统的机制。

2. 记忆机制

生成只是语言习得过程的一部分，而不是全部。另一种重要的机制是记忆。首先，语言不仅仅是语法，还包括更广泛的内容，如语音、词汇、语义等。语符与语义的关系是约定俗成的，很多表达方式是习惯性的。既然约定俗成，那么就没有什么规则可言，生成机制在这时候就不可能起作用，只有运用记忆系统才可能习得这些表达方式。语言的大量词语、惯用语、固定结构以及"对什么人在什么场合和什么时间用什么方式讲些什么和不讲什么"等，这些都靠记忆，无法生成。其次，大量的语言事实表明，即使是语法规则也存在不少非规则性的例外，语言的规则显然并不是那么整齐划一的。什么时候是例外，这也需要记忆。例如，在研究儿童语言习得时人们常常发现孩子们会过度使用语法规则。一个刚学会用加-d 或-ed 来构成动词过去式的儿童会把这一规则同样应用于不规则动词，产生 comed、doed 和 breaked 这样的错误。这样的例子不但证明语法规则是生成的，也证明仅仅靠生成并不能保证生成出来的句子都是符合习惯的、能够被人们接受的。当孩子们在进一步学习中对此加以纠正，学会了 came、did 和 broke 的时候，说明记忆机制在他们的语言习得中已经起了作用。心理学家们对语言习得中记忆的规律已经做过很多研究，这些都对我们有重要的指导意义。

二、对现行总体设计的评价

（一）语音教学与句型教学是成功的

目前的语音教学基本上是成功的。语音作为汉语学习的开始，一定要打好基础，所以语音一定要从单音教学开始，让学生明确地知道汉语的语音特征，然后逐渐从单音到音节，再从音节到语流。语音阶段要有大量的口腔操练，从模仿开始，把汉语的声母、韵母和声调练得滚瓜烂熟。但是学生们接受新语音的能力不一样，要做到人人语音标准实际上是不可能的。

目前最成功的是句型教学。在较短的时间里把汉语的基本语法集中起来进行强化训练，几十年的实践证明这种方法有效，而且效率比较高。在句型阶段，教师们觉得教学很顺，学生们觉得学得很充实，每天都有进步，三个月下来就惊喜地发现自己有了很大进步。因此，句型教学受到普遍的欢迎。这是结构主义语言学和行为主义心理学在外语教学中起到的作用。但是句型教学在前些年受到很多批评。有人说机械的句型操练脱离语言情境，并不能培养较好的交际能力。有人说语言不单是结构，更重要的是功能，等等。确实，按照听说法的构想，学会了句型就等于学会了一种语言，这显然把复杂的语言现象看得太简单了。事实上只凭句型教学不可能实现那样高的目标。听说法的问题在于它用句型教学代替了整个外语教学。事实上句型阶段结束以后外语教学并没有结束，只是外语教学的初级阶段结束了。句型教学的优点在于它对语言的基本结构进行集中强化训练，能够在较短的时间内给学生打下一个良好的基础。这个基础对于学生进一步学习无疑是非常重要的。克拉申的输入假设确实有道理，但输入必须可懂，我们可以用句型教学的方法帮助学生尽快地掌握语言的基本结构，以使其尽快理解汉语材料。与早期的句型教学不同的是，我们现在的句型教学已经不仅是机械的句型替换，而且把新句型编进了对话和课文，这样就有了一定的语言情境。如果说目前的句型教学还有什么不足的话，那就是强化的程度不够高，学生对每一种句型还没有达到滚瓜烂熟的程度。

从语音和句型教学的成功中，我们可以清楚地看到，语言教学有两点是非常重要的：第一点是目标要明确，第二点是集中强化。

（二）句型阶段以后的路子走错了

在句型阶段结束以后，我们开始了短文教学和以较长的文章为课文的精读课（或者称为综合课）教学。这时候效率就越来越低，这是教师和学生的共同感受。学生们觉得学得很辛苦，但是收获不大。好像是在爬坡，爬来爬去爬不上去。

这是为什么？其实原因非常明显，句型阶段结束以后我们面临选择：外语教学向何处去？教什么？怎么教？我们来到了一个十字路口。现在我们是走了短文教学和精读课的路子，正是这一步让我们走进了误区。首先是对于教什么学什么，我们失去了目标。在语音阶段和句型阶段我们的目标非常明确，必须让学生把这么多东西学完，学会了这些东西就有了掌握的感觉。但是在短文和精读课阶段我们的目标是什么？有什么是必须教的？无论短文课还是精读课都是以课文为核心，编教材的时候是先选课文，然后从课文中挑生词、找语法点，最后编练习。为什么要以课文为核心来教学？走这一步有什么道理？选课文的时候为什么一定要选这篇文章，选另一篇文章不可以吗？实际上是选到什么算什么，带有很大的偶然性。课文里有什么词语就教什么词语，课文里有什么语法就教什么语法，碰到什么教什么，碰不到就拉倒。教学内容不确定是因为我们的教学失去了方向，不知道应该教什么了。在语音和句型阶段，我们没有以课文为核心，在句型阶段以后为什么一定要以课文为核心呢？语言有三大要素：语音、语法、词汇。首先，在对语音和语法进行强化训练以后，按理应该对词汇进行强化教学。以课文为核心的精读课显然不是对词汇的强化教学，那么为什么要放弃对词汇的强化训练？其次，放弃了集中强化的手段。在语音和句型阶段我们很少讲解，把时间尽可能地用于操练，务必要让学生把所学的内容练得滚瓜烂熟。这是很清晰的程序性知识习得思路，我们成功了。到了短文阶段，课文中出现的语言点显得零零散散，而且不能像句型阶段那样进行大量操练，词语和语法只好以教师讲解为主。课文后虽然附有一些练习，但这种练习不再是集中强化的操练形式，练习做完了并不能留下多少印象。这样我们不知不觉地放弃了程序性知识的习得方法，而代之以学习陈述性知识的方法。

尽管外语教学流派林立，各种教学法风靡一时，但它们都不过是初级阶段的教学方法，都没有涉及中级阶段的教学。而在初级阶段，没有一种新教学方法能够离开句型，都不过是在句型教学的基础上做了一些改进的尝试。它们虽然各有长处，但没有一种新方法比句型教学更简洁有力，更容易操作，成绩更显著，因此它们无法战胜句型教学。但是外语教学不仅仅是句型教学，语言有更复杂更丰富的内容，仅仅掌握一些基本句型，要用来应付千变万化的语言情境是很困难的。外语教学还有中级阶段。实际上，我们迫切需要的不是改进初级阶段的教学方法，而是怎样把外语教学深入下去，开拓中级阶段教学的新思路、新方法。

其实很多教师都知道，基本句型以后的教学重点应该转移到词汇上去。词汇量不足是学生在汉语交际时遇到的最大困难。汉语的词汇量有多大？北京航空航天大学"现代汉语词频统计"课题组做过研究，汉语的词汇量是4万。英国Lob语料库统计出来的英语词汇总数也是4万。这仅仅是通用词汇，专业词汇的数量也很大。农科院有关人士说，农业科学方面的专业词汇多达3—4万。所以，一个专业人士的听读词汇量估计是5—6万。这真是一个惊人的数字。

我们的学生应该掌握多少词？汉语水平等级大纲选定8822个词作为高等汉语水平考试的主要命题依据。且不说这个数字与4万相差悬殊，只就那8822个词而言，按现在精读课的路子也是不可能达到的。每年能有多少学生通过高等水平考试？

曾经有人说一种语言的词汇量虽然大，但常用词只有几千个，只要掌握常用词就行了。还有人根据这种说法做过统计，如迪勒（K. C. Diller）统计，如果一个学生掌握了2500个常用词，就能读懂书报的78%，掌握5000个词就能获得读懂一般书报86%的能力。这好像很鼓舞人心，但这个统计显然与事实不符。掌握2500个汉语词的学生很多，但他们并没有获得读懂汉语书报78%内容的能力。问题在于掌握2500个词就能读懂78%这个结论是怎么得出的，是指2500个词能够覆盖读物中词语的78%吗？可是词语覆盖78%与理解78%不是一回事。假如一个句子有10个词，你只有两个词不认识，好像应该是能够理解80%，但事实上你很可能完全没有看懂这个句子。英语的冠词the的出现频率是最高的，假如它覆盖读物词语的8%，那并不是你学会the以后就能读懂读物的8%，事实上你的理解能力仍然是0。理解是一个复杂的心理过程，并不是那么简单的。

另外，因为非常用词的出现频率较低而可以将其忽视的看法也是不对的。非常用词虽然在个体上没有常用词出现得多，但它的数量比常用词大10倍，因此从群体上说它跟常用词一样常见。如果你只掌握5000个常用词，那么交际中就会不断地碰到生词，而且在不同的场合碰到的是不同的个体，使你的外语交际遭遇失败。所以外语教学不能避开非常用词。

三、我们的改革思路

（一）取消精读课

我们说精读课失败，主要不是指课程本身失败，事实上有的教师能把精读课上得很好。我们说它失败，是指它在扩大词汇量这一点上效率太低，以课文为核心的方法不可能让学生迅速扩大词汇量。我们不得不把中级阶段对外汉语教学的失败归结到主课——精读课上，它是我们在十字路口迈出的错误一步。精读课的错误在于它太倾向于把语言知识作为陈述性知识来传授。句型教学结束以后，学生们听、说、读、写四项技能并没有形成，只是打了一个基础。因此下一个阶段必须继续进行技能练习。这里说的练习并不是精读课课文后边的那种练习，而是指听、说、读、写的实践。我们要用大量的输入使学生形成听和读的理解能力，这是最根本的。理解能力不够，表达能力当然更谈不上。在词语集中强化阶段，我们要使每一个新词语都在不同的上下文中反复出现。

近几年来我们常常讨论语言习得，有些教师感叹成年人已经没有儿童那样的习得语言的条件，因此只能用让学生学习的方法来教学。但是没有条件不意味着可以改变语言习得的规律，用学习陈述性知识的方法去代替学习程序性知识的方法。用于交际的语言知识只能通过习得的途径得到，不可能通过学习的途径得到。实际上儿童学习母语的优越条件在于语言环境。如果我们再深入思考，就会发现这个优越条件的实质是数量，即儿童习得母语时有足够的听说实践机会，也就是说有足够的练习次数。符合语言习得规律的条件并不是必须像儿童那样生活，而是必须像儿童那样有练习和实践的足够次数。对外汉语教学无法创造像儿童那样的生活环境，但是我们可以创造数量。数量是实质，数量就是语言环境。抓住了数量就抓住了实质，创造了足够的数量就创造了语言环境。我们必须强调输入的数量。精读课那种拿少量材料慢慢读细细讲的方法完全违背了语言习得的规律。

（二）中级阶段的任务——词语的集中强化教学

心理学家们在研究记忆的时候对词语习得的规律做过很多研究。词语是以网络的形式储存在记忆中的，孤立的词不容易记住，也不容易检索出来。因此在词语教学中要利用类似、对比、联想、连接等方法，使词语进入网络，并且把整个网络呈现给学生。假如在初中级阶段我们的目标是掌握两万词语，首先要对这两万词语按语义场进行分类，使每个词都进入一定的语义场。假如某个语义场的词数量不多，就可以让学生一次突击学完，或者分两次进行。假如某个语义场的词语数量很多，可以分三个阶段来突击。两万词语（其中近两千在初级阶段已经学过）可分三个循环进行集中强化，按词语的出现频率分配到一至三个循环里。每一个循环里，一个语义场为一课，一课学一个星期。假如第一循环第一个语义场有 250 个词语，那么先把词表给学生，学生必须强记。在强记时要听录音，把词形与语音联系起来。教师要利用构词法以及对比、联想、连接等方法帮助学生记忆。词表中汉语词与学生的母语词对译的方法虽然受到很多批评，但这种方法比较便捷，它的不足可以通过以后语境中的重现练习来弥补。

学生完成了这 250 个词语的强化记忆并不是已经记住了这些词。这些词虽然作为网络的一部分互有联系，但这种联系必须进一步加强，信息必须经过进一步加工。如果没有进一步的措施，这些词仍然很容易忘记。另外，记住了这些词也不等于已经能够运用这些词，因为这些词还没有进入语境。词表水平上的记忆仅仅是记忆的初步策略。因此在突击记住了这些词以后，下一步要做的是语境强化。教材要使这些词进入语境。语境首先是单句，这是简单的语境，然后是语段语篇。语境训练以听为主，然后是读。对于常用的词语或口语词，教师必须训练学生说，经过几次回忆提取的词在记忆中就比较牢固了。如果有必要也应该适当进行写的训练。词语突击记忆是开发大脑左半球的功能，在语境中求得熟练是刺激大脑右半球技能的形成。

假如第一循环有 20 个语义场，每个语义场有 250 个词语，那么第一循环下来就积累了 5000 个词。然后开始第二循环，第一语义场再次出现，但出现的是新词语，这些词语与第一循环已经学过的词语结合成更大的网络。这样依次类推，一直到第三循环完成，词语强化阶段结束。第二循环强化的目标是 6000 词，第三循环强化的目标是 7000 词。

假如从零起点开始，语音和句型阶段需要一个学期。我们设想词语强化阶段需要三个学期，每个循环一个学期。这样经过四个学期的强化训练，学生积累了两万个词语。虽然这与本族语使用者仍然有很大的差距，但有了这样的训练以后，听、说、读的能力应该已经基本过关，看一般的书报不应该觉得费劲了。写的能力可能仍然差一些，可以在以后继续学习时提高。假如我们把语音和句型阶段称为初级阶段，词语强化阶段称为中级阶段，那么更高目标的专门化训练可以称为高级阶段。

有经验的教师会发现，这张表在词语强化阶段没有再提到语法。语言中还存在着大量的不同于基本句型的语法现象，这些在中级阶段都必须解决。中级阶段以词语强化为目标，语法教学应该在词语强化的同时完成。因为句型阶段以后的语法现象零散而不成系统，到现在为止人们也搞不清基本句型以外还有多少语法点，因此基本句型阶段以后的语法教学很难系统化。过去我们是课文中碰到什么语法现象就教什么语法，在词语强化教学的构想中，这一点并没有改变，仍然只能这么做。按照程序性知识的习得方法，只要知道这些语法现象是什么就够了。有经验的教师同样能够预感到实现这个构想的困难在于教材编写。过去精读课教材的编写方法是先找课文，只要课文难易程度合适就可以，然后从课文中挑生词做词表和词语例解，挑语法点做语法注释和练习，选课文有很大的自由度。而按词语强化教学的构想是先做词表再选课文，课文必须重现词表上的词语，而且要多次重现。课文与生词的关系整个儿颠倒了，不是根据课文选生词而是根据生词选课文了，这当然难。难虽难，但这不是不能克服的困难，只不过得花更多的时间。工作量当然很大，但必须试一试。我们不能指望一切都不改变就能提高效率，也不能指望一个小小的改变就能大大地提高效率。

随着我们对语言认知心理过程的进一步了解，外语教学（包括对外汉语教学）总体设计的改革势在必行。如果我们关心外语教学的动态就会发现，如何迅速扩大词汇量正在逐渐成为外语教学研究的热点。相信21世纪的外语教学将会有一个飞跃。

第四节 基础汉语教学模式的改革

这里说的"基础汉语教学"，相当于我国对外国留学生设立的汉语言专业一年级水平的汉语教学；"教学模式"指课程的设置方式和教学的基本方法，如现在国内通行的基础汉语教学模式可以称作"分技能教学模式"，这种教学模式根据技能项目设置课程，教材采用结构—功能法进行安排，课堂教学采取交际法和听说法结合的方式。下面从改革的必要性、现行模式分析（形成、特点、不足）、可借鉴的模式和改革建议四个方面简单说明。

一、改革的必要性

当前，全国高校正在讨论和进行教学内容和课程设置改革。对外汉语教学界对此反应甚微，这可能与对外汉语教学的教学对象、教学内容及特殊性有关。但是，对外汉语教学有没有一个教学内容、课程设置、教学方法的改革问题？回答应当是肯定的。理由至少有三个：

（1）目前我国广泛使用的对外汉语教学模式，是在20世纪80年代定型的。吕必松先生说："1980年秋季，北京语言学院针对来华留学生开始了改革精读课、加强听力和阅读教学的实验。第一学期设精读、听力理解和汉字读写三种课型，第二学期设精读、听力理解、阅读理解三种课型。这项实验中制定的课程设置计划和新编教材（即《初级汉语课本》系列教材，鲁健骥主编，北京语言学院出版社出版）后来在一部分教学班推广，一直延续至今。"从总体上看，这种模式反映的是20世纪60—70年代国际语言教学的认识水平。多年来，国内外在语言学、第二语言教学、语言心理学、语言习得研究、语言认知研究等跟语言教学相关的领域中都取得了巨大的进步，研究和实验成果不可计数。但是由于种种原因，目前的教学模式对此吸收甚少。

（2）近年来，由于科学技术的飞速发展，人们的工作、学习、生活环境发生了巨大的变化。作为为21世纪社会发展培养人才的高等教育领域，国内外大学都在探索适应21世纪的人才培养模式，进行教学内容和课程设置、教学方法改革的探索，作为高等教育一部分的对外汉语教学也应当适应社会的发展，运用社会发展所提供的新教育思想、新技术、新手段。

（3）迄今为止，我们对国外的第二语言教学的教学模式特别是汉语作为第二语言的教学模式了解太少。学界几乎难以回答下面的问题：目前国外除了我们的教学模式，还有没有其他的模式？有没有比我们更好的模式？如果有，是什么样的？我们的教学模式跟人家相比有什么优点？有什么缺点？我们曾经听到不少对我们的批评，但很少看到评价我们的教学模式（甚至教学）不足的文章，也很少看到介绍外国汉语教学模式的文章。

从上述三方面的事实来看，我们目前使用的对外汉语教学模式在创立之初是一种进步，同时它在教学内容、课程设置、教学方法方面都经历了较长时间的验证，积累了一定的经验。但是，另一方面，这种教学模式几乎封闭性地运行了多年，在全球都在进行教学内容和课程设置、教学方法改革的今天，我们至少应当对它进行一次严肃的检讨。

二、现行模式的形成、特点和不足

1. 形成

1973年以来，我国基础汉语教学模式大致经历了下述变革过程：

（1）"讲练—复练"模式（1973—1980）。这种模式以当时北京语言学院《基础汉语课本》的课程设置和教学方法为代表：每天4节课，前两节为讲练课，后两节为复练课。这一模式应属于建立在结构主义语言学理论和行为主义心理学基础上的听说法的教学模式。

（2）"讲练—复练＋小四门"模式（1981—1986）。在北京语言学院，这种模式是"讲练—复练"模式的发展，即在上述课程设置和教学方法的基础上，为应付学生刚到中国的急需，开设少量的实用口语课、听力课，稍后还开设了阅读课（包括文学阅读课、历史阅读课）、写作课。这一模式的产生有两个背景，一是受到国际上流行的功能法、交际法的影响，二是为了适应学生学习、生活和交际的需要。实际上这是由"讲练—复练"模式向"分技能教学"模式发展的中间状态。

（3）"分技能教学"模式（1987—现在）。"分技能教学"模式是"讲练—复练＋小四门"模式的发展和完善。应当说，这是一种复合型模式。其构成包括听说法的遗留（精读课反映的）、功能法和交际法的影响（小四门反映的）以及中国对外汉语教学的实践经验（模式的构成方式）。这一模式带有一定的中国特色，与国外倾向于依赖单一的教学理论建立教学模式的做法很不同。实践这一模式的代表性教材有两种：一是上述鲁健骥主编的《初级汉语课本》，包括精读课本、听力理解课本、汉字读写课本和阅读理解课本，授课方式为"精读＋精读＋听力＋汉字（阅读）"。二是以李更新、李德津主编的《现代汉语教程》为代表，包括读写课本、听力课本、说话课本，授课方式为"读写＋读写＋听力＋说话"。

分技能教学模式已经运行了多年，是目前国内各种类型的基础汉语教学中占主导地位的教学模式，各校的课程设置和授课方式大同小异。

2. 特点

现行的分技能教学模式的具体操作可以概括如下：

（1）以技能培养为教学目标。按照语言技能项目（听说读写）分设课程。通行的课程设置为精读课（现在流行称"综合课"）、听力课、汉字课（第二学期改为阅读课）。各种课程都以技能训练为主要内容。说的训练通过精读课来解决，也有在后期开设实用口语课的。

（2）教学单元以精读课为核心。每个单元包括精读课两节、听力课一节、汉字课或阅读课一节。精读课的教学内容被假定为整个单元的共核。

（3）在口语和书面语的关系上，采取"语文并进"的方式，以词汇为教学单位，词汇跟汉字同步学习。

设计这种教学模式的依据是，认为培养交际技能是语言教学的根本目的，并认为这种模式突出了语言技能的培养。

3. 不足

在笔者看来，这种教学模式的不足至少可以从以下三点来讨论：

第一，这种模式不利于学习者对语言项目的掌握。教学设计者希望每一个教学单元都以精读课的内容为共核，其他课程在对精读课的内容进行复练和巩固的基础上，发展到分技能的运用。但迄今为止，还没有看到能够很好地体现共核的教材。特别是现在，除了个别学校在固定使用完整的系列教材，多数学校都是多种教材搭配使用，各课型包含的内容差异越来越大，已背离了模式设计者的初衷。

从具体操作来看，在一个教学单元中，精读课的内容包括 20 个左右的生词、2—3 个语法项目、100—200 字的课文。打头的两节精读课只能对内容做一个介绍和初步的练习，学生并没有很好地掌握就要变换课型和学习内容（例如转入听力课），而第三节课的内容还没有练熟，学生又要转入第四节课的学习。频繁的转换分散了学生的注意力，使每一阶段的学习内容都没有达到应有的熟巧度。结果是学了半天，学生经常感到没有明确的收获。

第二，按技能分课型未必是学习语言技能的最佳途径。应当承认，课内外的专项技能训练有助于学生对某些技能的掌握。但是，语言的各种技能是互相关联、协调发展的。各种技能很难完全分开培养。一方面，采用听说法培养出来的学生，语言技能方面未必劣于分技能课培养出来的学生。另一方面，我们没有理由假设，学生掌握语言技能的过程像课程设计的顺序那样，是由说到听，再由听到读写。

第三，如前所说，现行模式的一个最大的弱点是，它对近些年来语言学、教育学、心理学，包括对外汉语教学研究的新成果表现甚微。

三、可借鉴的模式

他山之石，可以攻玉。跟各领域的发展都需要了解国内外的信息、经验一样，对外汉语教学模式也应当借鉴、吸收国内外教学模式和相关领域的经验和成果。下面试举几例：

（1）美国明德暑期汉语学校的教学模式。这是一种强化教学的模式，适用于短期速成教学。它以听说法为基本依据，课堂教学采用"讲练—复练"模式，有严格的操作程序和管理机制。其特点是坚持听说法教学，不赶时髦，也没有按技能分课型，但教学效率和效果得到广泛的认可。

（2）俄罗斯莫斯科大学亚非学院的汉语教学。该校采用的是汉语言文学教育的思路。这种教学模式不是单纯强调技能训练，而是技能和知识、理论并重，在注重开设技能训练课程的同时，开设中国历史、哲学、文学、普通语言学、汉语语言学等课程。这是一种适用于学历教育的模式。从我们见到的该校培养的学生来看，这种模式也很成功。

（3）张思中外语教学法。张思中曾是华东师范大学第一附属中学的外语教师。他经过几十年的实践和研究，创造了一种"简便、易学、快速、高效的外语教学法"，张思中把这种教学法概括为"适当集中、反复循环、阅读原著、因材施教"。《人民日报》1996 年 3 月 22 日介绍，"张思中外语教学法的思路与目前通行的'听说领先''分散难点'教学法不同。他首先教学生集中学习较多的单词，甚至学一册或两册教科书的所有词汇，粗通语法规则，再让学生阅读外文原著，教师做必要的辅导、讲解。这种大胆的、很多外语教师开始时难以接受的教学法，却产生了出人意料的效果。由于单词和语法现象的集中，外语发音、词义、构词的规律显现出来了，学习者可按规律去掌握、记忆，收到了化难为易、事半功倍的效果，这是目前通行的词汇、语法分散教学所不易取得的""由于它的效果显著，目前全国已有上千所中小学应用，并在不断扩散"。

（4）先语后文、集中识字的实验。北京语言文化大学张朋朋老师曾应邀到瑞士苏黎世大学做汉字集中识字的教学实验。据其介绍，该校过去一直采用"语文并进"的教学方式，由于汉字难认、难写，不少初学汉语的学生中途退学，或改学其他专业；另外，由于汉字挡道，增加了口语教学的难度，影响了初级阶段口语教学的进度。1999 年该校在第一学期采用"语文分开"的做法，其目的是想在初期教学中不让汉字成为口语教学的障碍，提高口语的教学效率。从效果上看，口语教学比较顺利，速度比往年快，学生的口语能力也比往年强，而且学生基本上没有退学的。在学生初步掌握了汉语基本语法和 1000 个左右常用词，有了一定的口语基础之后，采用集中识字教学方法，仅在 20 天里，用 20 学时就让学生学会了 633 个汉字，可以顺利阅读1000 字左右的简单原文。实验是成功的。

（5）北京语言文化大学陈贤纯老师提出一个通过加快词汇教学速度，提高汉语学习效率的设想。其基本想法是词汇量是制约语言应用能力提高的最重要因素，集中记忆生词可以有效利用记忆的心理规律和汉语词汇规律，大大加快学习生词的速度。设计者拟按每周教授 250—300 个生词的速度，迅速扩大学生的词汇量，大幅度提高汉语学习的速度，计划让学生在两年内学习两万个生词（《汉语水平考试大纲》规定本科 4 年学习的总词汇量为 8822 个）。这种设想跟张思中外语教学法遥相呼应。

以上五种做法或设想，有的已被证明是成功的，有的正在实验，有的还仅仅是一种设想，有的跟基础汉语教学直接相关，有的则有一定的距离。但是，这些都应当对我们教学模式的改革有所启发。

四、改革建议

上面试图从社会发展、现行模式、国内外成功的和正在实验的教学思路三方面说明改革基础汉语教学模式的必要性和可能性。下面谈几点笔者从中得到的启发。

（1）改革教学模式必须以转变观念为先导。当前，对外汉语教学界确实需要强化"改革开放"的观念。要改革就不能故步自封，停滞不前，排斥新思想。要跟上时代，就要开阔眼界，积极主动地学习国外的、国内的和相关学科领域的经验、成果。

（2）要切实认识对外汉语教学的跨学科性质，要积极学习遵循相关学科的科学规律，吸收相关学科的新成果，特别是关注教育学、心理学和语言学相关的最新进展，改变多年来空喊跨学科，实际上不看、不吸收相邻学科理论和成果的现状。当前，人们对语言学习规律非常感兴趣，认识到语言习得和认知规律对语言教学设计和教学方法至关重要，人们接受（习得）一种语言，总是遵循着某种顺序，这种顺序是不可改变的。这一现象说明，若干年来，人们没有发现这些程序，一直是在盲目地摸索。可是另一方面，对外汉语教学界对于心理学领域，包括汉语习得和汉语认知领域的研究成果基本处于漠不关心的状态。现在一些站在学科前沿的研究者在研究语言学习、语言习得方面取得了令人振奋的成果，例如，王建勤对"不"和"没"习得过程的研究、施家炜对22个语法现象的习得顺序的研究。可惜的是，关于教材编写还无人问津！另有汉字（习得）研究的成果、汉语认知研究的成果，我们也没看到被哪本新出的教材参考。

（3）重视汉字教学，实行"先语后文，集中识字，先读后写"的教学程序。汉语有很多特点。但是，对于汉语教学来说，汉字是其最重要的特点。所谓汉语难学，主要是汉字难学。汉字难学，又难在写上。所以近两年，非汉字圈国家加大了对汉字教学研究的力度。

集中识字的方法在汉族人中获得成功，那么，外国人学汉语能不能也走这条路呢？有一种看法认为，不学汉字，就学不会中文。非也。汉族人都是在没学汉字的情况下先学会说汉语的，其他任何民族都是如此。根据普遍语法的推测，第二语言学习者大致遵循着本族人学习/习得该语言的过程。若真如此，外国人学汉语也有理由跟汉族人一样，先学听说（语文分开），再学认汉字（集中识字），最后学写汉字（读写分开）。

这种三阶段教学的好处是：①便于利用汉字的规律；②符合汉字认知、学习的规律；③分解难点，使学习者易于取得进步，不断建立信心；④符合先易后难、循序渐进的教学原则。我们为什么不能试一试呢？

（4）实事求是，寻求最有效的教学方法。明德暑期学校的汉语教学，启发我们重新认识听说法。也许我们应当重新评价"讲练—复练＋小四门"的教学模式。这种模式的优点是，每天、每课都有非常明确的目标，学习内容集中、强化、反复训练，教师、学生都知道今天学什么，学生每天都有成就感，学得扎实；同时，可以通过小四门，进行适当的技能强化和获得现买现卖的成就感。

莫斯科大学亚非学院的成功又启发我们，也许要重新考虑和正确处理语言知识、语言技能和语言能力的关系问题，我们的教学设计多年来坚持的"技能至上"的原则，未必是培养语言能力的最佳选择。

第五节　汉语教学新模式设计

一、问题的提出

正常人学习第一语言的成功率几乎是百分之百，可是学习第二语言的成功率非常低。正如美国语言学家德迪勒所说的："外语教学的历史好像经常是一段失败的历史。在学习外语的学生中，最后能达到通晓双语这一目的的人数从来不多。"美国的第二语言教学（对外英语教学）相对比较发达，但据统计，在美国大学学习语言专业的学生中，最后能够实现该专业培养目标的一半即"最低职业技能"水平的人都很少。

第二语言教学的成功率如此不尽如人意，我们不得不考虑教学的路子是否对头。

崔永华认为，目前我国流行的对外汉语教学模式是在 20 世纪 80 年代中期定型的，它反映的是 20 世纪 60—70 年代国际语言教学的认识水平，而近年来国内外语言学、第二语言教学、语言心理学、语言习得研究、语言认知研究等方面的成果，未能吸收到目前的教学模式中来，而且我们的教学模式非常单一。刘珣说："相当长时间以来我们在教学法的研究和探索方面显得非常沉闷，整个对外汉语教学界大体上按照相同的模式进行教学，几乎没有什么突破；而我们的教学效果并未达到令人满意的程度，我们的教学法体系也远未形成。这就需要我们去大力进行教学的改革和探索。"陈贤纯认为："我们对语言习得过程缺乏了解，以至于除了语音阶段和句型阶段，我们的教学从总体上说仍然处于误区，教学效率比较低，主要是词汇量问题没有解决，所以交际能力上不去。"

目前以精读课或综合课为主的教学模式不利于词汇教学和扩大学生的词汇量，不可能使学生掌握大量的词语应付日常交际。为此，我们提出一条改革思路：从听入手，在一年内给学生输入一万个汉语词汇，解决学生的日常交际问题，使其达到"最低职业技能"水平。如果实验能够成功，就为第二语言教学，包括对外汉语教学和外语教学开创出一条新路。

二、实验目的：验证三个假设

假设一：一年内（两个学期，约 1140 学时）给学生输入一万个汉语词是可行的。

假设二：学生输入一万个汉语词就能顺利地跟中国人进行听说交际。

假设三：学生输入一万个汉语词就能通过 HSK 中等水平考试。

三、实验设计

（1）实验对象：零起点的外国留学生。被试的年龄在 30 岁以下，身体健康，智力正常，文化程度在高中以上。

（2）课程设置（每周 30 学时）

第一学期：19 周

1. 听力课每周 15 节（共 285 节，15 节机动）；2. 会话课每周 5 节（共 95 节，5 节机动）；3. 读写课（语音、汉字、阅读）每周 10 节（共 190 节，10 节机动）。

第二学期：19 周

1. 听力课每周 12 节（共 228 节，18 节机动）；2. 会话课每周 6 节（共 114 节，4 节机动）；3. 读写课每周 12 节（共 228 节，8 节机动）。

（3）教材：专门为本实验编写的听力教材、会话教材、读写教材。包括：①听力教材一套，16 册，90 课＋70 课（10 课为 1 册）；②会话教材一套，7 册，90 课＋110 课（1—6 册每册 30 课，第 7 册 20 课）；③读写（语音、汉字、阅读）教材一套，7 册，90 课＋110 课（1—6 册每册 30 课，第 7 册 20 课）；④听力课每课出生词 60 个，160 课出生词 9600 个，加上会话课和阅读课出的生词，总的词汇量在 10000 个以上。听力课出生词的主要依据是国家对外汉语教学领导小组办公室汉语水平考试部编写的《汉语水平词汇与汉字等级大纲》。大纲中甲、乙、丙、丁级总共 8822 个汉语词，本教材计划出其中 85％的词汇，约 7500 个；另有超纲词 2500 个左右，约占教材生词总数的 25％。

（4）教学班：每个班 16—20 人。

（5）教学安排：每天上课 6 小时，学生课下必须保证 2 小时自习，每天学习时间不得少于 8 小时。第 1 周：每天 3 节听力，1 节会话，2 节语音；第 2—10 周：每天 3 节听力，1 节会话，2 节写读汉字；第 11 周以后：每天 3 节听力，1 节会话，2 节读写。

四、实验方法

（一）听力课、会话课和读写课既有分工又互相配合

1. 听力课

（1）听力课的目的是给学生输入语言材料，帮助学生形成汉语语感，通过提高学生聆听理解的微技能，最终提高话语理解的能力。（2）学生每天学习一课，输入 60 个生词，按语义场输入，当天巩固，以后不断重复。第二天到第五天，每天用 20 分钟复习前一课学的生词。第六天开始每天用 30 分钟复习前一课和前边五课的生词。（3）学生先通过实物、手势动作、情境、翻译等方法进行理解练习，然后把这些词组成词组和句子进行记忆练习。因为不要求学生学一句会说一句，只是听懂和记住，所以就可以给学生输入大量的语言材料，帮助学生形成汉语语感。

2. 会话课

（1）会话课的目的是练习学生急于表达的功能项目，解决眼前急需的交际问题，提高学生口头表达的能力。（2）会话课每周 5 节，其中 4 节让学生根据教材用已经输入的生词、词组和短句进行口头表达的训练。（3）每周至少一次根据学生的要求进行会话练习，周一让学生提供想说而不会说的句子，教师整理学生的句子，编写会话练习。

3. 读写课

（1）读写课的目的一是进行语音教学，帮助学生认读汉语拼音；二是让学生读写汉字；三是让学生阅读汉语的文章，进一步扩大词汇量，提高学生阅读和写作的能力。（2）读写课担负的任务有：学生第 1 周的 5 天学完全部汉语拼音；学生第 2—10 周写汉字和识字，教师重在笔画、笔顺和结构教学，先教独体字和偏旁，再教合体字；学生第 11 周以后集中识字，包括词语和短句，开始阅读小短文并进行句型语法练习。

（二）授课原则

六个充分利用：1. 充分利用成年学生的认知能力；2. 充分利用成年学生活动范围广的特点；3. 充分利用成年学生丰富的生活经验和社会文化知识；4. 充分利用成年学生的抽象思维能力和对外界事物的认识；5. 充分利用语言环境；6. 充分利用教具。

（三）授课方法

六个为主：1. 以学生练习为主，教师精讲学生多练；2. 以输入练习为主，帮助学生储备大量语言材料；3. 以记忆练习为主，培养学生汉语语感；4. 以重复练习为主，当堂识记当堂巩固；5. 以技能训练为主，着力于提高学

生听和说的微技能；6. 以鼓励表扬为主，充分调动学生的学习积极性和主动性。

（四）具体措施

1. 取消精读课或综合课，只设听力课、会话课和读写课，听力课为主课。每学期 20 周，课堂教学时间为 19 周。其中有一定的机动时间，可以用来复习，进行校内语言实践活动。2. 每学期安排一次停课语言实践活动，在期中以后，时间约一周，全年共两次。另外安排周末短途旅行若干次。所有的语言实践活动和旅行都纳入教学计划，与课堂教学相结合。3. 为了不给学生压力，平时和学期末都没有课程考试和检查，每学期只安排一次 HSK 考试（期末），全年两次水平考试。4. 每次上课都录像，教师通过录像得到反馈信息，及时分析教学的情况，及时调整教学计划，不断总结和改进。5. 每天晚上播放两个小时左右录像片，欢迎实验班的学生和其他班的学生观看。

（五）实验范围和时间安排

1. 第一年在北京语言文化大学汉语速成学院一个班进行实验，同时录像，收集资料；2. 第二年继续在北京语言文化大学汉语速成学院三个班实验（一个欧美班、一个日韩班、一个华裔班），另外请国家汉办协助在全国选 5 所学校进行实验（北京、华北、东北、华东、华南各一校），同时收集资料；3. 第三年总结、整理资料、撰写论文和专著、教材定稿，同时完成一套教学辅助资料和教具。

五、实验的理论依据

（一）哲学的系统论、信息论和控制论

哲学是人们认识世界的基础理论，系统论、信息论和控制论为人们认识世界提供具体的方法，是先进的、科学的哲学方法论。

按照系统论的观点，世界上的万事万物都自成系统。第二语言教学当然也是一个系统工程。这个系统的结构包括教师、学生、教材、教学大纲、教学环境以及其相互关系等。

这个系统的结构应该是最优化的结构，其关系应该是最优化的关系。教师应该是尽职尽责、爱岗敬业、具有奉献精神的教师，学生应该是具有速成愿望的正常的学生，教材应该体现改革的思路，易教易学，教学环境应该是最优化的环境，等等。还要按照教学大纲设计自成系统的教学计划，做好自成系统的教学安排，确立自成系统的课程设置，编出自成系统的系列教材，使用自成系统的教学方法。

按照信息论的观点，第二语言教学是一种有控制的语言信息传输和反馈系统。它是由语言信息源、信息传输通道、信息传输者和信息接收者构成的。语言信息源主要指教材提供的教学内容，也包括教师；信息通道指教学环境，即课堂，包括教学的时间、空间和教学组织形式；信息传输者是教师，学生是信息接收者。教师和学生都是教学的主体，教师是教的主体，学生是学的主体。其中教师起主导作用。

按照控制论的观点，任何教学模式都要做好各方面的控制。

第一是生词量的控制，每天 60 个生词，不断循环，不断重复；第二是难易程度的控制，先教实词后教虚词，先教单词再教短语后教句子；第三是充分发挥教师和学生两个方面的积极性，充分发挥教学环境的作用；第四是课内课外相结合，课外练习是课堂教学的延伸；第五是小课堂和大课堂相结合，小课堂打好基础，大课堂进行活用的实践，等等。

（二）第二语言习得理论

1. 克拉申的输入假说

克拉申说："人们怎样习得语言？我们是通过可懂输入习得语言的，注意力集中在信息上，不是集中在形式上。输入假说既能说明儿童语言习得，也能说明成人语言习得。它表明，在语言习得中头等重要的是听力理解，口语能力则会水到渠成。"

我们吸收了克拉申输入假说中合理的成分，即重视语言的输入。我们还借鉴了现代学习理论——学习的规律就是输入大于输出、输入先于输出，厚积而薄发。为此我们提出"先听不说、多听少说"的教学原则。在理解练习中只要求学生点头、摇头、做动作或者说"是、不是，对、不对，好、不好"等简单的话。当然，在学习语言的过程中，也要有适当的语言输出的练习。在第二语言教学中，不教说话是不行的，所以除了听力课这门主课，我们还安排了会话课。特别是在目的语环境中，必须重视学生急于表达、急于交际的心理。

2. 图式关联理论

图式关联理论认为，人的大脑中有关于世界的各种各样的知识，这些知识是以图式的形式保存的。理解语言的过程就是把接收的语言信息跟大脑中的图式建立联系的过程。人们理解语言离不开语境，语境跟话语的关联越密切，理解就越容易。

根据这一理论，第一，我们充分利用成年人大脑中关于世界的各种各样的图式，强烈刺激，反复刺激，帮助学生建立目的语与头脑中图式的联系，并且激活它们，以便形成目的语的语感。在理解练习的环节中，我们主张使用学生的母语激活学生大脑中的图式，这正是成年人学习第二语言比幼儿学习母语速成的优势。第二，成年人学习第二语言最大的困难是记忆。我们在理解练习和记忆练习的教学环节中，尽量把词语放在具体的语言环境里，放在上下文中帮助学生记忆。不仅如此，我们更要重视利用大的语言环境，尽可能多地组织语言实践活动，让学生在游泳中学习游泳。

3. 汉语作为第二语言的学习理论

王魁京在《第二语言学习理论研究》一书中专门谈了以英语为母语者学习汉语在社会言语交际中常碰到的问题：（1）对目的语社会成员发出的话语听辨理解能力不足；（2）运用目的语进行言语表达的能力不足；（3）交际策略运用能力不足；（4）文化、心理不适应；（5）寻求交际对象给予配合的能力不足。其中前两个方面都是由学生的大脑记忆库里目的语的语言材料储备不足造成的。

根据汉语学习者的实际问题，我们提出要改变以往的教学模式，加大对学生的输入，加大学生大脑记忆库中语言材料的储备，特别是词语的储备，扩大学生的词汇量。我们从跨文化交际的角度扩充课堂教学的内容，改进课堂教学的方法，使学生获得跨文化交际的能力。在会话课教材中增加了有关交际策略方面的知识和相关的社会文化知识，以解决学生文化、心理不适应的问题，帮助他们提高寻求交际对象给予配合的能力。我们的教学模式不仅重视语言要素的教学，而且重视语言技能和语言交际技能的训练，帮助学生把语言要素转化为语言技能，进而转化为语言交际技能。

（三）汉语语言学理论

1. 按照汉语词汇的网络系统进行教学

汉语的词汇数量多，而且形不表音，音不达义，词义丰富，用法复杂。在现有的教学模式下，学生只能孤零零地死记硬背，低能低效。其实汉语的词汇不管是词形还是词音、词义，存在着各种各样的网络系统，存在着内在的规律性。比如：

（1）同（近）义词类聚网络

地方、地点、地区、场地、场合、场面、场所、处所

时间、时候、时刻、时光、时期、期间、工夫

走、跑、跳、跃、蹦、蹲

美、俊、靓、帅、美丽、漂亮、好看、秀美、俊美

常常、经常、时常、时时、往往、一直、始终、从来

（2）反义词类聚网络

上、下，前、后，左、右，里、外，南、北，东、西

来、去，进、出，上来、上去，下来、下去，进来、进去

美、丑，好、坏，难、易，多、少，长、短，高、矮

（3）类属词类聚网络

教室、黑板、讲台、桌子、椅子、门、窗户、墙

水果、苹果、梨、香蕉、葡萄、橘子、草莓

亚洲、欧洲、非洲、北美洲、南美洲、大洋洲

中国、北京，英国、伦敦，法国、巴黎，日本、东京

（4）关系词类聚网络

爷爷、奶奶、爸爸、妈妈、哥哥、姐姐、弟弟、妹妹

耳语、手语、母语、外语、目的语

食堂、馒头、花卷、包子、米饭、饺子、面条

根据科学家的研究，词语在人的大脑中是以网络的形式贮存的。如果按照词语的网络系统进行教学，把人的认知规律跟汉语所固有的规律结合起来，就可以减轻学生的负担，大大提高学习的效果和效率。

2. 语法教学充分利用汉语词、词组、句子的结构方式基本相同的特点

近年来，对外汉语教学界不少人呼吁加强语素和词组的教学。加强语素和词组教学，现有的教学模式很难进行，而我们的教学模式能够比较容易地做到。只要传授给学生一些构词法的知识，学生了解了汉语词、词组、句子结构的一致性，就能比较容易地掌握句子的基本结构。

3. 利用汉字本身的规律进行汉字教学

汉字是外国人学习汉语的难点，学习汉语不能避开汉字，不通过汉字关，汉语是学不好的。为此，必须改进汉字教学，利用汉字本身的规律进行汉字教学。汉字本身是有规律的。每个汉字都是由基本笔画或变形笔画组成的，每个合体字是由独体字或部件组成的。学习汉字也是有规律的，应该先学习独体字，后学习合体字，先学习笔画少的字，后学习笔画多的字。

我们的教学模式吸收了张朋朋的两个"分开"和两个"先后"的教学原则，在教汉字的时候，先教基本笔画，后教变形笔画；先教独体字，后教合体字，同时重视部件的教学。在进行识字教学的时候，先教笔画少的汉字，后教笔画多的汉字，同时贯彻"字不离词、词不离句"的教学原则。从识字教学过渡到阅读教学，让学生在篇章中集中识字，通过集中识字理解篇章的意思，提高学生的阅读能力和写作能力。

（四）教育心理学理论

1. 循序渐进的教学原则

这个教学原则在我们的教学模式中表现为从词到词组再到句子的输入，先实词后虚词、从形象到理性的输入。教给学生的词语都是从他们身边的事

物开始的，由近及远、由此及彼、由表及里。我们注重词语的重复率和重现率，一个词在不同的词组和句子里反复出现、反复使用，在上下文各种语境里反复出现、反复使用。

2. 轻松学习、自然学习的理论

儿童学习母语是在一种轻松、自然的气氛里自然习得的。他们没有焦虑感，只有成就感。儿童学会一个词或一句话，马上得到鼓励和表扬。这一点很值得借鉴。第二语言教学也应该尽量创造轻松、自然、没有压力的学习环境。实践证明，成年人学习第二语言，焦虑感越重、压力越大，学习的效果越差。为此，我们要在课堂上营造一种师生互相鼓励、学生互相鼓励的学习气氛。

3. "七比特"原则和记忆—遗忘的理论

根据心理语言学家的研究，短时记忆每次最容易吸收的信息量是七比特。这七比特是"信息接收的节拍"。我们尝试把这一理论应用到新的教学模式中，在做课堂练习的时候，将每次让学生听的词语 7 个左右分为一组，每次教的汉字也是 7 个左右为一组，让学生一组一组地学、听、记。这样使学生既不感到费力，又容易记住。

学习的过程是记忆和克服遗忘的过程。根据德国心理学家艾宾浩斯的"遗忘曲线"，长时记忆的遗忘是先快后慢。所以，我们让学生趁热打铁，及时复习、及时巩固，后一天要复习前一天学过的词语，同时复习以前学过的词语。

我们的教学模式尽量吸收前人研究的成果，把前人研究的成果转化为第二语言教学的生产力。我们的口号是："希望成功，争取成功，不怕失败，避免失败。"

第六节　口笔语分科　精泛读并举

当前，全世界汉语教学界都在讨论如何提高教学质量的问题，对于现在的教学有各种各样的批评。这场讨论关系到 21 世纪汉语教学如何发展，因此是十分必要的。改革教学首先还是要从整体的格局上去考虑，从某个角度来说，整体的格局决定着教学的走向。所谓整体的格局，其实可以概括为教学模式。各国的汉语教学都有自己的传统，有自己的教学模式。教学模式体现教学的指导思想，体现教学法的发展。

下面笔者结合一些新的教学思想，从总结经验入手，对当前的教学模式进行"一分为二"的分析，并在此基础上提出一个改进的教学模式。

我们所说的对外汉语教学模式，是指以零起点来华外国留学生为对象的一年制正规汉语教学模式。

过去的几十年间，我们大致有两种模式：20世纪50年代初到70年代末80年代初是一种模式；20世纪80年代初到现在是一种模式。这两种模式中间有一段交叉。前一种模式可以概括为综合教学的模式，就一个班来说，是一本书、两名教师、三门课（复习、讲练、练习）。"一本书"，即20世纪50—60年代的《汉语教科书》，20世纪70年代的《基础汉语》《汉语课本》和《基础汉语课本》；课程由两名教师分担，主讲教师上讲练课，另一名教师（多为年轻教师）上复习、练习课。这里的三门课，其实只是一门课，复习、练习课只是为讲练课服务。这种模式的渊源可以追溯到美国在第二次世界大战期间采用的"非普遍教授的语言"的教学法，"这就是语言学家和说所教语言的教师合作授课的教学法。根据这种方法，语言学家在说所教语言的教师的协助下分管该语言的训练"。具体来说，就是由语言学家讲解，而由说该语言的教师指导学生练习，因为"语言学家往往不会说这种语言，甚至连读写也不会"。

这种模式是由北京大学邓懿教授引进中国的。邓懿教授20世纪40年代初在美国时，曾在赵元任先生主持的哈佛大学陆军特别训练班（ASTP）中文部任教。她在《难忘的岁月》一文中回忆说："他（赵元任）除任主讲教师外，还有一个二十来人的青年集体，他作为练习课教师""赵先生很重视口头练习，他的大课之后，总要配上几节练习，那就是我们这些青年教师的工作了"。20世纪50年代初清华大学成立东欧留学生中国语文专修班时，因为邓懿有在美国任教的那样一段经历，就被当时的清华校务委员会主任周培源教授请去主持创建工作。当时，学生的口头实践非常有限，而且没有真正意义的听力训练。所谓"听录音"不过是用几分钟的时间听生词、课文的录音；即使这样的"消极听力"还得不到保证，常常被挤掉。所以，总体来说，外语教学的实践性原则没能很好地贯彻。结果是学生在开始学习专业后，在语言上困难很大，要有一段很长的"坐飞机"的时间。在这种情况下，对外汉语教学模式的改革已是势在必行、十分紧迫。

20世纪70年代，外国新的外语教学法理论已经介绍到中国，如功能—意念大纲、交际法等，都引起我们对对外汉语教学现状的思考。始于1979年初的教学改革，就是在这种情况下进行的。首先是考虑如何在有限的一年时间里，加强学生的语言能力的培养，改变教学以语言知识为纲的状况。经过认真的分析，我们认为，四种语言能力不能平均使用力量。因为听和读是被动能力，听和读的内容，学生自己无法控制；而说和写是主动能力，说什么和写什么，自己是可以控制的。对于在华学习汉语又要进入中国高等学校学习的外国学生来说，这四种能力如何安排得合理，就成为我们思考的核心问题。我们认为，在一年的时间里，"说"应该控制在一定的限度。这个限度就是学生"说"的能力应该能够满足生活上的需要，而不必提出更高的要求。在他们的专业学习阶段，"说"的能力的提高，跟他们的专业学习是同步的。在一年的汉语预备教育阶段，没有必要也不可能顾及那么多。但是"听"和"读"就不同。从学生的实际情况考虑，他们学习专业的时候，课上要听讲，课下要阅读大量的讲义、参考文献。外国学生如果缺乏听和读的训练，不掌握听和读的技能，没有养成听和读的习惯，是很难适应的。因此，我们把"突出听、说"改为"突出听、读"，这就是改革后的教学模式的总格局。

为了突出听、读，我们对原来的课程做了调整，情况如下表所示：

	第一学期			第二学期		
	口笔语综合实践课	听力课	汉字读写课	精读课	听力课	阅读课
日学时数	2	1	1	2	1	1
周学时数	10	5	5	10	5	5
年学时数	400	200	200	400	200	200

这样的课程设置已经形成了一个按语言技能分科的教学模式，我们根据这个模式编写了系列对外汉语教材《初级汉语课本》。

我们不难发现，在这个模式中，听读能力的训练显然得到了保证。听和读单独设课，才有可能对听读能力进行系统的训练。试行的结果表明，这一模式适合它所规定的教学对象，也达到了预期的"突出听、读"的效果，因而得到推广，并为全国有同类教学对象的学校所接受，采用至今。

但是多年之后，当我们对这一模式进行重新审视和总结的时候，会发现其中的不尽如人意之处。首先是主干课，即口笔语综合实践课任务庞杂。这门课的具体体现就是《初级汉语课本》第1—2册。这里面包括语音、语法的教学，又有听、说、读、写（特别是说）的综合能力训练。结果是什么都想兼顾，又什么都没有兼顾好，互相掣肘。比如，这个模式中没有专门的口语课，主干课虽然要尽量贴近口语，但为了照顾语法，又不能完全上成口语课，所以整个教学不能满足学生对口语的需要。"笔语"（即笔头表达）也仅限于笔头练习，缺乏书面汉语的阅读和写作训练，影响了学生阅读能力的提高。语法和词汇项目没有区分哪些是口语的项目，哪些是书面语的项目，哪些是介于二者之间的所谓的"共核"项目。

　　第二学期的阅读课，尽管教学量已经很大了，但毕竟还不是泛读课。泛读与精读是相辅相成的，缺一不可。精读课是从质的方面提高学生的语言水平，因而选材要精，处理上要细，使学生加深对语言的理解和提高运用能力。但仅此远远不够，仅凭少量的精读，学生是不可能掌握语言的，必须有泛读与精读配合，使学生从精读课中学到的知识，能通过泛读得到扩大、巩固、重现，增强语感。精读、泛读的配合，符合学习规律，已经成为中外语言教学界的共识。而我们目前的教学模式中，精读和泛读一直处于失衡状态，这种状况已经拖了教学的后腿。

　　针对现行模式存在的问题，我们提出一个改进模式。要先解决一个认识问题，即如何看待和对待现行模式。我们认为，对于任何一个模式，都不能采取简单化的办法，要么墨守成规，要么全部抛弃，重新打鼓另开张。应该采取分析的态度，继承前面模式成功的部分，而针对其问题，采取改进措施，形成改进模式。只有这样，教学才能在原有的基础上不断得到健康的发展，避免教学模式的突变给教学带来的负面影响。我们就是基于这样一个认识而提出改进模式的。

　　所谓的改进模式，概括来说，就是"口笔语分科，精泛读并举"。"口笔语分科"，大致可以理解为将现在的综合技能课分为"口语"和"笔语"两门课，但要重新设计，二者有分工，也有配合。

　　口语课以功能为纲，包括外国学生在中国生活的主要话题，可考虑有两个循环：第一个循环用一个学期的时间，解决最基本的日常会话问题；第二学期上升一个循环。口语课还承担语音、口语句式、交际文化项目的教学任务。

　　第一年口语课始终通过对话体的课文进行教学，因此应该让学生进行语篇中对话规律的训练，如开头、结尾、话轮交替、打断、插话、转换话题等。当然也要包括得体性的训练。

　　笔语课则侧重于汉语书面语的教学，大致可以说，在语言技能上，是对读写能力的训练，特别是读的能力；在语言知识上，则以语法为重点，进行词法、句法、语义、语用的教学。强调"字"的教学，包括汉字的书写和认读，要尽量使学生掌握汉字的规律，理解汉字的理据；在语法的范围里，"字"的教学则体现在语素教学之中。课文的形式和内容都从口语的"共核"开始，逐步发展到书面语，再到带有较多文言成分的现代文的阅读。在写作方面，一年级应以应用文为主，以后发展到说明文和论说文，直至论文的写作。即使在初级阶段，也应该有语篇的教学，这一阶段主要是有意识地教授衔接与连贯规则。

与以上两门课配合的课有听力课（和现在的模式一样，听力训练仍要给予突出的地位），第二学期再加上泛读课。"精泛读并举"是从第二学期开始的。笔语课发展为精读，语法开始第二个循环，要增加语篇、语体、风格、修辞等方面的训练。泛读要落实，要先编出泛读材料再开课。泛读材料是一个开放的项目，经过若干年的积累，能够形成一整套的成系列的泛读材料。到了中级，还要加上报刊阅读、文言文阅读、快速阅读等课程，同时要根据教学对象的情况开设语言学特别是汉语语言学基础课程、文学课程等，语言课要和这些知识课配合，为它们打好语言基础。这就是我们所提出的改进模式的基本内容。

第一学年的课程见下表：

	第一学期			第二学期			
	口语课	听力课	笔语课	口语课	听力课	精读课	泛读课
日学时数	1	1	2	1	1	2	
周学时数	5	5	10	5	5	8	2
半年学时数	100	100	200	100	100	160	40
年学时数	200	200		200	200		

可以看到，这个模式继承了现行模式的分科教学以及突出听读能力的培养（听力课、笔语课的设置）的特点，同时加强了口语的训练。另外，这一改进模式强调了语法教学的规范化，把口语语法的内容并入口语教学；"字"的教学有所加强。在技能训练中，强化"精读"，开创"泛读"，力求"精"和"泛"的平衡。

总体来说，这个模式并不是简单地对现行模式进行修修补补，而是有一定革新意义的改进。在此不涉及具体的教学方法，教学方法也要在总结现有经验的基础上加以改进，要能体现新的教学思想。

按照这个改进的模式，教材要进行改革。教材建设的任务是十分繁重的。每一种可行的教材都要重新设计，特别是要将编写大量的泛读教材的工作提到日程上来。这既是建立新的教学模式的需要，更是整个对外汉语教学教材建设的需要。符合科学性要求的泛读教材的编写，将是对外汉语教材建设的一个突破。

第七节 汉语短期教学的新模式

一、短期教学及其现状

（一）短期教学的特点

短期教学是指教学周期在 8 周以内的对外汉语教学模式。这种模式的教学周期相对较短，具有明显的短时特性。受教学时间的限制，这种模式的教学目标必须有侧重地指向某一特定范围和某项特定的汉语技能，教学呈现单一性特点；在教学内容上，它要求选择学生日常生活、学习、交际中最常用、最急需的功能和话题，并优选语言材料中使用频率高、覆盖率大的相关语言要素，教学具有较明显的实用性；在组织教学上，它要求根据教学周期的变化和学生入学时的多等级特点，动态地设计教学实施方案，教学具有突出的针对性和灵活性；此外，一般的短期教学模式都要求通过强化手段追求教学的高效率。概括地说，这类模式的教学具有短期、强化、速成的特点，追求在较短的时间里，让学习者尽可能多地掌握汉语知识和技能。

（二）短期教学是与一般的进修教学不同的教学模式

进修教学是一种系列化与阶段性相结合的教学，它以汉语的系统语言知识和技能为教学核心，并将这些内容分阶段教给学生，使教学成为一个逐渐积累的过程，直至这些内容被学生系统掌握。学生既可以通过一段时间的学习和进修掌握相对完整的阶段性内容，又可以通过连续学习和进修或间隔学习和进修完成学习任务，最终结业。进修教学的重点是学生对于汉语知识和技能的系统掌握，它的教学周期一般为半年、一年或两年。短期教学由于它的短时特性，教学的重点并非完整的语法系统和听、说、读、写各项技能，而是侧重于某项技能尤其是听说技能，在教学中它强调根据学生的学习需求和学习时间设置灵活的、组合式的课程，并根据学生的现有水平选择语法系统中的部分内容进行针对性教学。

（三）现有的汉语短期教学模式

可以概括为以下几种类型：

（1）侧重于某种技能的教学。即侧重于听说而舍弃读写技能或侧重于读写技能而辅以听说训练的教学。

（2）以情境—话题为中心的教学。即模拟留学生来华的生活、学习的过程，选择交际中涉及的一些主要场景，围绕一些常用话题进行教学。

（3）以意念—功能为中心的教学。选择意念—功能大纲中的一些常用项目，与语言结构结合后进行教学。

（4）以常用句型和词汇为主的教学。针对初级水平的学生，选择使用频率较高、体现汉语语法特点的一些句型进行教学。

（5）语言学习与文化游览相结合。

以上这些教学模式的侧重点虽然不同，但它们大都强调对语法项目的掌握，强调达到学习的最终目的状态。经过多年的教学实践，这些教学模式都取得了较好的教学效果，在句型教学，尤其是常用句型的熟巧训练以及句型与情境、功能的结合教学上形成了一套较成熟的方法，一些比较成功的短期教材也随之产生。我们知道，短期教学模式一般来说能够充分反映第二语言教学的本质特点，正因为如此第二语言教学的各种教学方法都可以直接在这种教学模式中得到及时体现，这些教学模式和方法并无优劣之分，但从短期教学的自身特点出发，从发挥短期教学优势、提高教学效率的角度来看，我们认为应该在已有教学经验的基础上尝试另一种短期教学模式，即将教学的重点从学习的最终目的状态转移到学习和教学过程本身上来，使教学从"产品式"（product）转变成"过程式"（process），突出短期教学的交际性、实用性、趣味性，进一步满足短期学习者的学习需求。

二、语言交际任务及交际任务大纲

"交际任务"这一概念可以从交际教学法的任务式教学法中看到雏形。随着人们对语言本质认识的不断深入，随着心理语言学的不断发展，部分应用语言学家开始将第二语言教学的重点从教学结果转移到学习和教学过程上来，强调让学习者用目的语去完成一系列任务的教学，并在课堂学习中进行真正涉及交际的活动，提高学习效率。蒲拉布认为，任务式教学法中的任务主要有三类：一是信息差活动，用目的语向别人传递信息；二是推理差活动，通过已知的目的语信息进行推理、概括等以获得新的信息；三是意见差活动，辨别和表达针对某一特定情境的个人的爱好、感觉、态度等。在主张任务教学法的学者们看来，人们的交际过程应当是：设定目标—完成任务—产生结果（如信件、说明、留言、报告、图表等），语言教学也应当围绕这些环节来进行。任务式教学法被认为是一种更为有效的语言教学方法，在美国、马来西亚等国的第二语言教学中被广泛使用，任务目标也得到进一步细化。所以以"交际任务"为基础的语言教学并不是一个新的模式，只是从汉语作为第二语言教学的角度来看，它才算作一种新的教学模式。

我们所说的交际任务是从语言教学与语言学习的角度对现实生活中的言语交际活动进行的提炼和概括，是从具体的交际过程转化而来的，由于每项交际任务最终都要落实到相应的语言素材上，需要用目的语来完成，所以实质上是指语言交际任务。交际任务由交际目的、语言功能、语境、话题和语言要素等几方面的因素构成，具有以下特点：一是明显的目的性。一项交际任务就是让学习者完成交际中的具体活动或是排除交际中的具体障碍，所以总是明确、具体的。二是明显的功能性。每项交际任务都含有一项或几项语言功能，如表达功能、人际功能、互动功能、调节功能、工具功能、启发功能等，独立运用或综合运用于交际任务中。三是具有明显的情境性和话题性。一般来说，它总是与典型场景或典型途径相结合，围绕一定的话题或是在一定的交际活动范围内展开，并与它们建立相对固定的联系。此外，以话语、语篇为基础的语言材料也是完成交际任务不可缺少的组成部分。

交际任务的这些特点，非常适合运用以培养语言交际技能为目标、教学周期较短、追求教学高效率并具有明显实用性、灵活性和趣味性的短期强化模式的教学。

实施以交际任务为基础的教学，首先要对学习者在课堂上将要参加的活动进行描述，即确定交际任务大纲，而确定大纲就要考虑交际任务的层级性，为交际任务划分等级，并且确定各级交际任务的基本特征。

由于交际活动的广泛性，交际任务中各种因素处于不同层次，相互作用、相互制约，它所涉及的内容也是多种多样的，很难按单一的标准进行提炼和概括；而且交际任务不可能是一个完全封闭的系统。然而，人们对具体的交际活动有共同的心理图式和认知经验，从语言学习尤其是第二语言学习的角度来看，我们也可以根据学习者所涉及的交际活动范围的不同、所要实现的任务目标的不同以及完成交际任务所需的语言材料的难易程度和复杂程度的不同，对交际任务进行分级处理，根据上述原则，我们可以把语言交际任务项目划分为以下三级：

初级项目即简单交际任务，适合零起点和初学者。所涉及的交际活动限制在日常生活、学习和简单的社会交际范围之内，语言功能以了解、询问、社会交往等为主，学习者使用简单的语句学会询问和回答。简单交际任务大多通过明显的形象标志为学习者完成该项任务提供典型途径。

中级项目即一般性交际任务，适合具有初级汉语水平的学习者。所涉及的交际活动在日常生活、学习、工作、社交和部分文化、专业范围之内，语言功能以说明、叙述、评价等为主，学习者需要相对完整地进行成段的理解和表达。一般性交际任务大多通过经过加工的真实语料为学习者提供完成该项交际任务的范例。

高级项目即复杂交际任务，适合具有中级以上汉语水平的学习者。所涉及的交际活动在高层次的学习、工作、社交、社会文化、商贸等范围之内，语言功能以交谈、讨论、情感表达为主，学习者需要综合运用多种语言功能进行大段的篇章理解和表达，并需要了解与语言内容相关的文化含义。复杂交际任务大多通过真实语料为学习者提供完成该项交际任务的范例。

在对交际任务项目进行分级时，各级交际任务并不是截然分开的，其中的部分内容有重叠和交叉，有些交际任务在初、中、高三个等级中都有涉及，如社会交往、饮食、家庭、体育、娱乐、学习、视听媒体等，相邻的两个等级中的这种重叠和交叉现象更加明显一些。这种现象符合人们交际活动的实际情况和一般的交际习惯，从语言学习的角度来看也符合由简到繁、由易到难、循序渐进的学习规律，使学习内容的层级性和序列性有机结合，呈螺旋式上升而不是简单的直线上升。当然，具体项目在难易和复杂程度上的差别还是显而易见的。

确定语言交际任务大纲，还需要归纳和确定每一级交际任务中的具体项目。我们在归纳交际任务项目时，主要是通过对学习者学习需求的调查来进行的。首先根据调查结果考察交际任务项目的交际价值，确定该项目是不是学习者最常用的交际任务，是不是学习者最急需的交际任务，是不是学习者最可能遇到的交际障碍，然后再参照被调查者的语言水平情况归纳入级。同时，归纳交际任务项目时要通过对教学情况的调查和对数十种国内外教材的整理分析，考察教学者对交际任务项目的共性认识，然后从中选取。

根据调查和分析的结果，我们为各级交际任务确定了相应的分类和具体项目，从交际任务在交际活动中的功能、话题、涉及范围和内容的角度归纳如下：

初级项目根据交际任务的主题特征分为基本交际类、生存类、社会活动类、个人信息类和综合信息类 5 大类，根据交际任务项目所涉及的交际范围分为 26 类，并具体描述为 100 个交际任务项目。

中级项目分为基本交际类、生存类、社会活动类、个人信息类和综合信息类 5 个基本类、21 个小类、89 项。

高级项目分为基本交际类、社会信息类、文化信息类和媒体信息类 4 个基本类、20 个小类、84 项。具体见下表（节选自《汉语交际任务项目表》）：

初级项目举例：

分类	项目范围	项目描述
生存类	换钱取钱	了解或说明汇率，学会兑换方法
		学会简单的开户、存钱和取钱
	问价购物	了解或说明商品的单位或价格
		了解或说明某商品的主要特点或用途
		了解或说明自由市场的商品种类，学会讨价还价
	点菜吃饭	了解或说明中国饭菜的主要种类，学会点菜
		了解或简单说明菜系的特点
		了解或说明常见饮品的种类和特点
	寻医问药	了解或说明人体主要部位的名称
		了解或说明常见病状
		了解或说明某药品的主要功能和使用方法
		了解或说明医院各科室的分类，学会挂号就医
	生活服务	了解或说明理发、照相、洗衣等的服务项目和价格
		了解或说明某项服务的主要内容
		了解或说明某项服务质量的优劣
	寻求帮助	了解或说明紧急情况下寻求帮助的方法，学会请求别人帮助
		学会问路
		学会请求转告
		学会办理签证、居留证等手续
个人信息类	个人情况	描述某人的相貌、体态和穿着打扮
		说明某人的性格、兴趣和爱好
		叙述某人的生活经历
	学习情况	叙述某人的学习经历
		评价某人的语言水平和能力
		说明学校的学习环境和条件
		了解和说明学校的有关规章制度并说明办理相关手续的过程
		比较不同学习方法的异同并做简单评价
		了解并说明某校专业设置情况及申请入学的程序

职业工作		说明某种职业的特点并做简单评价
		叙述某人的工作经历并评价其工作能力
		介绍自己的职业及主要工作内容
		说明某人的求职要求
婚姻家庭		描述某家庭的生活环境
		说明某家庭的人员组成和主要亲属关系
		简单说明某人的择偶标准和条件
		简单介绍某人的恋爱方式并叙述恋爱过程
		阐述个人的婚恋观并与别人讨论
		说明某个家庭的生活情况并阐述个人的家庭观念
		阐述个人对男女平等、保护妇女儿童权益等问题的看法并与别人讨论
综合信息类	历史地理	比较说明不同的孝悌观念
		简述某一历史事件的过程并说明其历史意义
		介绍并评价某一历史人物
		简述某一历史时期的概况
		分析并说明地理位置、地貌特征与气候及物产的关系
		阐述个人对人口问题的看法
	自然环境	阐述个人对环境问题的看法并与别人讨论
		描述一些常见的自然现象
		说明某地的环境污染情况并分析说明原因
	经济贸易	简述某一国家或地区的经济发展情况
		掌握商业洽谈的程序和基本内容
		了解和说明进出口贸易的有关政策和规定
		了解和说明办理进出口业务的有关手续
		概括说明协议、合同书等的主要内容
	国际政治	比较两国政治体制方面的异同
		了解和说明某些主要国际组织的名称、性质和作用
		描述并评价近期发生的重大国际事件

三、以"交际任务"为基础的短期教学实施要点

以交际任务为基础的教学，就是要根据汉语的实际交际需要，把交际内容规范为一系列不同等级、不同种类的语言交际任务项目并按照交际任务大纲进行教学，让学生在较短的学习时间里，通过大量的交际性训练完成相应层级和数量的交际任务，最终提高汉语交际能力。

实施以交际任务为基础的短期教学必须考虑以下几个要点：

1. 以汉语交际能力的培养为目标

即培养学生"使用语言处事的能力"，或者说达到某一特定交际目的的能力。

2. 以交际任务为基础和核心

即把交际任务项目作为教学的主要内容并以此作为计划各种课程的依据，组成项目的语言材料和语言要素作为辅助内容，使教学成为完成一系列交际任务的活动。

3. 以模拟交际活动为重点

即在课堂上让学生按照交际任务所描述的任务目标实际参与或模拟交际活动，进行相关的交际性训练，每次课堂学习都可以让学生完成一项或几项任务，并掌握完成相关任务的交际程序。

4. 以学生为中心

学生成为参与交际活动的主要角色，他要按照交际任务目标，依赖其他同学的帮助完成课堂活动，所以在课堂上，他对课堂或同伴的贡献与他获得的相等同。教师主要是协调和促进学生之间以及他们与各种交际活动之间的交际过程，或者充当交际活动中的某个独立的角色。

5. 提供典型交际性场景和途径

为使课堂交际活动能够顺利进行，要提供与交际活动相匹配的典型交际场景和完成交际任务项目的典型途径或交际任务范例。

6. 强调真实性

在教学和教学材料中，使用有实际交际意义的真实语料，激发学生的学习兴趣，加快学习进程。

7. 组合式与螺旋形上升

即根据学习周期、学习需求、学生水平，灵活地把相关交际任务项目组合成课程内容，并使部分课程能够从不同角度和深度完成相同的交际任务。

8. 有效的语言要素

尽可能地在组成交际任务的语言材料中考虑语言点与其他因素的均衡，

选择可以体现汉语基本语言点的语言材料并使它们在各具体项目中合理分布；同时要围绕交际任务的话题和情境使词汇以类义形式或聚合形式出现，确保词汇的足量和学习者能够高效记忆和应用。

9. 成就感

确保每一次课堂教学都能让学生完成一项或几项交际任务，使他们有实际的收获，并利用学生对语言交际的兴趣激发他们的内在动机。

四、交际任务教学模式的课程设计和课堂教学设计

1. 课程设计

此类教学模式应为一个以不同类别、不同等级的交际任务为主课，以语音、汉字、语法等为辅课，以各种文化知识讲座为补充而组成的课程体系。

（1）以交际任务为主体内容的主课

初级综合课：以听说为重点，侧重于综合运用各项技能完成的简单交际任务项目的操练。

中级听说课：从听说入手，侧重于口头完成的一般性交际任务项目的操练。

中级读写课：从读写入手，侧重于书面完成的一般性交际任务项目的操练。

高级口语课：侧重于口头完成的复杂交际任务项目的操练。

高级视听课：侧重于电视广播新闻内容的复杂交际任务项目的操练。

高级读写课：侧重于书面完成的复杂交际任务项目的操练。

（2）以语言要素为主要内容的辅课

语音课：为初级阶段零起点学生开设的汉语语音的讲练。

汉字课：为初级阶段非汉字文化圈的学生开设的汉字认读和书写的讲练。

语法课：为各等级学生开设的主要语法点项目的讲练。

（3）补充课程

中国概况：介绍中国社会、经济、教育、文化、历史等各方面知识的讲座。

中华文化：介绍中国物态文化、制度文化、行为文化、心态文化等方面知识的讲座。

文化技能课：太极拳、书法、绘画、民族乐器等。

2. 课堂教学设计

以交际任务为基础的课堂教学步骤可以分为以下几个（以交际任务项目"了解或说明某旅行安排"为例）：

（1）准备活动

明确任务目标——了解旅行安排，猜想该项任务可能涉及的范围——旅

行线路、价格、景点、时间等，激活自己与该项任务有关的经验——曾参加过的一次旅行。

（2）概括性活动

提出或找出大意——该旅行安排的基本内容，厘清程序——旅行安排涉及的各项内容的顺序，提出或找出各程序的结论或小结性论述——旅行安排中各项内容的大意。

（3）细节性活动

确定专项信息——该旅行经过的每个地点，信息分类与组合——旅行中吃住行等的具体价格，产生结果——完成一份旅行计划表。

（4）语言性活动

找出语体特征——广播旅行广告或旅行布告，句法特征——将来发生的动作行为的表示方法，词汇特征——表示饭店设施的类义词、表示景点的形容词等。

（5）结尾活动

做决定——参加旅行或放弃旅行，对提出的问题进行讨论或辩论——旅行价格过高，表演与复述——复述该旅行安排的主要内容，扩展到其他任务——向朋友推销该旅行并说服朋友参加，对任务的进一步探索——讨论旅行的好处。

交际活动或交际任务类型不同，完成课堂交际活动的步骤也是不同的，比如信息差活动、推理差活动、意见差活动都有它们各自的交际程序和特点，进行课堂活动时不可能强求一致。

前文已经提到，以交际任务为基础的教学模式对于第二语言教学来说，并非一种新模式，但对于对外汉语教学来说是一个新课题。在分析了汉语短期教学的主要特点、了解和认识了任务式教学法的基本原则之后，我们认为二者之间有着特殊的关联，从改善教学效果，提高教学效率，增强教学的实用性、趣味性、灵活性的角度来看，尝试这种"新模式"自然是有益的。

五、微电影教学模式

视听说课可以发挥学习者借由视觉和听觉进行语言学习的优势，有效地培养其听、说、读、写的言语技能，在避免学习者以母语和文字作为中介的基础上将语言和情境相结合，并让学习者在语言技能的训练中有效地掌握常用词汇和结构，有利于学习者记忆和巩固。将微电影引进对外汉语课堂教学中，可以采用以下两种教学设计：

第一，将微电影作为一门独立的视听说课进行设计，采取"话题引入→

生词讲解→观看微电影→微电影内容处理→相关话题拓展→语法结构操练"这一教学模式。所选取的微电影应有鲜明的主题，在进行整个教学活动时，先引入话题，引起汉语学习者的学习兴趣和学习热情。生词是学习者对所学目的语进行综合理解的障碍，因此在观看微电影之前，讲解生词有利于学习者看懂微电影。将生词放入微电影的现实情境中，能使学习者较为精确地理解词义；将微电影中的台词分解，结合汉语语法结构进行操练，便于学习者灵活掌握；陈述微电影的内容可以锻炼汉语学习者的口语应用能力；视听说教学并不是单纯将话题局限于电影，在教学设计上可以将与之相关的话题进行拓展，让每个学习者都能积极参与，勇于抒发己见。

第二，由于微电影具有短时性和鲜明的时代性，可以将微电影作为课堂的辅助工具。由于微电影的短时性，将微电影引进课堂并不会占用过多的时间，并且在放映环节上具有灵活性，如可将微电影作为话题引入教学环节，将微电影的话题内容有效结合课程内容，帮助学习者更快地进入课程学习的环境。比如在学习《发展汉语：初级综合Ⅱ》第6课《我这里一切都好》时，可在上课前5分钟给学习者播放微电影《看球记》。该片讲述了一个父亲带儿子看球，忘记带球票最终让儿子爬上自己的肩膀用镜头记录进球精彩一刻的故事。时长只有短短5分钟，但人物形象非常饱满，无论是爱子心切的父亲，还是巧舌如簧的小骗子，都给人留下了深刻的印象，在诙谐幽默的语言中展现的浓浓的父子情也颇为感人。这些特点都可以让学习者更快融入父子情以及母子情这一氛围中，便于学习者掌握所学课文的情感基调。除此之外，也可以将微电影为课文相关话题的拓展环节，给学习者提供话题拓展的语境及思维扩散的有效空间。比如在学习《发展汉语：初级综合Ⅱ》第17课《约会》这篇课文时，可以在讲完课文内容及语言点后，给学生播放《幸福59厘米》，以微电影为引子，引导学生讨论在生活中是选择爱情还是选择优质的生活，这就为这一篇课文的课后延伸提供了很好的题材。

由此可见，引进微电影进行对外汉语视听说教学，将语言放在活的现实环境中，图文结合，影像与听说结合，在一定程度上降低了学习者的学习难度，调动了学习者的积极性，增加了课堂的趣味性，有利于学习者对于知识的理解、记忆和巩固。同时，学习者在具有时代性、现实性的微电影中立体地感受到中国文化语境。与此同时，引进微电影进行汉语视听说教学也存在一定的困难，比如：微电影数量众多，如何挑选优质的微电影；如何将微电影有效地结合教学进行设计；如何让微电影教学呈现系统性；如何避免所选的微电影语言过于生硬、过于随意；等等，这些都是今后我们需要努力探索的方向。

参考文献

[1] 赵金铭. 对外汉语教学概论 [M]. 北京：商务印书馆，2004.

[2] 崔永华. 对外汉语教学的教学研究 [M]. 北京：外语教学与研究出版社，2005.

[3] 董燕萍. 心理语言学与外语教学 [M]. 北京：外语教学与研究出版社，2005.

[4] 刘晓雨. 对外汉语口语教学研究 [M]. 北京：商务印书馆，2006.

[5] 郑艳群. 对外汉语计算机辅助教学的理论研究 [M]. 北京：商务印书馆，2006.

[6] 陆庆和. 实用对外汉语教学语法 [M]. 北京：北京大学出版社，2006.

[7] 姜丽萍. 教师汉语课堂用语教程 [M]. 北京：北京语言大学出版社，2006.

[8] 姜丽萍. 对外汉语教学论 [M]. 北京：北京语言大学出版社，2008.

[9] 张凯. 汉语水平考试（HSK）研究 [M]. 北京：商务印书馆，2006.

[10] 刘颂浩. 第二语言习得导论：对外汉语教学视角 [M]. 北京：世界图书出版公司，2007.

[11] 黄晓颖. 对外汉语课堂教学艺术 [M]. 北京：北京语言大学出版社，2008.

[12] 陈枫. 对外汉语教学法 [M]. 北京：中华书局，2008.

[13] 崔永华. 对外汉语教学设计导论 [M]. 北京：北京语言大学出版社，2008.

[14] 崔永华，杨寄洲. 对外汉语课堂教学技巧 [M]. 北京：北京语言文化大学出版社，2002.

[15] 朱羽君. 中国应用电视学 [M]. 北京：北京师范大学出版社，1993.

[16] 吴文虎. 传播学概论 [M]. 武汉：武汉大学出版社，2000.

[17] 刘珣. 对外汉语教育学引论 [M]. 北京：北京语言文化大学出版

社，2000.

[18] 苏培成. 现代汉字学纲要 ［M］. 北京：北京大学出版社，2001.

[19] 邵敬敏. 现代汉语通论 ［M］. 上海：上海教育出版社，2001.

[20] 国家对外汉语教学领导小组办公室. 高等学校外国留学生汉语言专业教学大纲 ［M］. 北京：北京语言文化大学出版社，2002.

[21] 李晓琪. 对外汉语口语教学研究 ［M］. 北京：商务印书馆，2006.

[22] 李晓琪. 博雅汉语中级冲刺篇 ［M］. 北京：北京大学出版社，2006.

[23] 毕继万. 跨文化交际与第二语言教学 ［M］. 北京：北京语言大学出版社，2009.

[24] 李柏令. 新思域下的汉语课堂 ［M］. 上海：上海交通大学出版社，2010.

[25] 周健. 汉语课堂教学技巧325例 ［M］. 北京：商务印书馆，2009.

[26] 崔希亮. 对外汉语听说课优秀教案集 ［M］. 北京：北京语言大学出版社，2011.

[27] 毛悦. 国际汉语教学新教学法实验报告集 ［M］. 北京：北京语言大学出版社，2015.

[28] 李光群. 对外汉语中级文化教材研究 ［D］. 安徽大学，2012.

[29] 徐青. 对外汉语教材中知识文化和交际文化项目研究 ［D］. 广西师范大学，2012.

[30] 杨安.《赏京剧学文化》对外汉语文化教材编写研究 ［D］. 暨南大学，2011.

[31] 康洛. 以十二生肖为例设计对外汉语文化专题课程 ［D］. 西北大学，2012.

[32] 李光群. 对外汉语中级文化教材研究 ［D］. 安徽大学，2012.

[33] 路小飞.《汉语文化双向教程》与《交际文化汉语》比较研究 ［D］. 吉林大学，2012.

[34] 张传燧. 论教育对文化的适应与超越 ［J］. 教育文化论坛，2011（2）.

[35] 张德鑫. 润物细无声：论对外汉语教学与汉学 ［J］. 语言文字应用，2001（3）.

[36] 赵宏勃. 对外汉语文化教材编写思路初探 ［J］. 语言文字应用，2005（9）.